Die Autoren

Jürgen Stark

Jahrgang ’57, lebt als Autor und Journalist in der Hafen- und Fußballstadt Hamburg. Während seiner Knaben- und Jugendzeit kickte er als Linksaußen in Straßen- und Schulmannschaften, und auch beim SC Sperber Hamburg, dessen Herren zu der Zeit immerhin noch in der Regionalliga Nord mitmischten. Nicht selten ging’s in die Westkurve des HSV – bis die Krise kam. Jetzt liegt der alte Glanz unten am Hafen wieder fest vor Anker: Kiez und der FC St. Pauli! Das richtige Milieu für das Fußball-Lesebuch und seinen Autor...

Klaus Farin

Jahrgang ’58, lebt als Autor und Journalist in Berlin. Kickte in frühester Jugend zwischen Gelsenkirchener Wäschestangen und kurz, aber erfolglos bei Westfalia Buer. Die 118 Eintrittskarten, die er bei der Arbeit an diesem Buch in alten Sammelalben fand, erinnerten ihn, daß er einst eine inzwischen verdrängte Leidenschaft für Schalke 04 entwickelt hatte.

Jürgen Stark/Klaus Farin

DAS FUSSBALL LESEBUCH

rororo

Rowohlt

Lektorat Bernd Gottwald

Originalausgabe
Layout Martina Petersen / Stefan Kopanski
Veröffentlicht im Rowohlt Taschenbuch Verlag GmbH,
Reinbek bei Hamburg, Juni 1990

Umschlaggestaltung Jürgen Kaffer (Foto: Vandystadt / Focus)
Satz Life und Futura (Linotronic 500)
Gesamtherstellung Clausen & Bosse, Leck
Printed in Germany
1280-ISBN 3 499 18596 2

Die Sport-Schau

Spiel Fußball in Berlin

Torwort

Als wir die Aufstellung für dieses Buch planten, da geisterte die Vokabel vom «Straßenfußball» durch die Welt. Überall dort, wo Fußballer und Fans aufeinandertreffen, gibt es heute kritische Stimmen, die der «guten alten Zeit» nachweinen. *Damals* kamen die Kicker noch von der Straße, hatten Persönlichkeit und prägten ein schöneres, zuschauerfreundlicheres Spiel. So die Meinung der Trauergemeinde. Wir nahmen ein Taschentuch, trockneten uns die Tränen und erkannten: Ganz so einfach ist das nicht – der Ball ist immer noch rund, und die spannendsten Spiele dauern gelegentlich länger als neunzig Minuten.

Fußball ist auch Geschichte; Kultur und Sozialgeschichte; Zeitgeist mit Atmosphäre. Wer Schalkes Jugendjahre aus der Sicht der damals Aktiven und Fans studiert, erfährt unter Umständen mehr über die frühere Arbeiterkultur des Kohlenpotts, als so mancher Historiker vorzutragen vermag. Die Konkurrenzkämpfe zwischen bürgerlichen «Bonzenclubs» und Arbeitersportvereinen, die widerstandsfreie, ja geradezu erschreckend euphorische Gleichschaltung des Deutschen Fußball-Bundes und seiner Mitglieder während der Nazi-Zeit, der mühselige Wiederaufbau der Vereine zwischen den Trümmern, der Aufstieg einer neuen Generation von Straßenkickern zu Showstars, der Beckenbauers, Netzers, Overaths und Müllers hierzulande, der Mathews, Cruyffs und Pelés international, aber auch die zunehmende Brutalisierung und Kommerzialisierung des Sports seit den 70er Jahren – das alles wurde auch von anderen Autoren in einer Reihe wunderbarer Bücher beschrieben. Randbemerkungen, Anekdoten, «O-Töne» aus diesen Werken finden Sie bei uns immer wieder. Als Anregung und Service für diejenigen, denen unser Aperitif Hunger auf mehr Lesestoff über die «Sportdroge Nummer eins» gemacht hat. Damit die spannenden Bücher nicht unter der Flut von Autobiographien, Statistikorgien und Weltmeisterschafts-Schnellschüssen von Fernsehreportern untergehen.

Das *Fußball-Lesebuch* unterscheidet sich bewußt von herkömmlicher Lektüre auf diesem Feld. Wir versuchen, einen Blick hinter die Kulissen zu werfen. Wir wollen kritisch betrachten und dennoch unterhaltsam bleiben. Wir schauen zahlreichen Fußballmachern und -kennern aufs Maul, darunter so unterschiedlichen Persönlichkeiten wie Berti Vogts und Thomas von Heesen, Christoph Daum und Willi Lemke, Uli Stein und Trini Trimpop von den «Toten Hosen». Meinungen kommen zum Vorschein, es wird Flagge gezeigt. «Objektivität» gibt es im Fußball ohnehin nicht. Oder glauben Sie, die *Kicker*-Bestenliste, die «Tor des Monats»- und «Spieler des Jahres»-Wahlen seien objektiv? Wir glauben eher, daß, sollten Sie gerade innerlich genickt haben, Ihre Lieblingsspieler derzeit gut plaziert sind.

Wenn Sie dieses Buch aufmerksam lesen, werden Sie unsere Stars herausfiltern können – und die, die wir nicht mögen. Franz Beckenbauer zum Beispiel, der Minimalist von der Isar, hatte schon als Spieler bei jedem seiner wenigen Schritte die betriebswirtschaftliche Kosten-Nutzen-Rechnung im Kopf. Nur nicht zuviel bewegen. «Wenn ich nicht will, lauf ich im Spiel nicht mehr als einen Kilometer; und da ist der Weg von und zu der Kabine schon mit drin.»[1]

Subjektiv und ungerecht, sicher. Fußball eben. «Der Fußball hat von Natur keine Seele. Er wird behandelt und es wird mit ihm umgesprungen. Er ist noch immer im Zustand der Ruhe. Um ihn zu bewegen, muß ein Anstoß erfolgen. Der Ball wird bewegt und bewegt sich. Die Spieler werden sich die Seele aus dem Leib keuchen, die Zuschauer werden sich die Seele aus dem Leib schreien, um den Ball zu bewegen und um die Bewegung des Balls zu beeinflussen. Der schönste Augenblick ist aber jener, in dem der Ball noch im Mittelpunkt des Spielfelds liegt, einen Augenblick, bevor die Spieler sich bewegen und bevor der Ball von den Spielern bewegt wird. Alle halten den Atem an und schauen.»[2]

Verstecken Sie noch schnell die Rote Karte und laufen Sie ein. Das Spiel ist hiermit angepfiffen. Viel Spaß auf dem Weg zum Tor. – Wir danken Sie!

«Kommt der Nurfußballer mit gesenktem Kopf...»

Fußball zwischen Aristokratie und Arbeitersport

«Bei unsicherem Wetter wird nur von Freiwilligen gespielt. Es wird bei der Einrichtung des Spielplatzes dafür Sorge getragen, daß kein Spieler gegen den Ostwind anzulaufen hat.» [1]

Offizielle Biographen datieren den Beginn des Fußballsports gerne ins späte 19. Jahrhundert, als an Englands Universitäten die «Royal Engineers» gegen die «Old Carthusians» kickten. Doch eigentlich begann alles viel früher – und viel rauher. Schon im 10. Jahrhundert jagten die Briten dem Ball nach, allerdings eher nach Art der Hooligans: «Sie haben Tricks, ihren Gegner mit den Ellbogen aufs Herz zu treffen und mit den Fäusten unter die Rippen zu stoßen oder hundert mörderische Griffe dieser Art anzuwenden». Dorf trat gegen Dorf an, Stadtviertel gegen Stadtviertel. Obergrenzen gab es nicht, Mannschaften von je einigen hundert Mitwirkenden waren üblich, und die Bälle auch noch größer. Vandalismus frustrierter Jugendlicher soll es damals nicht gegeben haben.

Natürlich beteiligten sich an den Jagden des Mittelalters vor allem die unteren Klassen, Bauernjungen gegen Metzgergesellen. Bürger und Adel rümpften die Nasen. 1314 versuchte es Londons Bürgermeister sogar mit einem Verbot: «Im Namen des Königs verfüge ich, daß das Stoßen der großen Bälle wegen des überhandnehmenden Lärms in unserer guten Stadt für alle Zukunft verboten ist, widrigenfalls Haft verhängt werden muß.» Aristokratisiert, verfeinert und reglementiert wurde der Fußball erst 800 Jahre später, als die Industrialisierung den Arbeitern weder Kraft noch Zeit für Spiele ließ und die höheren Schichten zugriffen. Die wenigen Arbeitervereine konnten sich nie so recht durchsetzen. Bis zu jenem schicksalhaften Tag im Jahre 1883, als die proletarischen «Blackburn Olympic» im Endspiel um den Cup der Football Association die elegant dribbelnden Aristokraten von Eton mit 2 : 1 besiegten. Die «Old Etonians» und ihre blaublütigen Freunde zogen sich daraufhin schmollend vom Cupwettbewerb zurück, und die Fußballvereinigung spaltete sich: Arbeitersportler, die Fußball als humane Alternative zur Industriearbeit sahen, gründeten eine neue Profiliga; Upper-Class-Kicker, die es nicht nötig hatten, mit dem Sport schnöden Mammon zu verdienen, blieben in der Amateurliga, die fünfzehn Jahre später zum Vorbild für den Deutschen Fußball-Bund werden sollte.

Auch in Deutschland entstanden Ende des 19. Jahrhundert zunächst vor allem bürgerliche Clubs: der Duisburger Spielverein, Schalke 96, Düsseldorf 99, SV Werder... Das Volk spielte noch auf der Straße. Seit der Verabschiedung des Gesetzes über die gewerbliche Kinderarbeit, das 1903 eine Beschränkung der Arbeitszeit brachte, konnten auch die

«Im Namen des Königs verfüge ich, daß das Stoßen der großen Bälle wegen des überhandnehmenden Lärms in unserer guten Stadt für alle Zukunft verboten ist.»

ganz Jungen mitkicken, vorerst noch vor allem in Firmen- und bürgerlichen Mannschaften. Zwar gab es auch schon Arbeitervereine (zum Beispiel Schalke 04), doch die große Welle der selbstorganisierten Straßen- und Zechenmannschaften setzte erst in den 20er Jahren ein – nach der Erkämpfung des Acht-Stunden-Tages.

Die Gründerväter des deutschen Arbeitersports standen der aus England herübergeschwappten «Mode» nicht sehr positiv gegenüber. Selbst zumeist dem Turnen verbunden, kritisierten sie den Fußballsport als «roh», «unzivilisiert» oder «tierische Instinkte weckend» und lehnten vor allem die scharfe Konkurrenzorientierung der bürgerlichen Vereine als «Fanatismus» und «individualistische Disziplinlosigkeit» ab. Doch der Siegeszug des Fußballs unter Arbeiterjugendlichen ließ sich nicht bremsen. «Gegenwärtig sind dem Deutschen Fußball-Bund über 2000 Vereine mit 185507 Mitgliedern angeschlossen, so daß sich derselbe bald mit den größten der Arbeitersportorganisationen messen kann», mußte die *Arbeiter-Turn-Zeitung* im August 1914 resigniert zugestehen. «Die bedauerliche Tatsache ist nur die, daß die

Arbeiterjugend das größte Kontingent der im Deutschen Fußball-Bund organisierten Fußballspieler darstellt.»

Der Erste Weltkrieg verringerte den Einfluß der Fußballgegner weiter. Die Turnväter zogen an die Front, die Jugend nutzte ihre Chance. «Während des Krieges spielten wir Kinder und Jugendlichen auf der Straße Fußball. Es war für uns die einzige Möglichkeit, Sport zu treiben, denn die Turnstunden fielen während des Krieges aus», erinnert sich ein Dortmunder Arbeitersportler. «Nach Ende des Krieges sollte das ursprüngliche Turnen wieder eingeführt werden. Unser heimkehrender Vorturner war sehr enttäuscht, als er feststellen mußte, daß wir

Fußball gehörte zum «Kohlenpott» wie Schrebergärten, Trinkhallen und rauchende Zechenschlote. Eine faire Spielkultur zeichnete den Arbeiterfußball aus: Nach den Regeln des ATSB durfte der Torwart im Torraum nicht körperlich angegriffen werden. Ganz im Gegensatz zum DFB-Regelwerk.

Zöglinge Turnutensilien verkauft hatten, um Fußbälle dafür zu kaufen.» Den Arbeitersportlern blieb keine Wahl: Wollten sie die Jugend nicht dem bürgerlichen Sport – oder noch schlimmer: den Firmensportvereinen der Industriebosse – in die Arme treiben, mußten sie den Fußball in ihren Reihen dulden. So erfolgte 1920 auf dem 12. Bundestag des Arbeiter-Turn- und Sportbundes (ATSB) die formale Anerkennung des Fußballs als eigenständige Sparte. Zehn Jahre später hatten sich 136000 kickende Arbeiter(jugendliche) und 10000 Mannschaften in ATSB-Fußballvereinen organisiert (während der DFB 30000 Mannschaften mit über 900000 Mitgliedern hatte). Aber natürlich ließen sich die Turnväter durch den Siegeszug des Lederballs nicht beirren: «Während der Turner in stolzer Haltung mit gehobener Brust daherschreitet, kommt der ‹Nurfußballer› mit gesenktem Kopf, die Brust tief eingedrückt, die Arme wie unnötige Anhängsel mit sich führend, dahergeschlendert. Die Beine sind stets in Offensivstellung gehalten, und wehe der leeren Wichsdose oder anderen ‹schußfähigen› Gegenständen, die dreist genug sind, sich ihnen in den Weg zu legen. Beine und Lunge werden zu größter Tätigkeit angespornt, während die Brust zwischen den schlaff herabhängenden Armen eingepfercht wird. Eine solche einseitige Betätigung muß den Menschen unbedingt mit der Zeit in seiner Gesundheit schädigen. Viele Fußballer haben schon die Richtigkeit dieser Logik erkannt und beteiligen sich auch nebenbei am Hallensport. Ein großer Teil aber steht dem Geräteturnen noch interessenlos gegenüber. Es ist dies leider zu bedauern, doch hoffen wir, daß auch sie zur Einsicht kommen und recht bald erkennen, was für ihr körperliches Wohl nottut. Also ihr Fußballer, strampelt euch heraus aus eurer sportlichen Lethargie, laßt euch wenigstens einmal in der Woche in der Turnhalle sehen.»[2]

«Die Beine sind stets in Offensivstellung gehalten, und wehe der leeren Wichsdose oder anderen ‹schußfähigen› Gegenständen.»

Fußball im Land der tausend Feuer

Die Ruhrszene

Schalke, eigentlich nur ein Stadtteil von Gelsenkirchen. Trotz aller Skandale unverwüstlich sozialdemokratisch. Zwei Drittel seiner EinwohnerInnen waren Polen und Masuren, als ein Dutzend Jugendlicher im Mai 1904 den «Sportclub Westfalia Schalke» aus der Taufe hob. Die ersten Schalker waren Söhne ehemaliger Landarbeiter der preußischen Ostprovinzen. Von Thyssen, Klöckner, Kirdorf und Grillo angeworben, um den riesigen Arbeitskräftebedarf der expandierenden Ruhrindustrie zu decken. Zwar herrschte auch damals schon im preußischen Kernland selbst hohe Arbeitslosigkeit, doch den Stahl- und Kohlebaronen schienen die Einwanderer aus dem Osten pflegeleichter: «Wer den niedrigen geistigen Standpunkt kennt, auf dem sie sich befinden – die Hälfte von ihnen kann kaum lesen und schreiben, sie denken an nichts anderes als an ihre Arbeit! Es sind die ordentlichsten Leute von der Welt, die unseren Leuten absolut als Vorbild dienen könnten!»[1] «Dumme sind mir lieber wie (!) Sozialdemokraten!» offenbarte ein anderer. Die Hoffnungen der Industriebarone erfüllten sich nicht. Als im Frühjahr 1905 fast eine Viertelmillion Bergleute an der Ruhr die Arbeit niederlegte und über 600000 ArbeiterInnen anderer Industriezweige den Aufstand für höhere Löhne und humanere Arbeitsbedingungen unterstützten, standen die Immigranten aus Polen und Italien in der ersten Reihe.

«Spiel und Sport lenkt von Parteihader und Verhetzung ab», erkannten die Industriellen und ließen werkseigene Sportanlagen einrichten, stellten Sportlehrer ein und inszenierten den Firmensport als Waffe im «Kampf um die Seele des Arbeiters».[2] Friedrich Grillo, um dessen Zeche Consolidation herum sich einst die Gemeinde Schalke gebildet hatte, stellte dem populärsten Sportverein der Region einfach zwanzig

Morgen Land zur Verfügung, als die erste Arena dem Ansturm der Fans nicht mehr gewachsen war. Die Vereinsmitglieder taten das ihre und erwarben fleißig «Bausteine» zum Preis von einer bis zehn Mark. Ein Darlehen, das nie zurückgezahlt werden sollte. Den 20000 Schalkern, die am 3. September 1928 zur Eröffnung der «Glückauf-Kampfbahn» kamen, war's egal. Chronische Finanznot und die Treue seiner Fans waren schon damals ein Markenzeichen des Vereins. Mehr als einmal rettete das Publikum die blau-weißen «Knappen» in letzter Minute vor dem Gang zum Konkursrichter.

Der kam oft genug aus den «eigenen» Reihen. Den Repräsentanten des bürgerlichen Sports war der «Polacken- und Proleten-Verein» von Anfang an ein Dorn im Auge. So blieb Schalke – bis auf ein kurzes Intermezzo im Rheinisch-Westfälischen Spielverband 1909/10 – «wild»; das bedeutete, kein DFB-Verein durfte gegen die Blau-Weißen antreten. Erst 1915 gelang den Schalkern die Aufnahme in den Westdeutschen Spielverband, nachdem sie sich als Abteilung dem «seriösen» Turnverein Schalke 1877 angeschlossen und den damaligen Clubchef, einen Schlosser, durch einen Bankangestellten ersetzt hatten.

Zwei Jahre nach der Eröffnung der Glückauf-Kampfbahn sah der Fußballverband seine Chance, das ungeliebte Stiefkind wieder loszuwerden und dabei noch ein Exempel für alle anderen zu statuieren, die bei ihrem Eintritt die Grundregel eins der DFB-Satzung nicht aufmerksam genug gelesen hatten: «Der Deutsche Fußball-Bund, seine Mitgliedsverbände, ihre Mitgliedsvereine und die Einzelmitglieder und Spieler sorgen für Ordnung, Recht und Sauberkeit im Fußballsport.»[3]

Heuchelei, Lüge, Betrug, Intrigenspiel, Spiegelfechterei

Der Hebel wurde das Amateurstatut des Verbandes. Denn in guter bürgerlicher Tradition duldete der DFB in seinen Reihen nur Hobbystürmer. «Die Pflege des Amateursports verlangt Kampf gegen den Berufssport. Es ist unsere Pflicht, Berufssportler, die sich in unseren Reihen finden sollten, auszumerzen.»[4] Die hehre Illusion vom unbezahlten Freizeitsport entsprach schon damals nicht der Realität. Fußball war längst der Zuschauersport schlechthin, Spitzenclubs erzielten Woche für Woche enorme Einnahmen und setzten diese natürlich dafür ein, ihre Stars durch Zuwendungen an den Verein zu binden oder auch junge Talente der Konkurrenz abzuwerben. So enthüllte eine Arbeitsgerichtsklage des Spieler-Trainers Ferdl Swatosch gegen seinen Club Köln-Sülz 07, daß der Vorläufer des 1. FC Köln den österreichischen Starkicker mit 750 Mark monatlich und der Einrichtung eines Tabakladens für 8000 Reichsmark geködert hatte. Auch international stand der DFB mit seinem «Amateurstatut» im Abseits. Der Fußballweltverband FIFA, in dessen Reihen mit England, Schottland, Österreich, Ungarn und der Tschechoslowakei bereits fünf Länder mit legalem Profifußball mitstimmten, bezog eindeutig Position: «Die Amateurbestimmungen beschwören durch ihre bloße Existenz Heuchelei, Lüge, Betrug, Intrigenspiel, Spiegelfechterei und andere unsympathische Dinge herauf.»[5] Doch der DFB reichte die für ihn gedachte Rote Karte weiter: Am 25. August 1930 erklärte der Westdeutsche Fußballverband 14 Spieler, darunter fast die komplette erste Mannschaft von Schalke 04, wegen fortgesetzten Verstoßes gegen das Amateurstatut zu «Berufsspielern» und sperrte sie vom weiteren Spielbetrieb aus. Ihr Vergehen: Statt der damals erlaubten fünf Mark Spesen hatten Kuzorra & Co. zehn Mark kassiert. Der Kohlenpott kochte über.

«Mühsam hielt die Polizei wenigstens die Tore frei.»

«Dolchstoß gegen Schalke 04 – die Sportbürokratie erwürgt den Meisterverein Schalke 04», betitelte die *Buersche Zeitung* ihre Empörung. «Mit einem Federstrich zerstört die Spruchkammer, ein Konsortium von Sportbürokraten, einen Verein, der als Muster an Organisation, Aufopferung und beispielloser Aufbauarbeit nicht nur im Westen, sondern im ganzen deutschen Fußballsport einzig dasteht.»[6] Der Finanzobmann des Vereins, Willi Nier, ein Bankbeamter, beging gleich nach Bekanntgabe des Urteils Selbstmord. Seine Beerdigung wurde zu einer Sympathiedemonstration Tausender Gelsenkirchener für ihren Verein. Fans und Spieler hielten ihm die Treue. Obwohl die verschwägerten Stars der Mannschaft, der Fabrikarbeiter Fritz Szepan und der Bergmann Ernst Kuzorra, sofort nach der Sperre von ausländischen Clubs mit Offerten überhäuft wurden, blieben sie in der «Stadt der tausend Feuer». Die zweite Mannschaft verhinderte den Abstieg, und Schalke zog weiterhin mehr Zuschauer ins Stadion als alle anderen Clubs. Nach neun Monate andauernden Protesten hob der Verband die Sperre auf dem Begnadigungsweg auf.[7] Zum ersten Spiel mit der alten Elf gegen Fortuna Düsseldorf kamen an einem Montagabend 70000 Zuschauer in die Glückauf-Kampfbahn, die eigentlich nur für knapp die Hälfte konstruiert war. «Mühsam hielt die Polizei wenigstens die Tore frei», notierte die *Buersche Zeitung* befriedigt. Die Schalker «Knappen» revanchierten sich, indem sie zehn Jahre lang alle übrigen DFB-Vereine deklassierten: Deutscher Fußballmeister 1934, 1935, 1937 (gleichzeitig Pokalsieger), 1939, 1940, 1942, Vizemeister 1933, 1938, 1941. Fritz Szepan wurde Kapitän der Nationalmannschaft, bei der WM 1934 in Italien nahm er aus der Hand des Duce den Pokal für den 3. Platz entgegen. «Da stand ich ‹kleiner› Schalker, der Mann aus dem ‹Kohlenpott›, auf einmal vor Italiens Regierungschef, um die Ehrung für Deutschland zu empfangen, eine Ehrung, die schließlich Adolf Hitler zukam, aus dessen Geist wir gespielt haben und immer besser spielen werden.»[8]

Nach dem Krieg brachen für Schalke schwierigere Zeiten an. 1948/49 mußte erst die Oberliga West von 13 auf 16 Mannschaften aufgestockt werden, um den Abstieg des Publikumslieblings zu verhindern.[9] Der Lokalrivale Borussia Dortmund übernahm die Führungsrolle im Westen, aber auch die Nachbarn schlossen auf. «In der ersten Spielsaison der Oberliga West, 1947–48, belegten Vereine aus dem Ruhrgebiet die ersten sechs Plätze; von diesen wiederum stammen fünf aus dem Emschergebiet. Gelsenkirchen-Horst, Gelsenkirchen-Schalke und Essen-Katernberg liegen in einem Ballungsraum von kaum 10 km Luftlinie zusammen. Nimmt man Oberhausen und Duisburg-Hamborn dazu, dann drängen sich 5 der 6 westdeutschen Spitzenvereine der Spielsaison 47/48 auf einem Raum von 20 km.»[10]

Fußball gehörte zum Kohlenpott wie Schrebergärten, Trinkhallen und Taubenschläge. Hunderte von kleinen Vereinen entstanden. Jedes freie Stück Land wurde zum Spielfeld erklärt. Die Bälle wurden mit weißer Binderfarbe angestrichen (die dann während des Spiels langsam abblätterte), damit sie auch im Halbdunkel gegen Ende des Spiels noch zu sehen waren. Flutlichttürme gab es noch nicht, allenfalls einen von der Zeche nebenan spendierten Scheinwerfer, der, notdürftig auf ein Fördergerüst montiert, mehr schlecht als recht seine Ecke ausleuchtete und die Stürmer blendete. Schiris waren notwendig, das sah man ein, Linienrichter blieben ein Luxus, den sich nur wenige Vereine gönnten. «Wir haben da einen, der macht schon seit Jahren den Linienrichter, der ist noch nicht einmal Vereinsmitglied. Irgendwann hat der sich mal die Fahne geschnappt, und seitdem macht er den Linienrichter. Natürlich zahlt der inzwischen keinen Eintritt mehr», erinnert sich Horst Kranert, Vorsitzender des SV Vonderort.[11] ein Platzwart Gerd Lautsch war damals noch als Jugendleiter bei der Bottroper Konkurrenz, dem SV Fortuna. «Ich wußte oft nicht, wen ich auswechseln sollte. Die Eltern haben da alle am Rand gestanden und haben sich dann immer aufgeregt, wenn ihr Sohn ausgewechselt werden sollte.

Wetter und andere widrige Bedingungen störten die Kids wenig. Solange der Ball nur rollte. Zoff gab's erst zu Hause – wenn der Nachwuchskicker sein Autogramm per Fußabtritt im Lammfell verewigte.

Dann hab ich meistens einen genommen, von dem die Eltern gerade nicht da waren, oder ich habe meinen eigenen Sohn ausgewechselt. Der hat dann in der Kabine gesessen und geheult.»

Die Distanz zwischen Zuschauern und Aktiven, Fans und Vereinen war minimal. Der Nachwuchs wurde aus der eigenen Anhängerschaft rekrutiert. Wer auf der Straße Talent zeigte, landete irgendwann automatisch beim Verein. Denn trainiert wurde öffentlich, und zwar täglich. In jeder Gasse, auf dem Kirchplatz, in Hinterhöfen und mit Vorliebe auf den Wiesen zwischen den langgestreckten Schachteln, in die avantgardistische Nachkriegsarchitekten die Überlebenden gepfercht hat-

ten. Wäschestangen markierten die Spielfeldgrenzen, die Kapitäne stellten per «Tip-Top»-Verfahren ihre Mannschaften zusammen. Die Reihenfolge der Auswahl war stets die gleiche – hart, aber ungerecht: nur selten gelang es einem, sich in der einmal etablierten Hierarchie nach oben zu spielen. Doch mitmachen durfte jeder (manchmal sogar die eine oder andere jüngere Schwester), auch die ganz Schlechten, und sei es nur in der Hoffnung, sie gerieten in die gegnerische Mannschaft. Und falls es doch die eigene erwischte, ging «der Dicke» eben ins Tor.

Die Mannschaftsstärken variierten, mal waren es neun gegen neun, mal vier gegen vier oder auch fünf gegen sieben, wenn ein Kapitän großzügig die letzten Übriggebliebenen dem Gegner schenkte. Schiedsrichter gab's natürlich nicht, denn wer wollte schon zugucken, wenn alle anderen «köppten» und «tricksten» wie die großen Helden, deren Konterfeis in der Schule gehandelt wurden. «Siggi, gib mich die Kirsche», «Emmas» Befehl während der WM '66[12], blieb lange ein geflügeltes Wort auf den Straßen. Und als «Stan» drei Jahre später an mehreren schottischen Nationalspielern vorbeidribbelte, den Ball unhaltbar im gegnerischen Netz plazierte und damit «Deutschland» die Fahrkarte nach Mexiko löste, erhielten die kirchlichen Werbeplakate – «An Jesus kommt keiner vorbei...» – ihre definitive Ergänzung: «... außer Libuda.»

Da hatte allerdings die Bundesliga das Fußball-Leben auch im Ruhrgebiet längst radikal verändert. Die brisanten Lokalderbys waren bundesweiten Begegnungen gewichen. Statt Schwarz-Weiß Essen und Rot-Weiß Oberhausen kamen nun der Karlsruher SC oder der 1. FC Kaiserslautern in die Glückauf-Kampfbahn und ins Georg-Melches-Stadion. Mit ihnen kamen neue Idole, während die alten häufiger für «gutes Geld» die Trikots wechselten. Die Distanz zwischen Fans und Vereinen wuchs, die Straßenfußballer wollten nun auch zwischen Rhein und Ruhr Uwe Seeler oder Gerd Müller heißen.

Vor allem der Oberheld von Bern, Sepp Herberger, hatte mehrfach darauf gedrängt, seiner nationalen Elite auch im fußballerischen Alltag mehr zu bieten. Noch 1962 durfte ein Spieler der höchsten Liga maximal 420 Mark im Monat kassieren. Zwar wußte auch der DFB, daß Spitzenspieler unter der Hand oft das Zehnfache an «Spesen» und Ablösesummen (die damals noch wie jegliche Handgelder verboten waren) kassierten, aber es war eben illegal und damit risikoreich. «Sechzehn Klubs aus allen Regionen mußten sich bis zum Bundesliga-Start vor den Schranken der Sportgerichtsbarkeit verantworten. Regelmäßiger Anklagepunkt: Zahlung verbotener Handgelder. Nirgends war die Dunkelziffer des verbotenen Business so groß wie auf dem Schwarzmarkt Fußball. So ermittelte die Steuerfahndung beim FC Schalke 04 unversteuerte ‹übertarifliche Zuschläge› an Spieler in Höhe von 283 000 Mark. Doch als selbst einer wie Fritz Walter auf die Anklagebank mußte, brach es Vater Herberger fast das Herz. Mit 225 000 Mark Handgeld und 6000 Mark monatlicher Festbezüge wollte Atletico Madrid 1957 den weltmeisterlichen Spielführer ködern. Kaiserslautern hielt mit eben mal 45 000 Mark dagegen als Darlehen für die Existenzgründung zum Betrieb einer Wäscherei und eines Kinos in Kaiserslautern.»[13] Der DFB kam dahinter und bestrafte den Club. Fritz Walter wurde freigesprochen und blieb trotzdem am Betzenberg. Andere gingen: Horst Szymaniak, bis dahin 32facher Nationalspieler, vom Karlsruher SC zum CC Catania, Helmut Haller, 19facher Nationalspieler, vom BC Augsburg zum FC Bologna, Albert Brülls, der «erste fußballernde Ferrari-Fahrer» und 22facher Nationalspieler, von Borussia Mönchengladbach zum AC Brescia.

«An Jesus kommt keiner vorbei – außer Libuda.»

Am 28. Juni 1962 war es dann soweit: 103 zumeist ältere Herren unter Führung des Kölner Präsidenten Franz Kremer und maßgeblicher Beteiligung des damals noch jüngeren Saarländers Hermann Neuberger setzten sich gegen die Stimmen etwa des Hamburger Sport-Vereins und des 1. FC Nürnberg durch: ab der Saison 1963/64 wird es «eine zentrale Spielklasse mit Lizenzspielern unter Leitung des DFB» geben. Die zukünftigen Profis, die immer noch keine Profis sein sollten, durften nun pro Monat 1200 Mark kassieren. Ablösesummen bis zu 50 000 Mark wurden legalisiert. 10 000 Mark davon durften als Handgeld an die Spieler weitergereicht werden. «Vor Freude lagen Franz Kremer und ich uns hinterher in den Armen ...»[14]

Die Vertreter der Oberliga West gehörten zu den vehementesten Verfechtern der neuen Preisklasse. Zur ersten Saison beantragten sie bis auf den Tabellenletzten TSV Marl-Hüls auch gleich geschlossen ihre Aufnahme. Erwählt wurden fünf: 1. FC Köln, Meidericher SV, Borussia Dortmund, FC Schalke 04 und Preußen Münster. Nur einer war dagegen: Oberhausens Präsident Peter Maaßen. «Jedes Jahr werden einige pleite gehen», prophezeite er ahnungsvoll.[15]

Leider hatten die DFB-Oberen in ihrem Reformeifer für die nationale Elite den Unterbau vergessen und damit selbst die Saat für kommende Skandale gesät. Die Schere öffnete sich weiter. 16 Clubs hatten am Ende der ersten Bundesligasaison 20 Millionen Mark in der Kasse. Doch wehe dem, der abstieg! Mit der Einführung der Bundesliga waren die individuellen Statusunterschiede zwischen den hofierten Stars der führenden Vereine und dem namenlosen Fußballvolk in den unteren Ligen hochoffiziell zur Klassenfrage erklärt worden: Nur wer in der höchsten Liga Aufnahme fand, durfte fortan «unter Leitung des DFB» kassieren, bei den unteren Klassen blieb alles beim alten.

Hinter den Kulissen folglich auch. Noch bevor der Borusse «Timo» Konietzka am 24. August 1963 im Bremer Weserstadion nach 56 Sekunden Spielzeit das erste Tor der Bundesliga schießen konnte, sorgte der Lokalrivale Schalke 04 für Aufregung. Vom Karlsruher SC hatten die Mannen um «Stan» Libuda und Klaus Matischak zur Verstärkung den siebenfachen Nationalspieler Günter Herrmann erworben und dafür ordentlich die erlaubte Höchstsumme von 50000 Mark hingeblättert. Als der jedoch – für weitere 50000 Mark – einen eher unbekannten Kollegen zum Training mitbrachte, wollte der DFB nicht mitlachen und kassierte pro Verein vier Punkte und 10000 Mark.[16]

In der zweiten Saison war Hertha BSC Berlin an der Reihe, einen Skandal zu entfachen und gleichzeitig den DFB grundlegend zu diskreditieren. Es begann wie gewohnt: Hertha hatte sich durch hohe Ablösesummen und Handgelder – allein für Nationaltorwart Wolfgang Fahrian 80000 Mark – übernommen. 192000 Mark fehlten in der Kasse, DFB-Buchhalter Ziegler merkte es und zitierte Hertha-Boß Schmitz vor den DFB-internen Kadi. Schmitz gestand, das Geld für illegale Zahlungen an Lizenzspieler verwandt zu haben. Das DFB-Bundesgericht entschied: Hertha BSC steigt ab. Da trat der Club die Flucht nach vorn an. In einer dreißigminütigen Live-Sendung zur besten Fernsehzeit packte das Präsidium aus: Was wir taten, ist gang und gäbe in der Liga. Namen und Summen fielen: vierzehn Bundesligavereine, zwanzig Spieler wurden beschuldigt, für fünfzehn weitere Profis reichte die Sendezeit nicht. Die Hoffnung der Spree-Athener: Generalamnestie für alle und ein besseres Regelwerk für die Zukunft. Doch der DFB stellte sich – ein Jahr vor der Weltmeisterschaft – taub. Hertha BSC stieg ab, die vor einem Millionenpublikum erhobenen Vorwürfe gegen vierzehn weitere Bundesligavereine wurden nicht zur Kenntnis genommen. Rechtsbeugung nennt man das wohl im zivilen Leben.

Dafür durfte Schalke weiterhin erstklassig spielen. Doch das Bundesligaroulett rollte unaufhörlich weiter – mit steigenden Einsätzen. Während die kickenden Arbeitersöhne noch von eigenen Kiosken und Lottostellen träumten, wurden hinter den Kulissen sechsstellige Summen verschoben. Und als dann doch alles ans Licht kam, schworen sie schön einer nach dem anderen ihre Meineide – wie sie es nun mal gelernt hatten: «Elf Kameraden müßt ihr sein!» Die Ereignisse, von den schockierten «Heile-Welt-des-Sports»-Aposteln bis heute als «Entjungferung» der Bundesliga gegeißelt, in Kurzversion: Schalke erhält von Bielefeld 40000 Mark und verliert 0:1. Kölns Keeper Manfred Manglitz, soeben zum «Torwart des Jahres» gekürt, kassiert von Oberhausen 20000 Mark und greift viermal daneben. Bielefeld zahlt 45000 Mark für einen Sieg über den VfB Stuttgart und 250000 Mark für ein schlappes 1:0 gegen Hertha BSC usw. Horst Gregorio Canellas, Südfrüchte-Importeur und Präsident von Kickers Offenbach, hatte nur 140000 geboten – zuwenig. Offenbach steigt ab. Dem Präsidenten platzt der Kragen. Er verpetzt die erfolgreicheren Kontrahenten. Auf einer Gartenparty anläßlich seines 50. Geburtstages spielt er den geladenen Gästen, darunter Bundestrainer Helmut Schön und diverse DFB-Funktionäre, zum Champagner ein Tonband vor, das seine «Verkaufsgespräche» offenbar eindrucksvoll dokumentiert. Zwölf Funktionäre, drei Trainer und 52 Spieler aus sieben Vereinen müssen sich vor dem DFB-Gericht verantworten. Der Landgerichtsdirektor Hans Kindermann erlebt sein großes Coming-out: Lizenzentzug für Arminia Bielefeld, lebenslange Sperre für Canellas, je 4400 Mark Geldbuße für sechzehn Braunschweiger Spieler, bis zu fünfzehnjährige Bundesligasperren für vierzehn Herthaner, dreizehn Schalker, drei Stuttgarter, zwei Meidericher, einen Bielefelder und einen Braunschweiger Spieler, Ende der Karriere für die Nationalspieler Manglitz, Patzke (Hertha BSC) und vor allem: Reinhard Libuda. «Stan», der Bergmannssohn, der mit siebzehn Jahren seine Schlosserlehre abbrach, um Schalker zu werden, übernimmt Ernst Kuzorras Tabakladen, geht damit pleite, wird arbeitslos, geschieden, bekommt verstärkt Alkohol- und gesundheitliche Probleme. «Für mich ist das wie ein Spießrutenlaufen hier, alle Leute kennen mich ja», erzählt er in einem Interview. Trotzdem bleibt er in Gelsenkirchen. Auch heute noch wohnt der inzwischen 47jährige nur knapp zehn Autominuten vom Stadion entfernt. Zur Miete: Seine eigenen Häuser mußte er verkaufen, das letzte vor vier Jahren, um eine Darmoperation zu bezahlen. «Stan» war nicht einmal krankenversichert.

«Wir lagen träumend im Gras,
die Köpfe voll verrückter Ideen;
da sagte er nur zum Spaß,
komm laß uns doch nach Schalke gehen;
doch in Schalke da war es bitter,
wir ahnten nicht, was wir dort sahn:
ein Meer von Schalker Fahnen –
die ahnten nicht, was bald darauf geschah…

Seine Telefonnummer findet sich in keinem Verzeichnis, er hat einen festen Arbeitsplatz in einer Nachbarstadt, der nichts mit Fußball zu tun hat, im Stadion sieht man ihn nur selten. Zu früheren Mitspielern hat der einstige Star von Schalke 04 kaum noch Kontakt, obwohl sich der eine oder andere immer mal wieder meldet. Doch Helmut Kremers ist heute Sportlicher Leiter des Clubs, Rolf Rüßmann Bundesligamanager, Klaus Fischer und Fichtel sind Jugendtrainer, ein Job, den «Stan» vor ein paar Jahren gebraucht hätte. Norbert Nigbur ist inzwischen Alleininhaber des einst gemeinsam erworbenen Hauses, Erwin Kremers entwirft Kindermoden. Worüber sollte man sich da unterhalten? Und dann: alle wissen, «Stan» geht es dreckig. Allen tut er leid. Gerade das erträgt er am wenigsten. Als ihm einer auf dem Tiefpunkt ein Benefizspiel zu seinen Gunsten anbot, lehnte er unwirsch ab. Und als Helmut Kremers ihn im Herbst '89 zu einem Spiel der '72er Pokalsieger gegen eine Prominentenauswahl in die alte Glückauf-Kampfbahn einlud und «Stans» Teilnahme bereits auf Plakaten ankündigen ließ, ging er einfach nicht hin. «Das interessiert mich doch alles nicht mehr. Die sollen mich alle in Ruhe lassen.»

Am Tag, als FC Schalke starb,
und alle Essener sangen,
das war ein schöner Tag,
weil in Schalke eine Welt zerbrach.[17]

Idol zweier Generationen zwischen Rhein und Ruhr: Stan Libuda. Für das eskalierende Fußballgeschäft der 70er Jahre war der Bergmannssohn nicht clever genug.

Als die Schalker Fans aus den Medien von den Fehlpässen ihrer Götter erfahren, reagieren sie, nach dem ersten Schock, wie ihre Großväter in den Gründertagen des Vereins: mit trotziger Treue. Die Welt ist auseinandergebrochen. Wochenlang wirkt die ganze Stadt wie eine einzige Begräbnisfeier. In Schulen und Kneipen von Horst bis Erle gibt es kein anderes Thema, doch selbst die notorischen Spottdrosseln, die, die es «schon immer gewußt» haben, wagen es nur selten, ihre Häme in Anwesenheit der Geschlagenen auszuschütten. Die Mannschaft klettert derweil in der Tabelle zielstrebig nach unten. Als auch noch Werder Bremen mit zwei Punkten aus der Kampfbahn an der Kurt-Schumacher-Straße abzieht, steht der Vizemeister des Vorjahres auf Platz siebzehn. Fünf Tage später trifft der befürchtete Bannspruch des DFB ein. Von der Elf, die sich wenige Monate zuvor beim DFB-Pokal in einem furiosen, zweieinhalbstündigen Thriller incl. 21 Elfmeter gegen den 1. FC Köln durchgesetzt hatte, sind nur noch Torwart Norbert Nigbur, der Mittelfeldstratege Klaus Scheer, der Libero Helmut Kremers und sein auf dem linken Flügel wirbelnder Bruder Erwin übriggeblieben. Die restlichen Positionen füllen *no names* aus. Eine hoffnungslose Situation! Doch sie kämpfen weiter um jeden Punkt – und das Publikum reagiert: Familienväter erwachen aus ihrer Lethargie und strömen mit ihren Söhnen in die Glückauf-Kampfbahn, stellen wenige Monate vor dem Umzug in das ungeliebte Parkstadion noch einmal neue Zuschauerrekorde auf. Als Spielervermittler und Trainer anderer Vereine sich «auf Schalke» die Klinke in die Hand geben, um dem sicheren Absteiger die letzten Stars abzukaufen, recken Spieler und Fans noch einmal trotzig den Mittelfinger in die Luft. Endstand des Dramas: 28 : 40 Punkte, Platz fünfzehn. Schalke bleibt – noch einmal – erstklassig. Eintracht Braunschweig und Rot-Weiß Oberhausen verabschieden sich. Letztere für immer.[18]

«Du mußt per du sein mit den Dingen»

Ein Besuch bei «Ente» Willi Lippens

«Wat wollen Se denn in die tote Gegend?» brummelt der Taxifahrer. Interview... Willi Lippens... erzähle ich ihm. «Wat! Zur Ente? Schnallen Se sich an, ich bring Se hin. Für lau.» Die letzten zehn Minuten bestreitet der Kutscher solo. «Mensch, war'n dat Zeiten! Rot-Weiß war ja oft grausam anzugucken, aber wenn der Dicke auf'n Platz kam, war immer Späßken angesagt. Kennen Se...» Wer kennt sie nicht, die unzähligen Anekdoten über den «besten Linksaußen Europas» (Ivica Horvat). Wie er nach durchzechter Nacht mit dem Bayern-Sepp verabredete, daß der ihm beim Abstoß «aus Versehen» den Ball zuspielt (und natürlich – nach einer kleinen Schrecksekunde fürs Publikum – zurück erhielte). Maier traute sich ebensowenig wie später Gladbachs Keeper Wolfgang Kleff. Oder die, wie ihm ein Dialog mit dem Pfeifenmann den ersten Platzverweis einbrachte. Schiedsrichter: «Ich verwarne Ihnen!» – Lippens: «Ich danke Sie!» Oder wie er wenig später die nächste Verwarnung erhielt – wegen Unsportlichkeit: er hatte ein Kopfballtor im Handstand erzielt...

Wir fahren durch ein breites, schmiedeeisernes Tor mit zwei Wappen: «WL» und eine Ente im rot-weißen Dress, die über ihrem Hinterteil einen Ball balanciert. Hinter der verspielten Aufmachung verbirgt sich kalkulierendes Handwerk – damals wie heute. «Ich habe viele Dinge gemacht, die unproduktiv waren, aber immer erst dann, wenn wir das Dingen im Sack hatten», erzählt der Hausherr. In zehn Jahren Bundesliga hat er 92 Tore geschossen, in der zweiten Liga noch einmal 130. Da kann man sich schon manche Frechheit leisten. Als er 1981 ausstieg, steckte er sein Geld in diesen Bauernhof zwischen Essen und Bottrop. Anfangs versuchte er sich in Schweinezucht, heute vermietet er Festräume für Hochzeiten und Betriebsfeiern. Mit Charly Neumann, Schalke-Maskottchen und Betreiber der Nobelrestauration Schloß

Wittringen, hat er ein Abkommen getroffen, daß der ihm am Wochenende seine zwei besten Köche ausleiht. Willi Lippens' Söhne.

Der Fußball hat den 44jährigen Holländer aus Kleve noch nicht ganz losgelassen, auch wenn er inzwischen erfolgreich Trabrennpferde züchtet. Golf hat er jüngst auch mal versucht, «das wär der richtige Sport für einen in meinem Alter, ham se mir in den Ohren gelegen»; aber für einen, der sich nur ungern vom Ball trennt, ist das wohl nichts. So rennt er weiter dem Leder hinterher. Etwa dreißigmal im Jahr jagt die «Ente» bei Prominenten-Begegnungen Sepp Maier und «Otto» Kleff wie seinerzeit die Pille durch die Beine ins Netz. Außerdem trainiert er die Erste Mannschaft des VfB Bottrop, Renommierclub der Stadt, 1900 von Beamten gegründet, zur Zeit Tabellenführer der Landesliga, «aber ich seh das locker».

Schiedsrichter: «Ich verwarne Ihnen!» – Lippens: «Ich danke Sie!»

Willi Lippens hat nicht wie der Rest seiner Generation auf der Straße, sondern gleich auf einem richtigen Platz angefangen. «Ich kannte den Sohn vom Platzwart, und da war'n wir natürlich jeden Tag mit der Knolle drauf, das ist klar. Du mußt per du sein mit den Dingen, sagt man bei uns immer.» Irgendwann wurde er auch ordentliches Mitglied beim VfB Kleve. Schließlich wollte er ja Profi werden. Mit neunzehn wechselte er zu Rot-Weiß Essen, und damit war er «Profi», einer der jüngsten in der Bundesliga – für 80 Mark monatlich und ein Zimmer direkt unter der Stadiontribüne.

Elf Jahre blieb er dort, als «Abschiedsgeschenk» leistete er sich drei Jahre Borussia Dortmund. Statistische Höhepunkte sucht man in Willi Lippens' Biographie vergeblich. Er wurde nie Deutscher Meister, mit neunzehn Toren nur beinahe Torschützenkönig, sein einziges Länderspiel bestritt er für die Niederlande. Bundestrainer Helmut Schön belagerte ihn zwar jahrelang, sich einbürgern zu lassen («Ich wäre be-

Willi Lippens: Fußballer mit Herz und kesser Lippe. Hier beim Fußballballett mit Schiedsrichter Zuchantke, 1974. Seine Anekdoten sind Legende. Gleichzeitig galt der gebürtige Holländer als einer der fairsten Spieler der Liga.

stimmt auf 40 bis 50 Länderspiele gekommen, wenn ich nachgegeben hätte»), aber Lippens sen., der im Krieg Nazi-Deutschland hautnah erlebt hatte, stemmte sich mit aller Kraft dagegen. «Da bin ich eben ein nicht holländisch sprechender Holländer geblieben.» Bei Rot-Weiß wurde der schräge Vogel jedoch schnell zum Publikumsliebling: Endlich gab es wieder einen Star im Stadion an der Hafenstraße, in dem einst August Gottschalk, Helmut Rahn und der 21fache Nationalspieler Fritz Herkenrath den Prolo-Verein aus dem Essener Norden zum Entsetzen der DFB-Oberen zum Pokalsieger und Deutschen Meister gekickt hatten. Leider konnten weder Willi Lippens noch sein junger Partner Frank Mill eine Wiederholung erzwingen.

Heute sitzt er oft als Zuschauer im Westfalenstadion. Vor allem die jungen Spieler gefallen ihm. «Das ist doch noch nicht alles so negativ, auch wenn leider viele Talente auf der Strecke bleiben.» Der Druck auf die Jungen sei stärker geworden. «Wir haben damals ja quasi nichts gekostet, dafür hatte man das Recht, sich einzugewöhnen und auszuprobieren. Wenn man heute schon gleich richtig Kohle kriegt, muß man eben auch sofort richtig Fußball spielen. Und was richtig ist, bestimmt der Trainer. Wenn du da anderer Ansicht bist, brauchst du sehr

«Wir haben mal öfter zusammen 'ne Kuh fliegen lassen.»

viel mehr Selbstvertrauen als wir damals. Denn das Schablonenpressen beginnt heute schon in der Jugend.» Ein Resultat ist die Individualisierung der Spieler. Statt «elf Kameraden» («das war schon damals Quatsch») bilden nun elf Rivalen ein brüchiges Zweckbündnis auf Zeit. «Wir haben mal öfter zusammen 'ne Kuh fliegen lassen, heute erledigen die ihren Job und gehen dann auseinander. Der Neid ist größer geworden. Ist doch ganz klar: Wenn da einer 600000 verdient und ich muß mit 150000 nach Hause gehen, dann gibt's Reibereien. Und das bleibt auch auf dem Feld im Unterbewußtsein haften. Man dreht sich doch mal schnell woanders hin, obwohl da einer steht, der das Tor machen könnte.»

Das Spiel ist schneller geworden, aber nicht unbedingt besser. Die Ziele haben sich geändert: «Früher wollten wir gewinnen, heute will keiner mehr verlieren. Dieses defensive Ballgeschiebe, gegen Bayern München würden sich alle am liebsten gleich zu elft hinten in den Kasten stellen, das ist lachhaft, aber kein Fußball. Das will doch keiner mehr sehen.» Die «Ente» hatte stets das Publikum im Auge. Ob er den Ball wie sein heutiges Wappentier mit dem Hintern annahm oder sich vor dem Eckstoß aus der Fankurve eine Mütze reichen ließ: Willi Lippens ließ keine Möglichkeit zu einer kleinen Showeinlage verstreichen. «Muß ja Spaß machen, ins Stadion zu kommen.» Gleichzeitig pflegte er – ungeachtet aller Traineranweisungen – den offensiven Stil. Wie Wolfgang Overath und «Stan» Libuda oder heute der Kölner Pierre Littbarski gehörte er zur Garde der Ballkünstler, der Dribbler und Trickser, die lieber mal einen Ball verspielten, als aus dreißig Metern blind abzuziehen oder gar zum eigenen Libero zurückzulaufen. «Manndecker»-Aufgaben hat er immer verweigert, auch wenn es gegen Ende seiner Laufbahn «deutlich schwieriger» wurde. «Die erzählen alle immer von wegen offensiv spielen und so, dann guckst du dir deren Aufstellung an und wunderst dich...» Wenn er die Macht hätte, würde er gerne einigen Trainern die Rote Karte zeigen. «Diese technischen Schwächen der jungen Spieler, das ist doch wirklich unglaublich. Leider haben heute die das Sagen, die schon früher kaum Fußball spielen konnten, sondern nur draufgewichst haben. Und jetzt geben die ihre Einstellung an die jungen Spieler weiter...» Kann Willi Lippens sich vorstellen, noch einmal in die Profi-Liga einzusteigen – als Manager zum Beispiel? «Jaa...» kommt es eher zögerlich. «Ich dränge mich nicht auf. Ich bin kein Typ, der sich bewirbt. Wenn man mich nicht anspricht, dann ist das für mich kein Thema.» Der Verein, mit dem er dreimal auf- und abstieg, wäre ein Thema. «Da könnte man schon was aufbauen. Im Moment steht auf einem soliden Fundament für ein Zwölf-Familien-Haus nur eine Holzhütte.» Aber aus Essen kam bisher niemand. «Die brau-

chen meine Erfahrungswerte nicht, die kommen auch so nicht zurecht.»

Es ist spät geworden, und Willi Lippens muß noch in die Stadt. Auch der VfB Bottrop braucht Sponsoren, die «betreut» werden wollen. Zum Abschied noch eine letzte Anekdote: Eine Begegnung gegen Borussia Mönchengladbach fällt ihm ein, zwei Jahre nach dem Bundesliga-Skandal, der Rot-Weiß Essen für zwei Saisons in die zweite Liga verbannte, weil sie nicht bestochen hatten: «Wir brauchten einen Punkt, um die Klasse zu erhalten, und Gladbach einen Punkt, um Meister zu werden. So zwanzig Minuten vor Schluß, es war noch kein Tor gefallen, kommt der Günter Netzer zu mir und sagt, hör mal, wir lassen es einfach dabei und beiden ist geholfen. Jau, wunderbar, sag ich und informier die Mannschaft, beide kein Tor mehr heute. Tja und dann: Ecke für uns. Da mußt du ja wat tun, kannst nicht einfach stehen bleiben, wenn du vor der Kiste stehst und das Ei fliegt auf dich zu. Also spring ich hoch, krieg den Ball hinten drauf, der fällt genau ins lange Eck. 1 : 0. Dann hab ich zum Bockholt gesagt, komm, laß auch ein rein, aber die haben mich gleich da weggescheucht. Die wollten jetzt natürlich gewinnen. Dann ham wir 1 : 0 gewonnen. Mann, war der Netzer sauer.»

Das Tor zur Welt

Fußballstadt Hamburg

Damals mag es in der Hansestadt weniger geregnet haben als heute, aber dafür gab's auch mehr stadtbekannte Volkshelden. Fußballer, die jeder Bäcker oder Bierkutscher kannte. Die Kids spielten noch im Hinterhof und auf der Straße – wenn gerade mal im Stadion nichts los war und der Ball ruhte. Manchmal gab's Beulen, meist dann, wenn zwei Hamburger Jungs gleichzeitig brüllten: «Ich spiel heut den Uwe Seeler…!»

Lang ist's her. Der Hafen hatte noch Kähne, der HSV noch schwarze Zahlen in den Bilanzen und Charly Dörfel bereits seine blanke Glatze, von der so mancher Ball seinen Weg ins Tor fand. Der Sport mit dem ledernen Ei war erkennbarer Rest alter Arbeiterkultur. Selbst in den piekfeinen Ecken der Trutzburg der Pfeffersäcke war noch Mythos genug – es gab eben auch echte Stars. Und die hatten die Jugend auf ihrer Seite. Mit der Blechbüchse vorm Schuh ging's übers Kopfsteinpflaster den gegnerischen zwei Ziegelsteinen entgegen. Im Kopf eine Ahnung von jubelnder Masse, einen Hauch von vollbesetzten Rängen drumherum.

Fußball-Endrunde 1960. Zum zwölftenmal nach dem Krieg ist der HSV dabei. Damit kann zu der Zeit keine andere Mannschaft auch nur annähernd aufwarten. Im ersten Spiel gegen Neunkirchen bringt Uwe Seeler gleich drei Treffer im Netz unter, und als der letzte Spieltag vorbei ist, da hat «Uns Uwe» glatt die Hälfte der 22 HSV-Tore erzielt. Ein Sportreporter des Südens überschlägt sich in seinem Kommentar: «Clou dieser elf Tore aber war die akrobatische Spitzennummer im Rückspiel gegen Westfalia Herne, als Uwe, am Boden liegend, per Rückzieher den 2 : 1-Sieg des HSV sicherte. Natürlich hatte er auch Tor Nr. 1 geschossen, die überraschende Führung der Herner ausgeglichen. Aber dieses 2 : 1 übertraf doch alles bisher Dagewesene, ein Tor, wie es selbst ein Uwe Seeler nicht jeden Tag erzielt, wie es eben auch nur ein Uwe Seeler schießen kann… Uwe und Hernes Nationaltorwart Tilkowski waren zu-

«Ich spiel heut mal den Uwe Seeler…!»

sammen hingefallen. Mit ihnen plumpste auch das Leder herunter. Und jetzt war Uwe mit den Füßen schneller als Tilkowski mit den Händen. Im Liegen zog er den Ball über den Kopf ins Tor...»[1] Menschen, Bälle, Sensationen. Bei dem genannten Spiel drängelten sich über 70000 Zuschauer auf den Rängen – von Zuschauerkrisen sprach damals noch keiner...

Vergangenheitsbewältigung

Der Mythos. Er klebt nur an Namen wie Uwe Seeler. Sportmoderatoren kriegen sich angesichts der Altstars gar nicht mehr ein, wenn sie da so einen alten Recken vor der Nase haben, der noch echter Künstler war. Man sollte es sich einmal in Zeitlupe ansehen, wie die moderierende Zunft von Sportstudio & Co. dahinschmilzt, stammelt und beim prominenten Gast statt Kopf nur noch das Schwarzweiß des runden Leders erkennt: «Mööönsch Uwe! Daswarnnochzeiten! Ja, liebe Zuschauer, er ist es wirklich!»

Im Münchener Lande steht nicht nur ein Hofbräuhaus. Unweit von Hopfen-und-Malz-Göttin Bavaria liegt das beliebte Ausflugsziel der Arber-Region. Naturschutzgebiet, in dem jeder Baum noch fallen und verfaulen darf. Es herrscht Chaos in diesem Urwald. Es ist undeutsch unaufgeräumt. Dennoch findet sich gerade hier schönster Pflanzenwuchs, Artenreichtum, findet man faszinierende Übergänge zwischen Verwesung und frischem Lebensbeginn. Sumpfblüten. Natürlich – Natur!

Norden und Süden entwickeln sich langfristig sehr ähnlich. Oben wie unten wird die Nachkriegsrepublik mit Bagger und Planierraupe begradigt, abgerissen, plattgemacht. Statt Wildwuchs – Wirtschaftswunder! Industrie macht Wangen rot und aus jeder Wiese eine Lagerhalle. Aus Altstadt werde Parkhaus. Dort, wo gestern noch Kinder kickten, rasen heute Fußgänger mit ihren Einkaufstüten um die Wette über Zebrastreifen gegen Ampeln.

«Mööönsch Uwe! Daswarnnochzeiten! Ja, liebe Zuschauer, er ist es wirklich!»

Das alte Hamburg wird von der Rampe ins Hafenbecken geschubst. Der Hafenarbeiter kommt als Spezies der industriellen Revolution ins Museum, die Gängeviertel, in denen in den Fünfzigern Curd Jürgens noch den «Arzt von St. Pauli» mimte, werden wegsaniert. Milieu und Altstadt stehen auf dem Index der neuen, sozialdemokratischen Herren. Arbeitersport, Arbeiterviertel, Arbeiterverein. Die Keim-

Stimmung am Rothenbaum. Uwe Seeler schoß dem Keeper von Altona 93 am 20. Januar 1962 den Kasten voll. Bei einem ansonsten schwachen Spiel vor 11 000 Zuschauern erzielte Uns-Uwe vier Tore in zuschauerfreundlicher Serie.

zellen des Fußballs sind Anno '90 unwiederbringlich dahin. Over and over. Die Straße als das große persönliche Erlebnisfeld ist Opfer einer schiefen Entwicklung geworden, an derem untersten Ende sich ratlose Gesichter in Wohnkloaken wiederfinden. Tristesse in den Trabantenstädten.

Erwin Seeler, Vater des später weltbekannten Uwe und des zumindest in Hamburg ebenso bekannten Dieter, ist ein Urgestein des deutschen Fußballs. Er stand zwar nie in der Nationalmannschaft, aber er gehörte immerhin zur siegreichen Nordmark-Elf, die 1938 den Bundespokal mit 3 : 1 gegen Südwest gewann. Auf der internationalen Bühne war Erwin Seeler auch politisch ein Begriff. Er kämpfte für die Träume früher Sozialisten von einer friedlichen und humanen Welt ohne Ausbeutung und Arbeitslosigkeit. Der Mensch im Spinnennetz der industriellen Revolution. Und eine Welt im Wandel.

Erwin Seeler sammelte beachtliche Lorbeeren für das damalige Arbeitersportkartell – Sohn Uwe wurde später typisch hanseatischer Kaufmann als Sportartikel-Vertreter und Inhaber von «Seeler-Moden». «Old Erwin», wie man ihn respektvoll im Hafen nennt, kloppt Schicht um Schicht bei den Stauereien, als seine Sportler-Ära beendet ist. Er unterhält die Kollegen stets mit den neuesten Döntjes über seine Jungs, die in diesen Tagen so manche Scheibe zum Klirren bringen. Er ist mächtig stolz auf Dieter und Uwe. Ende '49 weilt Sepp Herberger mit Blick auf die Englandreise einer Jugendmannschaft der britischen Besatzungszone in Hamburg und sieht sich ein Spiel der Jugendauswahl an. Ein kampfkräftiger Blondschopf fällt ihm auf: Dieter Seeler. Seine Begeisterung für den Jungen verrät er am Abend bei einem Umtrunk im Hause Seeler. Da fährt Mutter Anni mit einem prophetischen Ausspruch dazwischen: «Dann müßten Sie aber erst mal unseren Lütten sehen...»

«Der Dicke» wird also in der trüben Blässe der Wintertage 1949 von der eigenen Mutter als Talent entdeckt. Dettmar Cramer, der bei der Englandreise 1950 Betreuer und Trainer der «Zonenjugend» wird, gibt später zu Protokoll: «Dieter Seeler hatte damals ein dickes Geschwür auf der Nase, das war unverkennbar. Zwei Jahre später kam Uwe Seeler zu mir durch die Duisburger Lehrgangstür, und Uwe war Dieter so ähnlich, daß ich im ersten Moment das Geschwür auf seiner Nase suchte. Ich fand sogar die Stelle, wo es eigentlich hingehörte...»[2]

Uwe wird weltberühmt und mit ihm Hamburg als Hochburg des Fußballs, auch wenn es dort noch zahlreiche andere Vereine mit vielen guten und temperamentvollen Spielern gibt. Doch nur der Dicke liefert diese Fallrückzieher und Kopfballtore, schießt mit links und rechts und steigt letztlich vom Stürmer zum Spielmacher auf. Er wird dreimal zum «Fußballer des Jahres» gewählt (1960, 1964, 1970), und seine sportlichen Höhepunkte finden sich in diversen Bildbänden und Biographien wieder. Unvergessen aber auch das Bild des besiegten Sportlers, der '66 mit gesenktem Haupt nach dem Endspiel gegen England das Spielfeld verläßt.

Selbst einige Gegner hätten ihm wohl diesen Sieg gegönnt. Der «Dicke» ist ein Symbol für Fairness und sportlichen Kampfgeist, kein athletischer Robotnik. Fritz Walter, Nachkriegsweltmeister unter Herberger, der aus diesem Erfolg später einen Beruf macht, gibt mit nassen Augen zu Protokoll: «Seine ersten Länderspiele gegen Frankreich und England erlebte ich leider nur am Bildschirm wegen einer Gelbsucht. Dann folgte unser erstes Nebeneinander gegen Italien, das zweite ein Jahr später gegen Holland. Aber Uwes eigentlicher Durchbruch gelang erst 1958 in Schweden – ich werde nie vergessen, wie er vor diesem schweren Spiel zu mir kam, mich ermunterte: ‹Keine Angst, Fritz, ich renne für dich mit!› Ein hundertprozentiger Kamerad. Danach führte sein Weg steil nach oben ...»[3]

Während draußen die Straßen, in denen Uwe noch das Dribbeln, Flanken und Schießen lernte, für Kinderspiele gesperrt werden, machen sich im Traditionsclub HSV die Champagner-Nasen breit. Aus dem HSV wird eine Ruine der Leidenschaften, ein Ball ohne Luft. Selbst bei Spitzenspielen gibt es zunehmend Probleme, die Fans ins Stadion zu locken. Der Geist der Old Erwins, Uwe Seelers & Co. ist sanft entschwebt...

Ein Zocker, der mehr zu vollen Aschenbechern und halbleeren Whisky-Flaschen paßt als zur Askese oder der biederen Trimm-Dich-Bewegung. Ein kantiger Grantler, ein Ausländer, der lieber raus ging. Er jagte das Leder 51mal in der österreichischen Nationalelf, war Trainer in den Niederlanden, Spanien, Belgien und Deutschland. Er gewann zweimal – mit Feyenoord Rotterdam und dem Hamburger SV – den Europacup der Landesmeister. 1978 wurde er als Nationaltrainer mit den Niederländern bei der WM Vize-Weltmeister. Den HSV brachte er nicht nur zu Meisterschaftsehren, sondern auch an die Spitze Europas. Erinnerungen. Herbstlaub.

«Stürzt die Bayern, sonst stirbt die Bundesliga an Langeweile.»

Ernst Happel verschwand gen Tirol, blieb Globetrotter, prüft weiterhin die Anfragen von Clubs aus aller Welt. Gelegentlich meldet er sich zu Wort, um rüde vorzuführen, wie ihm der Niedergang des spielerischen Elements im deutschen Fußball zu schaffen macht. Über die Tal- und Irrfahrt des HSV nach seinem Weggang bilanzierte er in der *Hör zu*: «Stürzt die Bayern, sonst stirbt die Bundesliga an Langeweile. Die Bayern werden nicht Meister, weil sie so stark sind – das sind die höchstens in der

Lederhos'n –, sondern weil die andern so schwach sind. Das ist das Dilemma der deutschen Bundesliga: Das Niveau wird immer schlechter. Ich habe das schon vor fünfzehn Jahren gesagt.»[4] Lang ist's her, daß Meistermacher Happel mit dem HSV die Bayern jagte...

Er hat nicht immer unbedingt viel gesagt. Die meisten Pressekonferenzen nach HSV-Spielen verliefen eher so, daß sich alle freuten, wenn der Mann mit dem finsteren Blick überhaupt einen Satz ins Mikro nuschelte.

Minimalismus aus Überzeugung. Happels weise Worte klingen nach wie Donner im tiefen Tal der Stadien: «Die großen Spieler sind früher fast alle von der Straße gekommen. Aber der Wohlstand hat den Straßenfußball längst aufgefressen. Wo wir als Kinder im 15. Wiener Bezirk kickten, rast heute der Verkehr. Auf den Donauwiesen, wo wir uns Kondition und Technik holten, stehen Wohnhäuser. Und dann wollen die Väter heute, daß es ihre Söhne noch besser, noch leichter haben als sie. Einen Gefallen tun sie ihnen nicht damit... Natürlich gibt es Gründe für das gesunkene Niveau des Fußballs. Als ich mit dreizehn Jahren zu einem Spitzenverein kam, hatte ich aus täglich sechs Stunden Straßenfußball alle Kondition, alle Technik dieser Erde intus. Heute kommen die Spieler zum Training, die können nicht mal einen Stuhl umspielen. Und die Trainer? Sie wollen Meister werden und nicht gute Spieler formen. Die Individualisten, die Verrückten, bleiben auf der Strecke.»[5]

Uli Stein legt sich bei der WM in Mexiko mit allen an, die ihm auf dem Weg ins Nationaltor im Wege sind. Ein Skandal. Und Ex-Nationaltorhüter Toni Schumacher darf

«Heute kommen Spieler zum Training, die können nicht mal einen Stuhl umspielen.»

gleich das Land verlassen, weil er es wagt, den Allgewaltigen des DFB in die Suppe zu spucken. Er packt aus, signiert ein Buch, das sich mit Sex und Doping hinter den Kulissen befaßt und zahlreiche Indiskretionen über Spieler- und Mannschaftskollegen enthält. Happel: «Die beiden besten Torhüter der Liga. Und beide aus der Nationalmannschaft rausgeflogen. Der Toni, weil er ein blödsinniges Buch schreibt, der Uli, weil er in Mexiko einen Kollaps kriegt und durchdreht. Was soll's: Die Leut' mögen solche Verrückten, wenn sie was können...» Aber sie passen nicht mehr ins Bild. Auch an die Stelle der Happels rükken immer mehr smarte Machertypen, die vor Selbstbewußtsein kaum laufen können, aber nur selten ahnen lassen, woher sie's eigentlich beziehen.

In der Nach-Happel-Ära wird der HSV dramatisch und teils dilettantisch umgebaut. Felix Magath, ehemaliger Partner auf dem Platz, feuert als eine seiner ersten Amtshandlungen Uli Stein. Ein Fausthieb gegen einen Bayern-Spieler wird ihm zum Verhängnis. Danach eröffnet der Verein die Wochen des offenen Tores. Statt Happel nun Trainer Skoblar, statt Stein Torwart Pralija, der vorführt, daß der Ball auf vielfältigste Weise am Torwart vorbei und ins Netz gehen kann. Gestern noch europäische Spitzenmannschaft, heute Kreisklasse. Die Liga lacht sich kaputt, den HSV-Fans ist zum Heulen. Zähneknirschend zückt HSV-Präsident Ernst Naumann das Scheckbuch und verabschiedet Skoblar und Pralija mit je 400000 Mark. Nachdem die Kritik an der Arbeit des Managers Felix Magath immer lauter wird, gibt es nochmals einen großen Scheck, und auch Magath darf gehen. Er hinterläßt den wohl größten Scherbenhaufen in der Vereinsgeschichte des Traditionsclubs. Der HSV wird zum Gespött der Bundesliga, gerät nun von einer Krise in die nächste. Die Fans werden durch Jubiläumsfeiern verprellt, bei denen selbst langjährige Vereinsmitglieder sündhaft teuren Eintritt für wenig Programm bezahlen dürfen. Die Champagner-Nasen schweben über dem Volk und ruinieren das in Jahrzehnten aufgebaute Image des HSV.

Und das Volk ist konsequent. Es verläßt das sinkende Schiff, wendet sich dem FC St. Pauli zu. Dort hat sich eine Fan-Begeisterung etabliert, die rational nicht leicht erklärbar ist. Hier sind nämlich alle verrückt, werden Piratenflaggen geschwenkt, traut sich die Dummbeutel-Fraktion der Glatzen nicht mal auf Rufweite in Stadionnähe aus Angst, von den Freaks der Hafenstraße und der St. Pauli-Szene kielgeholt zu werden. Hier ist die Welt also noch in Ordnung. Weitab vom leeren Volksparkstadion des HSV, wo der Glanz vergangener Zeiten als Putz von den Mauern abbröckelt.

«Der Verein sitzt tief in der Krise. Er hat ein Problem. Er braucht dringend Geld. Viel Geld.»

Schlaff baumelt ein HSV-Schal im Wind. Und weit und breit ist keiner zu sehen, der Lust verspürt, dies Utensil dem fliegenden Händler abzunehmen. Gegenüber steht das beliebte Saison-Wirtshaus «Zum Ochsen» auf dem Hamburger Dom. Gnadenlos wird die krachlederne Bayernkapelle in Grund und Boden gegrölt.
«St. Pau-li! St. Pau-li!» Braun-weiß bemalte Indios schwenken die

Maßkrüge und verschütten so manchen Schluck. Der FC St. Pauli hat soeben Waldhof Mannheim ein 2 : 1 eingeschenkt. Und die Fans des Eff Zeh sind aus dem Häuschen. Nadelgestreifte und Jeansträger liegen sich in den Armen. Von der Davidwache schallen Fragmente vom «schönen Hamburg-St. Pauli» über den Spielbudenplatz; Freier werden geschubst, und in die eine oder andere Peepshow-Kabine klatscht mit dumpfem Knall eine halbvolle Bierflasche. Solch ein Jubel war früher durch-

«Weißt du, St. Pauli, das ist ein ganzes Leben.»

aus normal, doch im Zeitalter des schwindenden Zuschauers wird diese schäumende Euphorie zum Studienobjekt für eine ungläubig staunende Armada aus Soziologen, Pädagogen und sonstigen Verhaltensforschern. Was ist anders beim FC St. Pauli? Warum ist es hier auf den Rängen ständig voll, während der große Bruder HSV selbst nach Auswärtssiegen beim nächsten Heimspiel das kleine Häuflein von Restfans locker per Handschlag begrüßen kann?

Der gleiche Samstag vor dem Spiel. Noch ahnt keiner, wie's ausgeht. Dennoch wird im Clubhaus neben dem Spielfeld unter schwankender Holsten-Pilsener-Lampe schon kräftig gefeiert: «Oléoléolé-olééé!» Erstaunlich, wie sich hier Underdogs, Randfiguren und Freaks zu einer verschworenen Gemeinschaft zusammengeschlossen haben. Rainer aus dem heruntergekommenen Arbeiterviertel Wilhelmsburg hat bereits sechs Halbe im Atem, während er am Tresen seine Sympathie für den Verein in einfache Worte kleidet: «Weißt du, St. Pauli, das ist ein ganzes Leben. Das ist unser Verein, und den kann uns keiner nehmen!» Überall die gleiche Grundstimmung: Einer für alle, alle für einen.

Vor dem Spiel verteilt am Eingang zum Stadion eine Alternativ-Blondine Flugblätter: «Manchmal werden Leuchtraketen und Knallkörper gezündet... Dieses fordert Maßnahmen von Leuten, denen wir in ihrem hygienischen Fußballdenken sowieso ein Dorn im Auge sind. Wir wollen keine Maßnahmen, die die Atmosphäre am Millerntor verändern. Stoppt und verhindert Aktionen, die Spieler, Zuschauer und das Spiel gefährden... Wir wollen der sympathischste Verein der sonst so armen Liga bleiben.» Unschwer ist aus diesen Zeilen ein Stückchen St. Pauli-Psychologie herauszulesen. Hier treffen sich Menschen, die in dem Gefühl leben, daß man ihnen vieles, manchen sogar alles genommen hat. Alles, was in den Nebenstraßen der schillernden Amüsierbetriebe von Reeperbahn und Großer Freiheit

AN ALLE FANS

Für diesen Verein brüllen wir uns liebend gerne heiser. Manchmal werden Leuchtraketen und Knallkörper gezündet oder es fliegen Gegenstände auf's Spielfeld.
Dieses fordert Maßnahmen von Leuten, denen wir in ihrem hygienischen Fußballdenken sowieso ein Dorn im Auge sind.
Wir wollen keine solchen Maßnahmen, die die Atmosphäre am Millerntor verändern.
Bitte stoppt und verhindert Aktionen, die Spieler, Zuschauer und das Spiel gefährden.
Auch wenn es schwer fällt, sich bei dieser Superstimmung zu bremsen: Versucht die einzelnen davon zu überzeugen, was für unseren Verein auf dem Spiel steht:

WIR MÜSSEN AM MILLERNTOR BLEIBEN!

Dies ist keine Initiative des Vereins, sondern von einigen St. Pauli-Anhängern, die diese einmalige Atmosphäre am Millerntor erhalten, und der sympathischste Verein der sonst so armen Liga bleiben wollen.

P.S.: Dieses Papier ist nach dem Lesen ideal als Konfetti zu verwenden.

noch ein Zuhause hat, das strömt zum Spiel oder klebt sich zumindest für neunzig Minuten ans Radio. Der Sonnabend als Ventil, als gewaltige Proklamation. «Wir sind mit unserem Acker von der zweiten in die erste Liga aufgestiegen – jetzt müssen die andern Clubs halt sehn, wie sie damit klarkommen.» Nach dem Unentschieden gegen den superreichen FC Bayern, dessen arrogante Vorschläge zur Lösung der Bundesligakrise mittels Reduzierung der Clubs auf die Kleinen herabregnen, fällt dieser Satz im ZDF-Sportstudio. Torwart Volker Ippig bekommt spontanen Beifall vom Studiopublikum. Dem Moderator verschlägt's die Sprache. Ippig, Jahrgang '63, half beim Aufbau Nicaraguas, er kennt manche Leute in der berüchtigten Hafenstraßen-Häuserzeile beim Vornamen. Bei jedem St. Pauli-Spiel grüßt er mit gereckter Faust deren Block – durch die Totenkopfflaggen leicht auszumachen. Und nun sitzt er zur besten Sendezeit vor der Nation.

Man muß es erlebt haben, wie noch kurz davor ein Hexenkessel aus Schlachtermeistern, Hafenarbeitern, Zockern, Luden, Werbern, Rockmusikern, Arbeitslosen, Studenten und Punks den erfolgverwöhnten Südlichtern ein hämisches «Auf Wiedersehn, auf Wiedersehn!» nachbrüllte. David gegen Goliath.

Erinnerungen an den Arbeitersport. Während der HSV in kühler Anonymität versinkt, kennt man einander am Millerntor. Jeder weiß, daß Tattoo-Theo, ein Ur-St. Paulianer, auf dessen Haut bunte Bilder prangen, nach dem Spiel tagelang die Pappbecher zusammenfegt. Jeder kennt hier die Ecke, wo die Gunslingers stehen oder The Balls, jene erste deutsche und Hamburger Punkband, deren Mitstreiter gern den Zusammenhang zwischen Fußball und hartem Rock erläutern.

Jeder kennt auch die feineren Cliquen, mit Kontaktern von Springer & Jacoby und Textern von Scholz & Friends, die sich im Stadion für neue Werbekampagnen auflockern. Und ganz vorne, da, wo man den Schweiß der Spieler riechen kann, stehen die Alten. Nette Herrschaften, die ihrem Club seit Jahrzehnten die Treue halten und bislang noch nicht aus dem Viertel hinaussaniert wurden. Einige von ihnen leben an der Armutsgrenze, und da drücken die Ordner auch schon mal sämtliche Augen zu und lassen den einen oder anderen ohne Eintrittskarte durch.

22. Mai 1989: In der Geschäftsstelle des HSV in der Rothenbaumchaussee geht Präsident Ernst Naumann unruhig auf und ab. Seine Haare wirken noch grauer, als sie ohnehin sind. In den Büroräumen knallen Türen, wird an den Telefonen mal lauter, mal leiser als ge-

Für nicht wenige ist der FC St. Pauli der sympathischste Club der Liga, und nicht nur Hafenarbeiter gehören zur verschworenen Gemeinschaft.

St. Paulis Trainer Helmut Schulte wird nach dem gewonnenen Heimspiel gegen Borussia Dortmund von den siegestrunkenen Fans gefeiert.

wöhnlich gesprochen. Die Welt vorm Untergang. Risse im spröde gewordenen Leder. Nachrichten müßte man eigentlich auch auf der nach oben offenen Richterskala lesen können. Der Tag wird in die Vereinsgeschichte des Waterkantvereins eingehen. Nicht nur, weil HSV-Präsident Naumann den ihn voller Jagdeifer umringenden Journalisten verkünden muß, daß Sportchef Erich Ribbeck den angeschlagenen Verein verlassen wird. Es ist auch der Tag, an dem ein Brief eintrifft mit dem Absender: Deutscher Fußball-Bund, Frankfurt/Main. Die gefürchtete Anfrage des DFB-Wirtschaftsausschusses über die Kalkulation der neuen Saison. Dem HSV drohen Auflagen, die möglicherweise den sportlichen Aufschwung und die Teilnahme an wichtigen Cups gefährden. Die Lokalpresse singt im Chor: «Ist der HSV noch zu retten?» Naumann wirkt resignativ, steht mit dem Rücken zur Torwand. Die Verschuldung hat eine Höhe erreicht, die ihm «ganz und gar nicht paßt. Deshalb wird es auch keine Investitionen in ein unsicheres Geschäft geben. Und die Bundesliga ist ein unsicheres Geschäft.» Hört, hört! Und: «Wenn jemand von Bord will, binde ich ihn nicht am Mast fest.»

Der Krisenstab tagt im Nobelhotel, und Uns Uwe, ohne den man nun in diesen schweren Stunden nicht sein mag, dessen Lebenswerk locker verpraßt wurde, gibt mit gekräuselter Fußballerstirn vor laufenden Kameras zu bedenken: «Der Verein sitzt tief in der Krise. Er hat ein Problem. Er braucht dringend Geld. Viel Geld.»

Nun muß der Gürtel enger geschnallt werden – schlechte Karten für ein Spiel, bei dem die Joker immer teurer und teurer werden. Auch eines der neueren Talente des HSV, Thomas von Heesen, bemüht sich um vorzeitigen Abgang. Doch der geplante Transfer zur Frankfurter Eintracht wird zum tragikomischen Eigentor. Eine Woche lang gibt es ein öffentliches Tauziehen, mit Dementis, unterschiedlichen Verlautbarungen und einem Thomas von Heesen, der von allem nichts mehr wissen will. *Sport-Bild*-Volontär Udo Lattek faßt die neuerliche Lachnummer aus dem hohen Norden schließlich in seiner Kolumne zusammen: «Beide Präsidenten haben öffentlich zugegeben, daß sie vom Fußball nichts verstehen. Konsequent wäre es, sich auch dann herauszuhalten. Was sich in Hamburg beim HSV und in Frankfurt bei der Eintracht im Fall von Heesen abgespielt hat, zeigt mir einmal mehr, daß für ehrenamtliche Funktionäre nur noch Platz zum Repräsentieren ist. Vor zehn oder fünfzehn Jahren konnte man einen Verein mit diesen Leuten führen, aber nicht heute, wo es um Millionen geht.»

Zukunft und andere Fragen

Eine Abordnung von Fans des HSV steht im Foyer des Berliner Interconti-Hotels. Uli Stein kommt aus dem Fahrstuhl und traut seinen Augen nicht. Im Koffer trägt er – nun schon seit mehreren Wochen – das Torwart-Trikot von Eintracht Frankfurt, doch der Sprecher der fünfzehn wilden Gestalten mit den Blau-Weiß-Signets tritt auf ihn zu und sagt: «Uli, wir stehen hier stellvertretend für alle Fans aus der

«Sollen denn auf dem Rasen nur noch brave Chorknaben herumrennen?»

Westkurve. Wir sind hierher gereist, um dir zu sagen, daß wir dich nicht vergessen haben. Wir möchten dir alles Gute für deine Zukunft wünschen und bedauern es sehr, daß du nicht mehr für Hamburg spielst.» Der harte Junge aus dem Fußballtor ist gerührt und dankt mit dem vielzitierten Frosch im Hals. Er wird seine Geschichte nicht los. Und die Fans in Hamburg denken offensichtlich lieber an gemeinsame schöne Stunden zurück, als zu wagen, sich irgendeine Hoffnung auf die Zukunft zu machen. Helden wirft man nicht raus.

Uli Stein bilanziert heute nüchtern und kühl, blickt klar voraus: «Mit Toni Schumacher gab es nie persönliche Probleme. Bei der WM in Mexiko war ich einfach überzeugt, besser zu sein. Dabei ziehe ich vor Tonis Leistung für den deutschen Fußball den Hut. Der ist im übrigen genauso verrückt wie ich, lebt nur für den Fußball. Und auch wenn Fußball ein Mannschaftsspiel ist – er lebt von Individualisten, die schon auf Grund ihrer Klasse das Recht haben, sich frei und auch für andere unbequem zu äußern. Nur mit den Individualisten im Programm lassen sich die Stadien wieder füllen!» Nicht nur die Krise des HSV ist hausgemacht.

Kurz vor Mitternacht. Bei «Saki», einem Barbetrieb, in dem sich Fußballer, Sportreporter und Fans gern und oft treffen, verschweigt der Wirt nicht seine Meinung: «Für viele hier ist Uli ein Volksheld. Man hat das Gefühl, der wird von Schiedsrichtern, Managern und anderen Möchtegern-Saubermännern der Nation verfolgt, nur weil er sich ein paar Eskapaden am Rande erlaubt. Sollen denn auf dem Rasen nur noch brave Chorknaben herumrennen und die Stadien noch leerer werden?» Saki Panagiotidis wuchs in Hamburg auf, er kennt viele Kicker der ersten und zweiten Liga persönlich. So wie er denken in der Tat viele, und für die kritischen Töne ist's wohl auch höchste Zeit. Denn wer den Mangel an Spielerpersönlichkeiten beklagt, der muß auch nach den Ursachen fragen – und da steht der HSV nicht allein in Sachen Fehlplanung und dumpfer Unterordnung unter die immer spießiger werdenden Leitsätze und Richtlinien des DFB. Wer die cleane Liga will, auf Kosten der Steins & Co, der will auch den antiseptischen Fußball der Zukunft, der in etwa so spannend sein dürfte wie ein DFB-Bundestag. Die ausgegebene Losung der Neubergers und Kindermänner lautet: «Ruhe ist die erste Bürger- und Fußballerpflicht!»

Thomas von Heesen, Jahrgang '61, galt lange als Hoffnungsträger des HSV. Auch er grübelt über die Zukunft des Fußball-Standortes Hamburg: «Sowohl der FC St. Pauli als auch der HSV sind Traditionsclubs. Die haben einen guten Namen im Land, vor allem der HSV. Sie sind berühmt für guten Fußball und Sportgeschichte, die hier geschrieben wurde. Hamburg braucht unbedingt eine Supermannschaft, denn das Umfeld stimmt hier, wenn die Elf oben mitmischt, dann kommen auch die Zuschauer. St. Pauli ist eher eine Ausnahme, die haben immer ein volles Stadion – wenn dagegen beim HSV die Leistung nicht stimmt, bleiben die Zuschauer sofort weg. Die Stimmungsschwankungen kann ich mir nicht recht erklären …»

Geplant wird auch der Ausbau des Volksparks im Sinne eines kleinen Disneylands. Wird man so die Leute anlocken können? Von Heesen zweifelt daran: «Der einzige Weg für uns Spieler ist es, durch gute Leistungen die Zuschauer ins Stadion zu holen. Rahmenprogramm und Volksfeste drumherum können niemals ein gutes Spiel ersetzen. Darüber kann man streiten, ob dadurch ein paar Zuschauer mehr kommen – im Prinzip ist über neue Perspektiven bislang noch nichts Sinnvolles gesagt worden.» Da dreht sich alles im Kreise. Es scheint, der Weg in eine bessere Zukunft läßt sich nur finden, wenn

«Aus Schampusecken müssen Bierecken werden.»

man die glorreichen früheren Jahre einmal genauer analysiert, sich Gedanken macht, ob denn die Probleme mit Geld zu lösen sind. Glaubt denn wirklich jemand, daß die Leute kommen, wenn der Verein mit dem Charme eines Dagobert Duck geführt wird?

Auf die Frage, ob er sich vorstellen könne, nach Abschluß seiner Aktivzeit vielleicht den Managerposten beim HSV einzunehmen, antwortet Uli Stein: «Ein Managerjob könnte mich schon reizen. Da würde ich als erstes versuchen, den Kontakt zu den Fans wieder herzustellen, den ganzen Verein publikumsnaher zu machen, als er jetzt

Günter Drews und Thomas von Heesen beim 88er Duell zwischen Hannover 96 und dem Hamburger SV. Ein alter Nordschlager in erneuter Auflage. Dabei zeigte von Heesen, daß er beim HSV zu den kampfstärksten Spielern gehört.

ist. Aus Schampusecken müssen Bierecken werden, damit sich jeder zum HSV zugehörig fühlt. Der FC St. Pauli führt doch den richtigen Weg vor: Die Leute wollen das Gefühl haben, daß der Verein wie eine große Familie ist, zu der jeder Fan, aber auch Manager und Spieler dazugehören.»

Für Thomas von Heesen liegt genau dort der Knackpunkt: «Ja, in den Stadien von Dortmund, Schalke, St. Pauli, da herrscht noch Atmosphäre. Es ist schon richtig, wenn man daraus ein Prinzip ableitet, daraus das Idealmodell für kommende Tage entwickelt. Aber da sieht man, wie schwer sich der

HSV tut. Es ist aber sehr viel reizvoller, wenn die Zuschauer näher am Geschehen sein können, wenn die Stadien richtige Hexenkessel sind.»

Und immer wieder Uwe Seeler. Viele Jahre ist es her, daß er das Trikot für immer auszog und die Stutzen an den Nagel hängte. Doch nicht nur das HSV-Präsidium hört immer wieder gern auf seinen Rat. «Man hat es nicht verstanden, in den Erfolgsjahren den HSV gesund zu machen. Das war der größte Fehler. Mit Hochnäsigkeit hat man dann auch noch die Fans verärgert. Das sind äußerst schlechte Voraussetzungen für schwierige oder härtere Zeiten. Probleme geschaffen hat man sich auch durch teure Fehleinkäufe, die mir völlig unüberlegt erschienen. Wie oft habe ich gesagt: ‹Ihr müßt die Spieler kaufen, die die Mannschaft auch wirklich braucht, und nicht die, die zufällig auf dem Markt sind und günstig erscheinen.› Der HSV muß sich für die Zukunft gesundschrumpfen. Und ein anderes Klima muß in den Verein und in die Mannschaft. Erfolg gibt es nur mit Kampfkraft, Elan, Mut und hochmotivierter Begeisterung. Wenn die Einstellung bei den Spielern stimmt, dann kommen auch die Zuschauer – so ist es immer gewesen. Wer meint, er könne auf lau durch den Spielplan, sich an allen vorbeimogeln, der geht auf die Straße der Verlierer. Und die Fans sind die ersten, die es merken, wenn da nur Schaulaufen auf dem Rasen stattfindet. Intern bräuchte man auf Dauer einen richtigen Manager, der die Geschäfte professionell und umsichtig führt.»

Daß man das gemeine Volk verprellte, ist wohl kaum noch zu bestreiten. Marketingstrategen würden sagen, man habe die Zielgruppe aus den Augen verloren. Wer ist Zielgruppe? Wem gehört die Bundesliga? Fragen, die über die Zukunft so manchen Vereins entscheiden werden.

Der älteste deutsche Fußballverein

Germania 1888 e. V. Berlin

Als englische Kicker 1885 die erste Profi-Liga der Welt starteten, schwappte das Fußball-Fieber auch auf das europäische Festland über. Georg Leux, ein junger, heimwehgeplagter Künstler im Berliner Exil, gründete den FC Frankfurt Berlin. Ein avantgardistischer Papiertiger: die Wettkämpfe auf dem Rasen fielen aus – mangels Mit- und Gegenspielern. Drei lange Jahre mußte der Hesse auf den ersehnten Anpfiff warten. Am 15. April 1888 war es endlich soweit: der 17jährige Paul Jestram gründete den Berliner Fußball-Club Germania 1888. Georg Leux schloß sich ihm an. Nun folgten auch andere Clubs: Stern '89, eine Abspaltung von Germania durch junge Leute, denen es bei der Urmutter schon alles zu langsam ging, dann der heute noch bestehende BFC Victoria '89, dann Borussia, Concordia, Askania, Vorwärts, Hellas... Genug Vereine, um gemeinsam einen neuen Verein zu gründen: Der Bund Deutscher Fußballspieler entstand und rief noch im gleichen Jahr, 1890, die erste Deutsche Fußballmeisterschaft ins Leben. Die routinierten Germanen holten den Titel gleich dreimal hintereinander, doch der von ihnen initiierte Bund verdarb ihnen den Hattrick, indem er den letzten Sieg – 3:1 gegen Victoria – nachträglich am grünen Tisch annullierte. Eine folgenschwere Tat: Der Germania-Aktivist Fritz Boxhammer rief einige Sportfreunde zusammen, und man machte sich an eine neue, akribische Übersetzung der englischen Fußballregeln. Mit dem Ergebnis war man zufrieden, und so reiste die kleine Gruppe in den letzten Januartagen des Jahres 1900 nach Leipzig, um dort auf der Grundlage ihrer Regeln einen neuen Bund fürs Leben zu schließen.

Zwei Jahre zuvor, 1898, hatten die Germanen bereits eine andere Großtat vollbracht: sie gründeten eine Jugendabteilung, die erste in Deutschland. Eine Revolution, denn anständige Jugendliche sollten radfahren, schwimmen, rudern oder turnen, aber nicht kicken. Wurden Schüler in ihrer Freizeit bei der «Fußlümmelei» erwischt, drohten im günstigsten Fall nur Prügel. Und nun trieb ein anerkannter Sportverein, der nicht nur Fußball-, sondern auch mehrfacher Kricketmeister und Träger Dutzender Leichtathletikrekorde war, ganz offen Werbung für diese «neueste Errungenschaft englischen Aftersports». Die Welle war losgetreten, andere Vereine folgten, die Kids eroberten die Straßen und die Magister resignierten: «Knirpse, kaum ihre drei Käselaibe hoch, kaum im Stande, sich auf zwei Beinchen ordentlich aufrecht zu erhalten, ‹kicken› dir schon an allen Ecken und Enden kunstgerecht ihren Stauchball ins Gesicht. Fehlte nur noch, daß auch die Mädchen die liebliche Gewohnheit annähmen! Fußballcancan!»[1] Eine Mädchenmannschaft hat die Urmutter des deutschen Fußballs auch 102 Jahre nach ihrer Geburt noch nicht entbunden, aber immerhin über 300 Mitglieder aus sechs Nationen. Dreizehn Germania-Mannschaften kicken heute zwischen Freizeit- und Oberliga, darunter sechs Jugendmannschaften; seit 1989 ergänzt eine Aerobic-Frauengruppe die Programmpalette.

Ein Amateurverein aus Überzeugung. «Wir haben bis heute keinem einzigen Spieler eine Mark gezahlt», erklärt Bernd Steputtis stolz. Der 38jährige Sozialdemokrat und Sauna-Besitzer ist seit 27 Jahren Vereinsmitglied. Er hat sich durch alle Mannschaften hochgearbeitet, war sieben Jahre Geschäftsführer und betreut nun die Jugendabteilung. Ehrenamtlich wie alle im Verein mit Ausnahme des ehemaligen Landesligaspielers Jürgen Franz, der als Trainer der Ersten Mannschaft 600 Mark im Monat bekommt. Die Jugendtrainer erhalten zwar auch einen Hunderter, «doch die gehen schon fast wieder für die Brause nach dem Training drauf». Denn die bezahlen sie, so wie sie auch die schmutzigen Trikots der Jungkicker einsammeln und waschen. «In einem kleinen Verein wie unserem macht eben jeder alles. Wir könnten auch jemanden einstellen, aber das würde das Gefüge des Vereins durcheinanderbringen. Andere würden dann sagen, warum krieg ich nix für mein Engagement…»

Germanias Jugendbetreuer sind Ex-Spieler, Sportlehrer oder sogar Lizenztrainer, denen der Profi-Betrieb bei Hertha oder Blau-Weiß mit den Jahren zu stressig wurde. Die Personaldecke ist dünn, «wenn einer ausfällt, steht niemand Schlange». Dennoch hält man bei Germania nichts von Berti Vogts' Appell, mehr Eltern für die Betreuung ihrer Kinder zu engagieren. «Das Schlimmste, was uns passieren kann, ist,

Spaß, Spiel, Spannung. Die hier jubelnden Freizeitkicker gewannen 1989 die Vorrunde des DB-Supercup. Nach gewonnenem Strafstoßschießen liegen sich hier die Spieler der evangelischen Jugend, Gruppe Bayreuth, in den Armen.

daß wir gezwungen sind, die Eltern von Spielern als Betreuer zu nehmen», enthüllt Bernd Steputtis seine Horrorvision. «Das größte Problem unserer Jugendtrainer sind fanatische Väter. Die Spieler wissen ja, warum der Trainer sie mal nur auf die Ersatzbank gesetzt hat. Die regen sich auch nicht auf. Aber die Väter kommen angerannt und wüten herum: Warum ist mein Kind nur Ersatz!» Als Schutzmaßnahme vor zu ehrgeizigen Vätern plädiert Bernd Steputtis auch für eine Erhöhung des Schiedsrichtersoldes, «denn wer läßt sich schon gern für 12 Mark verprügeln». Die schwarze Gilde hat arge Nachwuchssorgen. 60000 zusätzliche Pfeifen wären nach DFB-Schätzung bundesweit nötig, um alle Spiele zu betreuen. Statt dessen werden es immer weniger: 1090 schenkten sich allein 1988/89 die Rote Karte. Die übrigen hetzen von Spiel zu Spiel, drei bis vier Einsätze pro Wochenende sind in den unteren Ligen völlig normal. Der Berliner Fußballverband konnte zwar in der letzten Saison neunzehn Neue gewinnen, doch viele Jugendmannschaften warten immer noch Sonntag für Sonntag vergeblich auf den Mann mit der Pfeife. Und bevor alle frustriert nach Hause gehen, läßt man eben lieber einen Zuschauer richten, und das sind bei Jugendspielen nun mal in der Regel Väter. «Und der gibt dann Tore der Gegner nicht, dafür aber mit Vorliebe Elfer für die eigenen, nur weil er seinen Sohn gewinnen sehen will. Da kann man Dinge erleben...» Natürlich gibt es auch positive Erfahrungen mit engagierten Eltern, schränkt Bernd Steputtis ein, aber «zu viele hoffen, mit ihren Kindern eine schnelle Mark zu machen». Die Sitten der Großen haben sich längst bis in die Amateurklassen fortgepflanzt. Zwar rollt dort, wo der Kassierer seine Sponsorengelder noch zehn-Mark-weise einsammelt, nicht der große Rubel, doch auch kleine Geschenke erhalten die Freundschaft. So verlor Germanias Jugend in der laufenden Saison plötzlich ihren Torschützenkönig. Der 12jährige fährt nun zweimal in der Woche zum Training der Konkurrenz – mit einem neuen Mountain-Bike.

«Wenn wir auch damit anfingen, würde das den Verein langfristig zerstören», glaubt Bernd Steputtis und ist gar nicht so traurig darüber,

«Plötzlich war der Torschützenkönig weg.»

daß es mit dem Wiederaufstieg in die Landesliga nicht klappen will. Man ist zwar sportlich ehrgeizig bei Germania 1888, kennt aber seine selbstgesetzten Grenzen: Da Germania kein Geld zahlt, wandern die besten Spieler immer wieder ab, der Verein fällt in der Tabelle zurück und wird auch mal eine Saison deklassiert, bis eine neue, junge Mannschaft die entsprechende Stärke erreicht hat und unter dem Jubel der Fans wieder aufsteigt. So soll es sein – das Atmosphärische ist ihnen wichtiger als ein bezahlter Titel. «Wenn ein Spieler wirklich gut ist und Ausdauer und Talent für eine höhere Spielklasse hat, dann soll er wechseln, wenn er merkt, daß er bei uns unterfordert wird. Wir legen dann auch niemandem Steine in den Weg.» Ärgerlich wird man nur, wenn die Nachbarn mitten in der Saison Spieler vom Trainingsplatz wegkaufen. «Leider mußten wir zwei unserer besten Spieler kurzfristig an Abwerber-Vereine mit Summen von 500 DM monatlich abgeben, da können wir nicht mithalten!» notiert Bernd Grün von der Germania-Freizeitmannschaft Hertie 015 im Vereinsblättchen. Die Kaufhaus-Truppe ist zwar sportlich (fast) so ehrgeizig wie die ordentlichen Mannschaften, doch sie zog es vor, in der Freizeitliga zu bleiben, um nicht sonntags antreten zu müssen. «Wenn gewonnen wird, ist das ja ein Grund zum Feiern, und darunter leiden oft die Familien...» Und gewinnen will man ja schließlich.

Familiär geht es auch innerhalb des Vereins zu, obwohl Germania 1888 kein «Kiez-Verein» ist, wie Berlins Ex-Regierender, «das Diepgen», in seinem Grußwort zum Hundertjährigen glaubte. Die Spieler kommen aus verschiedenen Bezirken quer durch die Stadt, geworben per Mundpropaganda, durch Freunde, Arbeitskollegen oder in Schulen. Es sind Studenten, Auszubildende, Arbeiter, Selbständige, vor allem aber Angestellte. Kommunikation wird groß geschrieben bei Germania, «anders als bei den Großen, da kennt ja die F-Jugend die Spieler der E-Jugend nicht». Gemeinsame Ausflüge ins «Wessi-Land» oder zur ZDF-Hitparade, Stammtische und Saunaabende gehören zum festen Programm. Die Jugendlichen haben ihre eigene Club-Zeitung. Gegenseitige Spielbesuche sind selbstverständlich. Die Anhängerschaft Germanias ist «gefürchtet». 200 Zuschauer kommen regelmäßig zu den Heimspielen der Ersten, ein Drittel zahlende, die übrigen Vereinsmitglieder. In brisanten Situationen wie in der letzten Saison, als Germanias Erste sich nur knapp vor dem Abstieg retten konnte, brachte sie auch schon mal 300 Fans zum Gegner mit. In der Kreisliga! Germanias Jugend schwärmt noch heute vom letztjährigen Internationalen Pfingst-Turnier im nordrhein-westfälischen Schwanenberg. Als die Einladung zu den im Jugendfußball renommierten Spielen eintraf, beschloß der Vorstand kurzerhand, das Ereignis zum Betriebsausflug inclusive Fans umzugestalten. «Die Berliner reisten in zwei Bussen mit sechs Mannschaften und soviel Anhang an, daß sie in mehreren Hotels und Jugendherbergen von Brüggen bis Hückelhoven untergebracht werden mußten», notierten die Veranstalter beeindruckt. «Eine Einladung des FC Bayer Uerdingen, kostenlos das Bundesligaspiel FC Bayer – Werder Bremen zu besuchen, lehnten die Berliner mit der Begründung ab: ‹Unsere Jungen müssen angefeuert werden!›»

Rasenspiele und Rebellen

Den Kickern aufs Maul geschaut

Bloch sah, wie nach und nach alle Spieler aus dem Strafraum gingen. Der Elfmeterschütze legte sich den Ball zurecht. Dann ging auch er rückwärts aus dem Strafraum heraus. «Wenn der Schütze anläuft, deutet unwillkürlich der Tormann, kurz bevor der Ball abgeschossen wird, schon mit dem Körper die Richtung an, in die er sich werfen wird, und der Schütze kann ruhig in die andere Richtung schießen», sagte Bloch. «Ebensogut könnte der Tormann versuchen, mit einem Strohhalm eine Tür aufzusperren.»

Der Schütze lief plötzlich an. Der Tormann, der einen grellgelben Pullover anhatte, blieb völlig unbeweglich stehen, und der Elfmeterschütze schoß ihm den Ball in die Hände. [1]

Sternstunden der Jugend. Als Fan einmal auf der richtigen Seite des Lebens stehen: bei einem Europacupspiel zum Beispiel, wenn nur noch das Elfmeterschießen entscheidet. Der Stürmer läuft an, direkt auf dich zu, Fußball total, das große Drama auf dem Rasen bringt die Erfüllung, mit Chance auf acht oder neun Tore hintereinander. Machen wir uns da nichts vor: Fußballer und Fans haben immer nur das eine im Sinn. Das Tor. Oder: den Ball im Tor. Darum dreht sich alles. Wirklich?

Fußball ist für einige auch irgendwie erotisch. Hart und zart – nur der Höhepunkt ist unberechenbar. Jürgen Klinsmann, die attraktive deutsche Hoffnung für die 90er Jahre: «Der Druck entlädt sich beim Torschuß – ein Wahnsinns-Feeling. So ähnlich wie beim Sex...»

Fußball auf Leben und Tod. Dr. Hans Apel, Exvizepräsident des FC St. Pauli, gab nach einem 1:0-Drama gegen Dortmund zu Protokoll: «Wenn ich schon einmal sterben muß, dann bitte bei so einem Spiel.»

Die Faszination schafft gelegentlich auch Probleme mit indirekt Betroffenen. «Hätte ich noch einmal die Relegation gegen den Abstieg bestreiten müssen, hätte sich meine Frau scheiden lassen», stöhnte der Mittelfeldspieler Peter Lux nach dem 89er Mannheimer Abstiegskrimi. Es geht also um Spannung, Nervenkitzel, Abenteuer.

Es geht aber auch um Kunst. Um unwiederholbare Szenen. Der Ball braucht Abwechslung. Der Journalist Michael O. R. Kröher: «Obwohl ich von Fußball nicht die Bohne verstehe, glaube ich kaum, daß es jemand ertrüge, wenn, sagen wir, Hrubesch an 200 Spieltagen hintereinander an exakt derselben Stelle des Spiels exakt dieselbe Flanke schlüge.»[2] Diese simple Erkenntnis wurde aber leider von den Verantwortlichen im Laufe der 80er Jahre immer mehr ignoriert. Es mischte sich dumpfer Arbeitssinn, wie an x-beliebigen Werkbänken oder Groß-

---

«Der Druck entlädt sich beim Torschuß – ein Wahnsinns-Feeling. So ähnlich wie beim Sex...»

---

raumbüros, in den Spielbetrieb. Ecken und Kanten wurden abgeschliffen. Christoph Schaickhardt, Ludwigsburger Rechtsanwalt und Berater diverser Clubs bei der Transferpolitik: «Die Gattung der unberechenbaren Linksfüßler ist ausgestorben, systematisch aus dem Verkehr gezogen worden von Trainern und Mitspielern. Da hieß es immer: Die ziehen ihre brotlose Show ab. Übersehen wurde, daß diese Leute trotz ihrer gelegentlich sinnlosen Kabinettstücke große Nummern beim Publikum waren. Erst jetzt, in der Zuschauerkrise, besinnt sich die Branche.» Wes Geistes Kind sich in die Vereine einschlich, sich sogar im Bundes- und Nationalfußball breitmachte, zeigte Jupp Derwall 1981, als er bei der «Mini Copa» einen jungen Spieler beobachtete: «Der soll doch besser im Zirkus auftreten.» Der Frischling auf dem Rasen hieß Diego Maradona.

Fußball ist zeitweilig sogar Politik. Als die Studentenunruhen der APO-Zeit Wirtschaftswunderdeutschland schwer beschäftigten, da drang der frische und aufmüpfige Geist sogar in den Mannschaftsbus der Nationalelf. Helmut Schön, Ex-Bundestrainer, erinnerte sich in seinen Memoiren: «Das war Ende Juni 1971, vor unserem Länderspiel gegen Dänemark. Hinter mir begann ein ziemlich lauter Wortwechsel. Die

Spieler stritten sich über die Todesstrafe. Zum erstenmal in der Geschichte der Nationalmannschaft hatte es im Mannschaftsbus eine Art politischer Diskussion gegeben. Seit Bildung der sozialliberalen Koalition unter Willy Brandt war die Bevölkerung so stark wie noch nie politisiert. Die Stimmung war aber keineswegs verkrampft. Wie hätten sonst Paul Breitner und Berti Vogts, die politisch sicher weit auseinanderstanden, gemeinsam ein so gutes Verteidigerpaar abgeben können…?»[3] Mit dem bunten Haufen wurde Schön '74 sogar Weltmeister. Eine Zeit mit Persönlichkeiten und viel erfrischender Provokation. Man denke nur an die WM-Siegerelf, wie sie betrunken und mit nichts als einer Champagner-Magnumpulle bekleidet der Presse vor die zukkenden Blitzlichter lief.

«Wenn es aber keine Rebellen mehr auf dem Rasen gibt, dann stirbt der Fußball.»

Schnee von gestern. Verschiedene Vokabeln kursieren heute, beschreiben meist hilflos den Wandel: Zuschauerkrise, Mangel an Spielerpersönlichkeiten, unattraktiver Athleten-Fußball, der Verlust des Straßenfußballs in seiner Funktion als Talentschmiede. Pal Csernai, Ex-Trainer von Eintracht Frankfurt, schlägt die Hände über dem Kopf zusammen: «In der Bundesliga wird ein Fußball gespielt, wie sie in China Anzüge tragen: einheitlich, alles gleich.» Wie lau es heute auf den Plätzen zugehen kann, beschreibt Winfried Schäfer, Trainer des Karlsruher SC: «Ich kam mir vor, als ob ich in Kur wäre. Meine Mannschaft hat mir in keiner Minute Gelegenheit gegeben, mich aufzuregen.» Andere, wie Mönchengladbachs Manager Helmut Grashoff, ermahnen: «Ihr Spieler seid verpflichtet, so zu spielen, daß der Zuschauer merkt, daß hier ein Berufsstand vertreten wird.» Einer, der es besser konnte, nämlich der Ex-Welt-

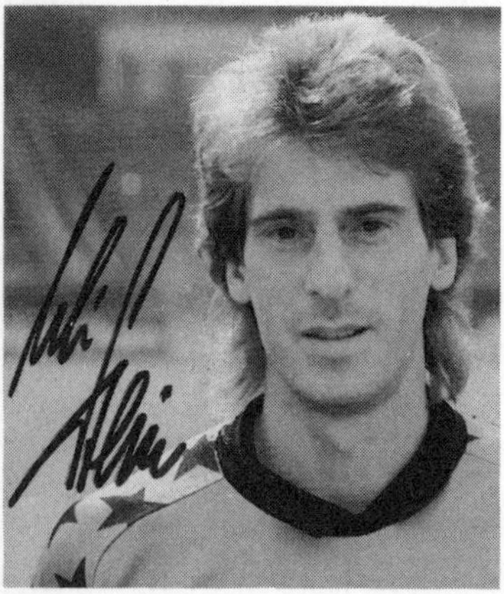

meister Paul Breitner, faßte zur Saison 88/89 resignativ zusammen: «Diese stupide Rennerei in der Bundesliga – der deutsche Fußball ist doch am Ende!» Einer, der es anders kann, damit aber bei den forschen Saubermännern ins Abseits läuft, ist der Keeper Uli Stein. Der sieht das Drama ziemlich klar: «Weltklassespieler sind immer unbequem. Und wer in seiner Freizeit mit geknicktem Rücken herumrennt, der wird das Duckmäusertum nicht plötzlich auf dem Platz ablegen können. Wenn es aber keine Rebellen mehr auf dem Rasen gibt, dann stirbt der Fußball.»

Franz Beckenbauer
Mittel- und Außenläufer; geb. 11.9.1945. Stammt aus der Vereinsjugend. 14mal in der Nationalelf. Gilt als größtes Fußballtalent Deutschlands.

Die Krise kam nicht über Nacht oder etwa aus dem tiefen Nichts des Raumes. Bereits Mitte der Siebziger deutete sich die Wende an. Erste kritische Stimmen meldeten sich zu Wort. Michael Naumann schrieb in der *Zeit* über das drohende Unheil des Kaisers Franzl, der gerade auf dem Weg zum Ende des fußballerischen Daseins erste Signale setzte: «Nun sind sie wieder zu sehen, diese Dokumente eines unbewußten Putsches, der da sagt: Wir, die Basis des Franz Beckenbauer, als da sind: Füße, Beine, Knie, Hüfte, Bauch, Arme, Brust und Hals, machen nicht mehr mit. Schluß, aus und vorbei, Herr Neudecker! Das nächste Selbsttor ist für die Dummköpfe, die Journalisten und speziell für das ZDF! Aber der Kopf sagt: Nein. Der Kopf sagt: Herr Cramer, mein

Trauzeuge, ist ein netter Mann. Ihr dürft hier nicht so rumballern, ihr Füße des Franz Beckenbauer! Der Kopf sagt: Die Jounalisten waren immer lieb zu mir, jetzt darf ich sie nicht enttäuschen. Und so wird der Unterbau des Kaisers noch einmal gezwungen, kaiserlich zu reagieren. In Wirklichkeit aber sind die Produktionsmittel abgestumpft, der Meniskus mahnt, die große Karriere wird langsam unhaltbar wie Eigentore. Möge sie würdig enden.»[4]

> ***«Ich kapiere langsam, warum so viele junge Sportler plötzlich anfangen, Blödsinn zu quatschen und durchzudrehen. Sie nehmen dich und bringen dich weg von dort, wo du zu Hause bist, sie stekken dich irgendwohin, in irgendeine wunderschöne Scheißstadt. Und dann mußt du nach deinem Schwanz selig werden. Hauptsache, du machst dich auf dem Spielfeld gut. Und im übrigen sieh zu, wie du zurecht kommst.***
>
> ***Wenn's dich betrifft, wenn du schon gefestigt bist und bestimmte, ziemlich genaue Vorstellungen hast, kein Problem; aber wenn's mit sechzehn, achtzehn kommt, ist es 'ne schöne Scheiße. Viele gehören nach kurzer Zeit zum lebenden Inventar von Außenseiterkneipen, sind immer weit weg von dem, was geschieht, betäubt vom Gedanken, Karriere zu machen, einer von den happy few zu werden. Denn das ist die Philosophie, um die es beim Fußball geht: Mach deinen Weg, denk an dein Geld, deine Erfolge, dein Haus, deine Frau. Der beschissenste Individualismus, der dir nur zwei noch schlimmere Möglichkeiten läßt: Entweder du schaffst es, dann wirst du ein Privilegierter, ein Reicher, der seine Macht verteidigt, ein regelrechter Reaktionär, wie alle, die Privilegien zu verteidigen haben. Oder du tanzt aus der Reihe, und dann eckst du mit dem Kopf auf die gleiche Weise anderswo an. Tatsächlich sind die Fußballer selten, die sich für etwas engagieren, was nicht Fußball ist. Ich meine keine großen Sachen, sondern einfach nur, sich drum kümmern, wie die Welt sich dreht, wissen, informiert und kritisch sein, wenigstens nicht das Fernsehen für den lieben Gott halten.»***[5]

Eine Sportart im Umbruch. Den Spielern weht ein scharfer Wind ins Gesicht. Auf ihnen entlädt sich so mancher Aggressionsstau. Uwe Klimaschefski in der Rolle des genervten Trainers während einer Pressekonferenz: «Warum wir hier verloren haben? Ganz einfach: Meine Männer sind einfach zu dumm zum Fußballspielen!» Dabei sind es jene Herren, die auf ihren Schleudersitzen unter Adrenalinschocks leiden, die ihren Spielern den häßlichen Fußball einhämmern – Hauptsache, man verliert keinen Punkt. Defensivfußball mit Mauertaktik. Der niederländische Startrainer Arie Haan gibt zu: «Ich kann den schönsten Fußball der Welt spielen – aber wenn ich fünfmal hintereinander verliere, sagen die Leute: Wunderbar, auf Wiedersehen!»

Wie denkt eine junge Spielergeneration, die derart in die Mangel genommen wird, die in einem Spannungsfeld zwischen extremem Leistungsanspruch und autoritärer Gängelung leben und arbeiten muß? Thomas von Heesen (Jahrgang '61), Stürmer des Hamburger SV: «Die Spieler hatten früher mehr Raum für ihre Kabinettstückchen. Netzer, Breitner und Co. konnten sich freier entfalten. Die Spielmacher von heute werden so gedeckt, daß sie kaum noch das machen können, was die Zuschauer so begeistert, also das produktive, schöne Spiel. Und die wenigen Ausnahmefußballer gehen dann auch noch irgendwann ins Ausland – so bleibt hier nicht viel übrig.»

Stefan Effenberg (Jahrgang '68) ist Mittelfeldspieler bei Borussia Mönchengladbach. Im Verein gilt er als Lausbube, der gelegentlich aneckt. *Sport-Bild* erkannte einige Eigenschaften bei einem Psycho-Gesichtstest: «Blonder Wuschelkopf – der Mönchengladbacher sieht noch etwas kindlich aus. In Wirklichkeit ist er längst erwachsener, als man denkt. Aber er scheint ein wenig träge, und deshalb nutzt er gern den Kinder-Look aus, den die Natur ihm gab. Seine fixe Beobachtungsgabe hilft ihm dabei. Auch sein stabiles Durchhaltevermögen und seine gesunden Nerven. Sein positives Temperament ist ideal, um die heiteren Seiten des Lebens zu genießen.» Was hier auf Elisabeth-Teissier-Niveau formuliert wird, will sagen: «Der Junge ist okay, an dem könnten wir noch unseren Spaß haben.» Der *Kicker*-Spezialist in Sachen Moral, Dieter Ueberjahn, sieht das anders: «Stefan Effenberg ist sicherlich vom Naturell her kein schlechter Kerl, aber er ist offensichtlich zu schnell groß geworden. Er ist einfach zu unbekümmert, zu leger, zu leichtlebig und zu leichtsinnig.» Der Anlaß für diesen dramatisierten

Kommentar im Zentralorgan der Fußballgläubigen: «Gemeinsam mit seinem Busenfreund Jörg Neun seilte er sich vom abendlichen Minigolf-Turnier der Borussia ab, verließ das Trainingslager und ging eigene Wege. Zwar geschah das alles ohne Mädchen und Disco, aber Trainer Wolf Werner reagierte trotzdem prompt. Trotz Personalnot strich er Effenberg und Neun aus dem Kader – mit weiteren Strafen durch den Club ist zu rechnen.» Des Scharfrichters abschließender Rat: «Effenberg, der auch privat Probleme hat (er wird Vater, ist aber noch unverheiratet), muß auf den Boden der Realitäten zurückgeholt werden.» Der Geist aus den 50er Jahren. Jugendherberge, Zöglinge, Strafappell – da muß man Effenberg einfach mögen.

Sein Bild vom Spieler: «Ich sage zu mir selber immer: ‹Man kann so viel reden und machen, wie man will, das Wichtigste ist, daß die Leistung stimmt. Wenn die Leistung stimmt, dann kann man sich vieles erlauben. Die Erwartungen an Spieler, die eine überragende Rolle spielen, ist sehr hoch, die müssen das Team mitreißen und Tore machen. Wir haben jetzt begonnen, das Team zusammenzulassen. An zwei Tagen, jeden Montag und Dienstag der Woche, bleiben wir vom Trainingsbeginn um neun Uhr morgens bis zum Nachmittag zusammen. Das fördert deutlich den Zusammenhalt in der Mannschaft, der Unterschied war nach zwei Wochen schon zu bemerken. Sonst geht man nach zwei Stunden auseinander, alles sehr anonym.» Wie kam er zum Fußball? «Durch meinen Vater. Der hat mich immer zu den Spielen von Victoria Hamburg mitgenommen. Das war mir wichtiger als Schule: in einer Mannschaft spielen! Dann hab ich hier bei Gladbach Probetraining gemacht und den Sprung zum Bundesligafußballer geschafft. Wenn man ins Stadion einläuft und die rufen deinen Namen, da kriegst du 'ne Gänsehaut, das ist ein Rausch. Ohne Fußball könnte ich schon gar nicht mehr leben.» Stichworte: Ausflippen, Ausrasten, Abheben. «Einige Spieler können sich halt ein bißchen besser beherrschen, andere nicht. Ich gehöre zur letzteren Kategorie. Wenn man sich da eine Woche auf diese 90 Minuten vorbereitet und wird dann vom Schiedsrichter ungerecht behandelt, dann muß dieser Unmut raus. So soll das im Normalfall doch auch sein, da sieht man dann, welchen Charakter der Fußballer hat.» Effenbergs Ziele: über die U 21 in die Nationalelf, dann später ins vermeintliche Paradies, nach Italien.

Bruno Labbadia (Jahrgang '66), Angriffsspieler des 1. FC Kaiserslautern, ist unzufrieden. «Die Spieler haben immer weniger Rechte. Jedes Präsidium kann mit dem Spieler machen, was es will. Da gibt es einen Vertrag für zwei Jahre, wenn's nicht klappt, wird man vor die Tür gesetzt. Für jede Kleinigkeit gibt es Disziplinarstrafen... Die Öffentlichkeit denkt, den Fußballern geht's gut, die sind zu beneiden, haben Karriere gemacht. Dabei stehen wir doch längst im Abseits, und dem Kindermann würde ich gerne mal die Rote Karte zeigen, wegen Sturheit im Amt.» Das Faß läuft über, Labbadia hält die Flagge hoch, an der die Saubermänner zerren: «Das ist ja das Verrückte und Schöne am Fußball, daß da mal Emotionen frei herauskommen. Jeder Mensch ist anders. Wenn die jetzt die Trainer verbannen wollen, weil einige es nicht auf dem Platz hält, dann sollten die vielleicht vorher mal die Zuschauer befragen, was die davon halten. Was sagen denn die Zuschauer, wenn die Mannschaft eines Trainers Tore kassiert und der bleibt da ruhig sitzen... Der gilt doch dann sofort als einer, der nur die Scheine zählt und sich nicht kümmert.»

«Die Herren in den oberen DFB-Etagen glauben doch, der Ball springt, weil da ein Frosch drinsitzt.»

Bruno Labbadia erhielt in der Saison 89/90 die Rote Karte – weil er zuviel gejubelt hatte: «Wenn man da ein Tor schießt und geht sofort zur Mittellinie, dann ist doch der ganze Effekt für die Fans weg. Die Regelung besagt, daß man das Spielfeld nicht verlassen darf.» Und Bruno ging zum Fanblock. Dort ließ er sich kräftig von den Fans feiern, als er einen Treffer gegen den 1. FC Köln erzielt hatte. Und hatte dabei auch noch Pech: «Das war ein glatter Fehler vom Schiri, denn bei uns waren noch drei Mann draußen in der Fankurve, da pfeift der wieder an – und die Kölner schießen prompt den Ausgleich.» Geschichten, die der Fußball schreibt. Labbadia wünscht sich vom DFB erhebliche Kurskorrekturen: «Die haben sicherlich Großes geleistet, und so eine gewaltige Organisation, die muß vielleicht etwas spießig dirigiert werden, nur, bitte, nicht ganz so spießig. Da müßten mehr ehemalige Spieler eine Rolle spielen und weniger Bürokraten. Ich kenne ja auch den Ligasekretär Straub – das sind halt alles Leute, die vom Fußball weniger Ahnung haben. Das sind mehr Experten für die Wirtschaft, aber der

Vorstand braucht eben auch Experten, die den Fußball wirklich kennen.» Wie sagte es seinerzeit das schärfste Lästermaul der deutschen Fußballszene, Max Merkel: «Die Herren in den oberen DFB-Etagen glauben doch, der Ball springt, weil da ein Frosch drinsitzt.»

Der Fußball und die Krise. Nachdenken über den Nachwuchs. Bruno Labbadia: «Es werden immer weniger gute Nachwuchsspieler kommen, denn heute schicken die Eltern ihre Kinder lieber zum Tennis oder zu einem anderen Sport, wo man sich nicht so weh tun kann. In Deutschland geht's den meisten Familien halt relativ gut. Man sieht im Ausland, besonders in Südamerika – es sind gerade die unteren Schichten, die sich von diesem Sport angesprochen fühlen. Da kommt der Nachwuchs her, das sind diejenigen, die eher auf den Bolzplatz gehen. Vor sieben Jahren, da haben wir in Weiterstadt jeden Tag auf dem Bolzplatz gespielt, wenn ich da heute mal vorbeifahre, dann stehn da zwei Kinder... Daran wird es in den nächsten Jahren kranken.»

Den Reiz hat für ihn der Fußball nicht verloren. Labbadia will weiterhin umjubelt werden und möglichst noch viele Tore machen.

Karl Allgöwer (Jahrgang '57) gehört schon fast zum alten Eisen der Liga. Er brachte es bis zum Nationaldress und Vizepräsidenten der Vereinigung der Vertragsfußballspieler (VdV). Ein kritischer Geist mit Kämpferstatur. Im *Sport-Bild*-Psycho-Test schrieb man über ihn: «Der Stuttgarter schaut gründlicher hin als mancher andere und ist bemüht, aber nicht vorschnell, zu kombinieren. Was er dann anpackt, das hat Erfolg. Er hat sich selbst geschult, Situationen zu erkennen, die andere zu schnell übersehen. Dort holt er seine Chancen. Von Natur ist er eher zögerlich, bemüht sich jedoch ganz stark um jede Möglichkeit zu siegen. Weil er hart gegen sich und andere ist. Und alles gibt, um akzeptiert zu werden. Ein Mann, der nicht vorschnell aus der Deckung kommt. Einer mit Ellenbogen, aber nicht brutal.»

Allgöwer wirkt eher bedächtig, nachdenklich. «Früher hat man mehr Fußball gespielt, im Sinne des Wortes. Wenn ich heute auf den Platz laufe, dann ist sofort klar, daß es da ums Zerstören geht. Man

«Tooooor!» Dieses Foto entstand beim dramatischen Pokalfight zwischen dem VfB Stuttgart und dem VfL Bochum. Jürgen Klinsmann hatte soeben das entscheidende 3:2 zum Sieg erzielt. Der Fotograf Karl H. Holzner gewann damit den Wettbewerb des internationalen Sportpresseverbandes AIPS, 1988.

zeigt dem Gegner nicht mehr, wie man selber Fußball spielen kann, sondern will nur noch sein Spiel zerstören. Dadurch gibt es heute den Spielmacher gar nicht mehr, weil der nicht mehr zur Entfaltung kommt. Das Motto: zerstören, zerstören, zerstören! Wenn das beide Mannschaften tun, dann gibt es immer ein schlimmes Fußballspiel. Und das ist der Trend.» Wie sieht er das Selbstverständnis der Spieler? «Das ist heute auch anders. Maßgeblich ist: Wer Erfolg hat, bekommt mehr Geld. Wenn du in den Schlagzeilen stehst, dann bedeutet das Marktwertsteigerung und Einkommensverbesserung. Das waren früher keine Diskussionspunkte, früher war es einfach wichtig, in der Mannschaft zu spielen.» Gibt es noch so etwas wie ein solidarisches Gefühl in den Mannschaften, oder hat der verschärfte Konkurrenzkampf dies auch auf dem Gewissen? «Solidarität gibt es natürlich noch, aber auch nicht mehr so wie früher. Es gibt eine Erziehung mit dem Geld. Nimmt man das ganze Monatsgehalt, also Leistungsprämien und Grundgehalt, da gibt es eine immer größere Differenz zwischen Spielern und Nicht-Spielern, also zu den Ersatzleuten auf der Bank. Wer nicht spielt, der fällt weit runter, wer aber spielt, der steigt immer höher hinauf. So erreichen die Vereine, daß das Duckmäusertum zunimmt. Dadurch, daß du unbedingt wieder in die Mannschaft mußt, kann es kommen, daß sich einige lieber nicht solidarisch erklären, daß man jeden als Gegner sieht, einfach jeden, der spielt. Es sind ja zwanzig Leute, von denen praktisch fast die Hälfte draußen bleibt – daß die Solidarität drunter leidet, ist offensichtlich. Das ist negativ für uns alle.» Allgöwer wird innerhalb der VdV seine Ideale gut einbringen können. Sicherlich auch dann noch, wenn die aktive Zeit längst vorbei ist.

«So erreichen die Vereine, daß das Duckmäusertum zunimmt.»

Der ehemalige Stuttgarter Stürmer Jürgen Klinsmann (Jahrgang ’64) gehört zu den wenigen jungen deutschen Spielern mit internationalem Format. Seinen ersten Profi-Vertrag erhielt er mit siebzehn bei den zweitklassigen Stuttgarter Kickers. Er wechselte ’84 zum VfB Stuttgart und wurde dort zum Star und Ausnahmefußballer. In der Nationalelf unter Beckenbauer wurde er Hoffnungsträger und echte Spitze. Das Ausland horchte auf, Spanier und Italiener jagten den Schwaben, und der war nicht abgeneigt, ließ sich gern locken. In der Presse bekam er Probleme, weil da ein junger Blondschopf keine Scheu kannte, sich mit dem Geld in der Tasche abzusetzen. «Der beste deutsche Stürmer geht nach Italien. Jahreseinkommen 850000 Mark netto» (*Hamburger Abendblatt*). Klinsmann verärgert: «Die Summe, die da von einigen Springer-Journalisten genannt wurde, ist frei erfunden. Aber natürlich muß ich mich gut verkaufen. Profisportler haben nur etwa zehn Jahre Zeit, um sich für ihre Zeit nach der Karriere eine berufliche Existenz aufzubauen. Da kann man sich nicht von der öffentlichen Meinung abhängig machen lassen. In Amerika oder in Südeuropa denkt man da ohnehin anders als bei uns. Die sagen: ‹Toll, der verdient soundsoviel.› In Deutschland dagegen will man uns ein schlechtes Gewissen einreden. Da werden die Leute ganz sauer vor Neid, wenn man mehr verdient als sie.»

Der «Star, der von der Straße kam» (*Stern*), brachte die Medienlandschaft in Unruhe, ließ die Headline-Texter zu Hochform auflaufen. «Sonnyboy des Deutschen Fußballs» (*Die Welt*); «Sieht gut aus, tritt gut auf» (*Süddeutsche Zeitung*); «Klinsi: vier Tage Bedenkzeit für 10 Millionen» (*Bild*); «Klinsmann kämpft für Mörder» (*Bild am Sonntag*). Letztgenannter Text bezog sich auf die engagierteren Seiten des Spielers. «Es stimmt, daß ich häufiger Strafanstalten besuche und mich für bessere Resozialisierungsmethoden einsetze. Es stimmt auch, daß mir das Schicksal eines bestimmten Häftlings besonders am Herzen liegt. Aber diese *BamS*-Schlagzeile kotzt mich an. Schließlich mache ich das nicht aus Imagegründen und schon gar nicht für die Presse.»

Klinsmann will in kein vorgefertigtes Bild und gibt sich so locker, wie er ist. «Was ich da alles in den Medien über mich lesen kann! Klinsmann, der bescheidene junge Mann – nur, weil ich kein 200000-Mark-Auto fahre und auch sonst nicht allzusehr durchdrehe. Oder Klinsmann, der ‹Sonnyboy›. Als ich kürzlich bei einem Spiel einem gegnerischen Verteidiger mal eine geklebt habe, da war nichts mehr mit dem vorbildlichen jungen Sympathieträger. Nein, mich nervt dieses Schema, in das mich Leute pressen wollen, die mich kaum kennen. Warum sind wir in diesem Land überhaupt so süchtig nach Idolen und Leitbildern?... Ein Idol, wie die Journalisten es aus mir machen wollen, werde ich jedenfalls niemals...»[6]

Klinsmann gestaltet seine Zukunft lieber außerhalb des deutschen Rasens. Doch er wird hierzulande ein Begriff bleiben, ein Taktiker mit Talent, von dem die Nationalelf zehrt. Ein Werbeträger des Fußballs.

Die Fans haben ihre Forderungen längst klar gestellt: Gebt uns Typen, die sich vom 08/15-Gardemaß unterscheiden, laßt Freaks und Verrückte an den Ball, serviert uns keinen faulen Zauber, dann kommen wir auch in die Stadien. Wenn nicht, streiken wir, oder gehen zum Eishockey, oder besaufen uns sinnlos – aber eines funktioniert nicht: schlappe Shows mit braven Buben für teures Geld...!

So und ähnlich denken viele. Und zur Unterhaltung gehört auch Humor. Doch der ist bei den Spielern von heute nur auf der Ersatzbank. Der *Kicker* schrieb deshalb mit Blick auf die 90er Jahre: «Seit der Fußball zum Big Business geworden ist, muß der Witz zurückstehen. Die Nachfolger von Lippens, Radenkovic und Maier sind eine Nummer kleiner.» Von Petar «Bin i Radi, bin i König» Radenkovic ist überliefert, daß er sich zu den alten 1860-München-Zeiten so manchen Gag leistete. Mit seinem damaligen Trainer Max Merkel legte er sich öfters an. Bis eines Tages Merkel wütete: «Der Radi ist ein Fall für den Psychiater!» Das ließ der sich nicht zweimal sagen, ging zum Nervenarzt und schickte Merkel das Attest: «Gesund».

Gebt uns Typen, Freaks und Verrückte!

Willi Lippens, Ente mit flinker Zunge, ließ es sich einst nicht nehmen, einmal nach den Vertragsverhandlungen ganz allein vor die Presse zu treten. Die Journalisten blickten ernsthaft und gespannt, und Lippens formulierte: «Als ich dem Vorstand meine Honorarforderungen stellte, mußten die Herren alle unters Sauerstoffzelt.» Ein echter Kalauerkönig. Wie Sepp Maier: «Ein Torwart muß Ruhe ausstrahlen, er muß nur aufpassen, daß er dabei nicht einschläft.» 1979 gab er einem brasilianischen Reporter folgendes Interview. Frage: «War das Tor beim 1:1 nicht haltbar?» Maier: «Guter Mann, merken Sie sich eins: Tore gegen Maier sind immer unhaltbar.» Frage: «Was ist die bedeutendste Tugend eines Torhüters?» Maier: «Er muß gut Tennis spielen können.» Frage: «Wann entscheiden Sie, ob sie aus dem Tor herauslaufen?» Maier: «Das hängt vom Wetter ab.» Dem *Kicker*-Reporter

Sepp Maier, Turnkünstler und eines der letzten Originale des deutschen Fußballs. Frage: «Wann entscheiden Sie, ob Sie aus dem Tor herauslaufen?» Maier: «Das hängt vom Wetter ab.»

Dirk Westerheide wird bei diesen Erinnerungen mulmig, Trauer muß der Fußball tragen: «Vorbei die Zeit. Die Nachkommen der Ente und der anderen schrägen Vögel kommen bestenfalls als häßliche Entlein daher. Radi, Sepp und Willi – bis heute unerreicht. Die Bundesliga ist degeneriert zu einer Show ohne Humor. Die Entlein von heute schwimmen stur an den Klippen aus Spaß und Schabernack vorbei. Zumindest in den 90 Minuten am Samstag.»

Der Mensch kann nicht ohne Hoffnung leben. Doch, Gott sei Dank, gibt es auch kleine Lichtblicke. Nischen, in denen die alte Form noch erkennbar ist. Einige der heutigen Fußballergeneration stehen da in bester Typen- und Humortradition, sie mögen anderen als Vorbild dienen. Kölns Pierre Littbarski ist von der Fähigkeit, über sich selbst lachen zu können, gezeichnet. Im «Sportstudio» des ZDF gab er mal zum besten: «Littbarski, Thon, Dorfner und Häßler kommen in eine Kneipe und bestellen: Vier Kurze! Sagt der Wirt: Das sehe ich – aber was wollt ihr trinken…?»[7]

So kann's gehn, hart und zart. Das vielzitierte Wort vom draufgängerischen «Angreifer» bekommt hier eine besondere Bedeutung. Fußball hat eben auch mit Berührung und Körperkontakt zu tun – mehr als ein Ballspiel.

Ein Kicker-Tag

Notizen vom Schlachtfeld

«Härte gehört zum Fußball»

– das Motto für Jürgen Kohlers Karriere. Der ist kompromißlos hart im Umgang mit Gegenspielern, selbstlos hart gegen sich selbst. Ihn zeichnet eine eiserne Einstellung zu seinem Beruf aus, sie hat ihn zu einem Manndecker ganz besonderer Güteklasse gemacht. Knüppelhart. Der Manndecker, dem alle Stürmer am liebsten aus dem Wege gehen.

Gelbe Karten: Binz, Sievers, Sippel – Augenthaler, Grahammer, Kohler, Pflügler.

Rufer als Vollstrecker

Gelbe Karten: Trulsen, Flad – Bockenfeld, Wolter. Nach einer Privatfehde mit Schlindwein verübte Otten hinter dem Rücken des Schiedsrichters ein Revanchefoul.

Gelbe Karten: Klaus, von Heesen – Thiele, Puszamszies, Semlits. 78. Minute: Die Zuschauer auf der Gegengeraden stieben auseinander, flüchten vor Hooligans auf das Spielfeld. In einem rassigen Spiel, das bedauerlicherweise durch Fanausschreitungen getrübt wurde, spielte der Zweitligaclub absolut erstklassig, indem der MSV schon im Mittelfeld attackierte und dort die meisten Zweikämpfe für sich entschied. Günter Thiele, der Ex-Gladbacher, hatte «ein bißchen den Anschluß durch meine Bänderüberdehnung verloren. Aber nun habe ich mein Selbstvertrauen wiedergefunden.» Obwohl seine linke Augenbraue nach dem letzten Spiel genäht werden mußte, war Günter Thiele mit dem Kopf zur Stelle – das war das K. o. für den HSV.

Fortuna Köln gefiel sich in Schönspielerei, ließ Aggressivität in den Zweikämpfen fast gänzlich vermissen. Einzig Dirk Hupe lieferte als Manndecker einen verbissenen Kampf.

Gelbe Karten: Marmon, Wojcicki – Straka.

Gelbe Karten: Strehmel, Walter.

Gelbe Karten: Holzenkamp, Payne – Herrmann, Hetmanski, Hoffmann.

Gelbe Karten: Kahlhofen – Güttler, Dais.

Schütterle schoß früh scharf

Gelbe Karten: Knecht, Süß, Simmes, Metz.

Gelbe Karten: Brummer, Kapetanovic, Schummer – W. Funkel, Mathy, Zietsch.

Gelbe Karten: Pagé, Herrlich – Stumpf, Schupp, Roos.

Gelbe Karten: Finger, Schultheis – Wegmann.

Gelbe Karten: Unholzer, Brunner – Loose, Fuchs, Schmadtke, Klotz.

Gelbe Karten: Stark – Wagner, Thomas Brunner.

Gelbe Karte: de Keyser. Im zweiten Abschnitt plätscherte das Spielchen vor sich hin. Angesichts der drückenden Schwüle wollte sich keiner der Akteure mehr ein Bein ausreißen.

Gelbe Karten: Jaschke, Helmer, Wollitz – Kotas. Eine dramatische Schlacht und ein offensiv geführter Fight, der eigentlich zwei Sieger verdient hätte. Als Routinier Frank Schulz die Niedersachsen gar in Führung geköpft hatte, suchten die Schalker das Risiko und fingen sich die Konter der mit letztem Einsatz fightenden Hausherren ein. Wollitz scheiterte mit seinem Elfmeter (Kotas hatte Neidhardt im Strafraum umgerissen) an Torwart Vollack.

Gelbe Karte: Siewert – **Rote Karte**: Kontny. Das war ein typischer Pokalfight und Revierderby zugleich! Beide Mannschaften schenkten sich nichts und kämpften bis zur körperlichen und nervlichen Erschöpfung. Vielleicht deshalb auch das zweite Foul von Dirk Kontny und die vierminütige Spielunterbrechung, nachdem Sobich im Strafraum getroffen zusammensackte. Ein Spielabbruch drohte.

Zwei flogen raus

Gelbe Karten: Fuhl, Spyrka – Klobke, Vorholt, Böttche – **Rote Karten**: Vorholt, Kretzschmar. Ein hartes Stück Arbeit für den 1. FC Saarbrücken gegen ein Meppen mit Mumm, Härte und gefährlichen Kontern!

Gelbe Karten: Keine.

Gelbe Karte: Prinzen.

Gelbe Karten: Schmitz, Perschke – Schmidt.

Gelbe Karten: Kirchstetter, Fisel, Misztl – Anweiler, Gebhardt, Wolff.

Feldspieler Gerber ins Tor!

Stammkeeper Grüner fällt mit einem Haarriß aus. Ersatztorhüter Wittenbeck mußte wegen einer Darmgrippe passen, lag mit Kreislaufschwächen und Übelkeit im Mannschaftsbus. Matthias Kellner war der nervlichen Belastung nicht gewachsen. Zu allem Unglück hatte er beim vierten Gegentreffer einen Schlag auf den Hinterkopf bekommen, wurde minutenlang behandelt und brachte die Partie gegen den Rat des Mannschaftsarztes über die Runden.

Gelbe Karten: Münch, Kuhnert – Delzepich, Jelic.

Gelbe Karte: Schüler.

Entscheidung per Strafstoß

Gelbe Karten: Kremer – Marsing. Erst in der letzten Viertelstunde bekam Solingen Probleme, als die Gäste, die sich zuvor an der Abwehr die Zähne ausgebissen hatten, etwas engagierter zur Sache gingen.

Gelbe Karte: Halvorsen.

Gelbe Karten: Porn – Kahn, Bender.

Gelbe Karten: Wölfling – Wieckhoff, Karow.

Gelbe Karten: Pohl, Breitenbach, Kasper, Strehle, Mayer – Wolke.

Gelbe Karte: M. Hinz.

Rekord: Andrzej Buncol von Bayer Leverkusen sah in vier Spielen viermal die Gelbe Karte.

John Jensen vom Hamburger SV wurde vom Sportgericht des DFB für sechs Pflichtspiele gesperrt. Der Däne hatte den Dresdener Spieler Sammer angespuckt. Michael Dahms (FC St. Pauli) muß bei fünf

Pflichtspielen zuschauen. Der 32jährige war in Dortmund wegen rohen Spiels vom Platz gestellt worden.

Rote Karte: Schneider. Schiedsrichter Repp hat trotz vorausgegangener Regelwidrigkeit das 0:2 anerkannt und prompt den protestierenden Schneider mit der Roten Karte bestraft. Später schickte er auch den imponierenden und fairen Ludwig nach einem Allerweltsfoul vom Platz.

Die nächste Runde (Bundesliga)

Der Einsatz von VfB-Schlußmann Eike Immel im Schlager gegen Eintracht Frankfurt ist stark gefährdet. Der Ex-Nationalkeeper erlitt gegen Wolfsburg eine starke Prellung im Schultereckgelenk. Eine Chance für Ersatzkeeper Eberhard Trautner. Ebenfalls angeschlagen ist Axel Jüptner, der sich in Wolfsburg das Sitzbein prellte.

Es fehlen: Dahms (gesperrt), Duve (verletzt) – Finke, Baranowski, Kajrys (alle verletzt).

Es fehlen: Buncol (4. Gelbe Karte) – Glesius, Pilipovic, Wöhrlin (alle verletzt).

Es fehlt: Flick (verletzt).

Es fehlen: Dooley, Stadler (Rekonvaleszenten) – Lux, Bührer (beide verletzt).

Es fehlen: Moser, Spörl (verletzt), Jensen (gesperrt).

Es fehlen: Rasmussen, Jüptner (beide verletzt) – Eckstein, Hobday, Heide (alle verletzt), Bakalorz, Conrad, Klein, Klepper, Pistauer (alle Rekonvaleszenten).

Es fehlen: Kutowski (gesperrt), Ruländer (Rekonvaleszent), Storck (Knöcheloperation) – Bayerschmidt, Kasalo, Heidenreich (alle Rekonvaleszenten), Oechler, Korek (gesperrt).

Es fehlen: Sauer, Neubarth, Meier, Riedle (alle verletzt), Borowka (voraussichtlich gesperrt) – Herlovsen, Lange (verletzt).

Es fehlen: Oswald, Zanter (beide verletzt).

Sorgen bereitet dem Neuling die Verletzungsmisere: Gegen Braunschweig saßen die angeschlagenen Keller, Ruthe und Ehardsberger nur auf der Tribüne. Kurz vor der Pause zog sich Spielmacher Thomas Grosser ohne «Feindeinwirkung» einen Bänderriß zu. Auch Reiner Leitl, der gegen Braunschweig nach vierwöchiger Pause (wegen Kreislaufbeschwerden) ein Comeback feierte, erlitt einen Rückschlag. Im Privatspiel bei einem Bezirksoberligisten schied Vorstopper Bodo Schmidt mit Verdacht auf Bänderriß vorzeitig aus.[1]

Von Managern und Märkten

Im Business

«Besonders tief und voll Empörung fühlt man die pekuniäre Störung.»
Wilhelm Busch

«Große Konzerne sind daran interessiert, beispielsweise die Bayer-AG, in einer Form zu investieren, die über die Trikotwerbung weit hinausgeht.» So sieht es Gerhard Mayer-Vorfelder, Chef aller Bundesligaprofis und Präsident des VfB Stuttgart, und drückt damit aus, daß letztlich alles zur Disposition steht. Gipfel einer Politik, die den Fußball in den letzten Jahren immer mehr zur Spekulationsmasse verkommen ließ. Ob alte Amateur- oder Kameradschaftsideale, ob gewachsene Strukturen innerhalb von Lebenskulturen um Stadien herum, egal ob in Bochum, Berlin oder Braunschweig, nichts ist heilig. Wie schön die Welt ohne den Totalkommerz sein kann, daran erinnerte Rainer Trampert in einem Jubiläumsband zum 75jährigen Bestehen des FC St. Pauli. Der Bundes-Grüne und Fußballfan: «Ich selber habe von acht Jahren an bis in meine Zwanziger bei Blau-Weiß Wesselburen – heute Verbandsliga Schleswig-Holstein – Fußball gespielt. Da waren Onkel, Opa und Nachbar dabei. Sie kamen zusammen wie sonst im Leben. An einem guten Tag gab es Schulterklopfen, an einem schlechten Tag Bier. Sicher ist die Bundesliga anonymer, aber etwas von der familiären Verbundenheit ist bei St. Pauli noch anzutreffen … Gegen Ulm war ich allein da. Ein Zuschauer aus einer größeren Gruppe spricht mich an: ‹Du bist doch von den Grünen, oder? Willst Du uns hier werben oder gucken, ob der Rasen noch grün ist??› ‹Beides nicht. Ich will, daß der FC St. Pauli endlich ein Tor macht und beide Punkte holt.› In der Gruppe wird reihum Glühwein ausgeschenkt. Auch ich kriege einen Becher in die Hand gedrückt. Bezahlen darf ich nicht. Das ist nun mal so. ‹Nächsten Sonnabend bist Du dran.› Ich biete an: ‹Ihr könnt auch gleich 'ne Runde von mir haben.› ‹Nee, wir wollen Dich hier nächsten Sonnabend wiedersehen.

Dann bist Du dran. Wir sind hier wieder an dieser Stelle...› Diese Leute würde ich auch in der Amateuroberliga treffen. Sie sind keine Modezuschauer, die nur dann kommen, wenn eine Mannschaft oben steht. Sie brauchen keinen Millioneneinkauf, der einige Zuschauer zieht und dann auf der Ersatzbank friert...»[1]

«Du bist doch von den Grünen, oder? Willst du uns hier werben oder gucken, ob der Rasen noch grün ist?»

Der Fußballexperte Horst Vetten beurteilt die Grundlagen der Vermarktung der Bundesliga ohnehin skeptisch. Nicht die wirtschaftliche, sondern die soziale Komponente scheint den Ball ins Rollen zu bringen: «Die Bundesliga ist ein ganz und gar absonderliches, schon beinahe exotisches Unternehmen. Die achtzehn Filialen werden teils geleitet wie mittelständische Geschäftsunternehmen, teils wie panamaische Investmenttrusts. Volkswirtschaftlich betrachtet, ist ein Bundesligaverein eine Nonsensfirma: Sie produzieren nichts, vertreiben nichts, dienstleisten nichts.»[2]

Für Karl Allgöwer ist der Umgang mit dieser Frage ein rationales Problem: «Die Finanzierung der Vereine muß gesichert werden. Da müssen Wirtschaftsfachleute in Bundesligavereine kommen. Es muß bei den Vereinen zugehen wie in der freien Wirtschaft sonst auch, wer da Fehler macht, der muß seinen Hut nehmen. Das ist in der Liga aber nicht so. Da geht es doch drunter und drüber: Da werden Spieler verkauft und für Miseren allein verantwortlich gemacht, da heißt es dann, die verdienen zuviel... Für ein gewisses Gehalt muß auch klar die Verantwortung übernommen werden. Wenn jetzt die Ablösesummen wegfallen, dann hat jeder Verein die Möglichkeit, sich jeden Spieler zu holen. Ich teile die Meinung nicht, die da sagt, dann geht alles zu Bayern München. Wenn da dann gut gewirtschaftet wird, das Klima und das Umfeld stimmen, dann geht ein Spieler auch nach Bochum oder sonst irgendwohin. Die Spieler schauen zwar aufs Geld, aber das muß nicht immer allein ausschlaggebend sein – der Trend müßte dahin gehen, denn wir leben nun mal in einer kapitalistischen Welt, daß das Spektakel weitergeht, daß das vermarktet wird mit den Medien und so die Eintrittspreise gesenkt werden können. Auf zehn oder fünf Mark für einen Stehplatz. Von 50000 Plätzen im Stadion sollten nicht mehr als 10000 zu Logenplätzen umfunktioniert werden. Die Vermarktung der Spieler über Sponsoren ist grundsätzlich in Ordnung, nur muß eine Identifikation erhalten bleiben.»

Kapitalismus ja, aber bitte mit sozialer, menschengerechter Korrektur. Nimmt man sich einen Spitzenspieler der letzten Jahre, etwa Jürgen Klinsmann, und betrachtet bei diesem Ausnahmefußballer die rasanten Sprünge des Geldes auf seinem Konto, dann wird klar, daß hier eher schon der Vergleich zum noblen Tennis hilft, als die Erinnerung an «milieugeschädigte Proletenvereine». Klinsmann bekam als 17jähriger für seinen ersten Profivertrag bei den zweitklassigen Stuttgarter Kickers noch etwa 1500 Mark im Monat. Als er zum Stürmerstar beim erstklassigen Ortsnachbarn, dem VfB Stuttgart, avancierte, kassierte er pro Jahr schon etwa 500000 Mark. Vertraglich war bei dieser Kategorie die stolze Ablösesumme von vier Millionen Mark festgesetzt. Als das

«Der italienische Fußballzauber wird im Chaos enden. Die Klubs sind längst pleite.»

Ausland aufmerksam wurde, da wedelten italienische Clubeigner mit Jahresschecks, auf denen Summen um die 850000 Mark eingesetzt waren. Wird für deutsche Clubs der internationale Erfolg unbezahlbar? Ist der Ausverkauf durch die reicheren Clubs des europäischen Südens, aber auch durch den durch Industrielle wie Bernard Tapie gestützten französischen Fußball, überhaupt noch zu stoppen? Und: Bleibt da überhaupt noch Hoffnung, daß Talente aus kleinen Vereinen Fans und Volk die Treue über eine Saison hinaus halten werden?

Uli Hoeneß gilt als der cleverste, hartnäckigste und erfolgreichste Manager eines deutschen Fußballvereins. Jahr für Jahr kauft er für seinen Club Bayern München den nationalen Transfermarkt leer, sucht sich die Rosinen vom Kuchen aus, holt sich noch zwei, drei ausländische Superspieler hinzu – und sammelt die begehrten Meisterschalen. Der käufliche Erfolg. Bei den Fans aller anderen Vereine ist kaum ein Club so einsam an der Spitze der individuellen Ätz- und Haßlisten. Den Fans gilt die Absahne der besten Spieler als Wettbewerbsverzerrung, Hoeneß als gieriger Macht- und Kohle-Typ, der der Liga den spielerischen Reiz nimmt. Verödung durch die Frage: Werden die Bayern etwa schon wieder Meister? Und die Zeitgeist- und Trendforscher der Redaktion *Tempo* konnten sich die Bemerkung nicht verkneifen, daß in diesem umstrittenen Managergesicht nur ein Wesenszug dominiere: «Haben, haben, haben...»

Hoeneß selbst sieht dabei interessanterweise längst die Grenzen des Spiels mit dem Geld: «Der italienische Fußballzauber wird spätestens nach 1990 im Chaos enden. Die Klubs sind längst pleite. Finanziert werden die Millionen-Transfers von den Privatleuten. Der Tag wird kommen, an dem auch in Italien nach normalen Richtlinien bilanziert werden muß. Und dann bricht das Kartenhaus zusammen.»[3]

Der Blick auf den internationalen Markt verheißt momentan nichts Gutes. Zumindest dann nicht, wenn man die Vermarktung des Fußballs zwischen Flensburg und Wanne-Eickel betreibt. Viele der Praktiken des scheinbar glorreichen Südens werden uns spätestens bei der Öffnung Europas geballt gegenübertreten.

Suchen hier Clubs einen toreschießenden Star, geschieht das meist außer Konkurrenz. Manager von Gladbach, Bochum oder Köln dürfen sich dank dünner Brieftaschen erst ganz unten auf der Warteliste eintragen. Nimmt man einen Spieler wie Emilio Butragueño, der bei Real Madrid unter Vertrag steht, so hat der inzwischen einen Marktwert von 17 Millionen Mark. Auch Ruud Gullit, Star des AC Mailand, über den die *taz* einmal schrieb, daß

Ruud Gullit, ein Star, dessen Haartracht den Hinweis auf die Zusammenhänge zwischen Pop und Fußball liefert. «Er spielt Fußball, wie Bob Marley singt», hatte die schlaue *taz* einmal getextet. Hier spielt er Baß und vergnügt sich mit «Revelation Time» beim Reggae.

er den Fußball zelebriere wie Bob Marley einst den Reggae, liegt inzwischen schon bei 20,4 Millionen Mark. Zahlenbeispiele, bei denen hiesige Vereinsmanager den Mantelkragen ganz hochschlagen.

«Wer soll das bezahlen, wer hat soviel Geld...?» – ein alter Schlager ist längst heimliche Hymne der Schuldenliga. Mit blassen Gesichtern wird da nur hinterhergestarrt, wenn sich Juventus Turin mal eben locker per Präsidiumsbeschluß den Thomas Häßler holt. Schnell blätterte man 15 Millionen Mark hin, und die Bundesliga war mal wieder um einen bekannten Namen ärmer. Hinter den Alpen gibt es noch volle Stadien, attraktive Spiele, Massenszenarien mit den vom Publikum gewünschten Stars. Auch Karl-Heinz Rummenigge wurde 1984 problemlos für 10 Millionen von München nach Mailand verschoben. Die Ligamanager kämpfen wie Don Quichote gegen die internationalen Windmühlenflügel des Big Business.

«Niemand spricht über Geld. Ich bin ein Geschenk des Präsidenten an die Fans», jubelte Lajos Detari den internationalen Sportjournalisten in die Mikrophone. Er war von Frankfurt nach Olympiakos Piräus gewechselt. Neben ihm saß der umtriebige Präsident seines neuen Vereins, Georgios Koskotas. Schon nach einem Vierteljahr sprach man nur noch übers Geld. Und über die Machenschaften des Herrn Koskotas. Der bekam nun ein Strafverfahren angehängt wegen Unterschlagung, Urkundenfälschung, Verletzung des AG-Rechts und von Devisenbestimmungen. Der Spielermarkt geriet – wie schon oft – ins Zwielicht, die Öffentlichkeit erhielt Einblick in die trübe Grauzone internationaler Geschäftemacher. In den USA, wo der einflußreiche Bankier und Zeitungsverleger zehn Jahre lang lebte, bekam er noch zusätzlich ein Verfahren wegen Steuerhinterziehung. Detaris vorherige Clubs sahen bei dem Transfer keine Probleme, waren, als der Skandal sich zuspitzte, von der gesamten Transfersumme, die über 18 Millionen Mark betrug (10,1 Millionen nach Eintracht Frankfurt und 7,9 zu Honved Budapest), doch bereits 12,5 Millionen Mark überwiesen, lagen für die ausstehenden 5,5 Millionen Bürgschaften einer Schweizer Bank vor. *Der Spiegel* bilanzierte und dachte über die Perspektiven des Profis nach, der nun zwischen allen Stühlen saß: «Doch selbst wenn Detaris Griechenland-Engagement trotz eines Dreijahresvertrages vorzeitig beendet werden sollte, in die Bundesliga wird er schwerlich zurückkehren. Sobald die Einkäufer der großen europäischen Klubs einen Spieler seines Kalibers entdeckt haben und mitbieten, wird er für die Deutschen unerschwinglich. Rund 1,3 Millionen Mark netto Jahresverdienst wurden Detari vom Finanzjongleur Koskotas garantiert, das kassieren in etwa auch die Topstars in Italien.»

Woanders geht die Rechnung auf. Etwa bei dem TV-Unternehmer Silvio Berlusconi (AC Mailand) oder dem französischen Finanzjongleur Bernard Tapie (Olympique Marseille), erst recht bei dem Fiat-Boß Giovanni Agnelli, der in Turin als unumschränkter Herrscher residiert – sein Jahresumsatz von 51,9 Milliarden Mark wird von 271 000 Beschäftigten erwirtschaftet. Männer vom Kaliber eines Agnelli verhandeln nebenbei noch mit Michail Gorbatschow über den Bau eines Autowerkes in der Sowjetunion – und nehmen auf der Rückfahrt (wie Insider hinterher hartnäckig behaupteten) gleich im Gegengeschäft den ukrainischen Ballzauberer Alexej Michailitschenko mit nach Hause. Zumindest den entsprechenden Vertrag. In solchen Dimensionen kann man in der Bundesliga nicht einmal denken. Bayer Uerdingens Präsident Manfred Klinkert stellt fast resignativ fest: «Ich kann mir nicht vorstellen, daß unser Vorstandsvorsitzender einen russischen Fußballer als Kompensationsgeschäft vorschlägt.» *Der Spiegel* beschrieb das hiesige Dilemma: «Um Miroslav Okonski für den Hamburger SV zu ködern, mußte adidas-Generalvertreter Uwe Seeler 100 Paar Buffer in zehn verschiedenen Größen nach drüben verschicken. Der FC Homburg bekam Andrzej Buncol und Roman Wojzicki unter anderem für eine Schneeraupe, große Mengen Kopierpapier und Sportartikel – meist Markenware der

«Ich kann mir nicht vorstellen, daß unser Vorstandsvorsitzender einen russischen Fußballer als Kompensationsgeschäft vorschlägt.«

höchsten Preiskategorie... Von den derzeit in der Bundesliga tätigen 31 Ausländern kommen neun aus dem Osten, das größte Kontingent an Gastarbeitern stellen die Skandinavier mit insgesamt 15 Spielern.»

Bayer Leverkusens Manager Michael Meier: «Die Finanzierung eines Star-Transfers über Zuschauereinnahmen ist für deutsche Vereine nicht mehr machbar, die Bundesliga muß sehen, wie sie sich teurer verkauft.»

Mit welchen Tricks da heute die Spieler in andere Länder und zu interessierten Clubs gezerrt werden, das zeigte sich bei der Verpflichtung des Torschützenkönigs vom Olympiaturnier in Seoul. Der Brasilianer Romario de Souza Farias gelangte über einen Schleichweg im internationalen Transfergeschäft zu PSV (Philips-Sport-Vereinigung) Eindhoven. Die Hollän-

(weiter auf Seite 86)

Die Vereinigten Staaten von Europa im Kaufrausch.

Schweiz

Name	alter Klub	neuer Klub	Ablöse in Mio. DM
Fargeon	Bordeaux	Servette Genf	2,10
Zwicker	St. Gallen	Xamax Neuchâtel	0,98
Smajic	Partizan Belgrad	Xamax Neuchâtel	0,86
Halter	Luzern	Grasshoppers Zürich	0,73
Ruffer	Aarau	Grasshoppers Zürich	0,67
Bickel	FC Zürich	Grasshoppers Zürich	0,61
Bonvin	Sion	Servette Genf	0,61
Matthey	Grasshoppers Zürich	Aarau	0,43
Renquin	Standard Lüttich	Sion	0,37
Lüdi	FC Zürich	Xamax Neuchâtel	0,37

England Schottland

Name	alter Klub	neuer Klub	Ablöse in Mio. DM
Cottee	West Ham	Everton	7,90
Gascoigne	Newcastle	Tottenham	6,00
Steward	Manchester City	Tottenham	4,50
Hughes	Barcelona	Manchester United	3,90
Stevens	Everton	Glasgow Rangers	3,00
Nevin	Chelsea	Everton	2,90
Thorn	Wimbledon	Newcastle	2,70
McCall	Bradford	Everton	2,60
Beasant	Wimbledon	Newcastle	2,50
Robertson	Hibernians	Newcastle	2,40

Holland

Name	alte Klub	neuer Klub	Ablöse in Mio. DM
Pettersson	IFK Göteborg	Ajax Amsterdam	2,700
Smolarek	Frankfurt	Feyenoord	0,900
Willems	Twente	Ajax Amsterdam	0,717
Kruzen	Den Bosch	PSV Eindhoven	0,672
Metgod	Tottenham	Feyenoord	0,672
Ellermann	Sparta	PSV Eindhoven	0,627
Regtop	Ajax Amsterdam	Groningen	0,627
Valckx	Venlo	PSV Eindhoven	0,475

Italien

Name	alter Klub	neuer Klub	Ablöse in Mio. DM
Rizzitelli	Cesena	AS Rom	13,00*
Crippa	Turin	Neapel	10,60
Berti	Florenz	Inter Mailand	10,00**
Matthäus	Bayern München	Inter Mailand	9,80
Rui Barros	FC Porto	Juventus	6,90
Alemao	Atletico Madrid	Neapel	6,50
Rijkaard	Sporting Lissabon	AC Mailand	6,50
Fusi	Sampdoria	Neapel	6,20
Müller	FC São Paulo	AC Turin	6,00
Caniggia	River Plate	Verona	4,90
Renato	Flamengo Rio	AS Rom	3,90

* Davon 7,00 Mio. in bar sowie die Spieler Agostini und Domini.
** Davon 8,80 Mio. in bar sowie den Spieler Cucchi als Leihgabe.

Stars? Haste keinen, kauf dir einen ...!

Frankreich

Name	alter Klub	neuer Klub	Ablöse in Mio. DM
Cantona	Auxerre	Marseille	7,30
Clive Allen	Tottenham	Bordeaux	4,60
C. Valderama	Cali	Montpellier	4,10
Sauzee	Socchaux	Marseille	3,30
Shidijatulin	Spartak Moskau	Toulouse	3,30
Van der Elst	Brügge	Metz	3,30
Poulllain	FC Paris SG	Monaco	2,70
Bijotat	Bordeaux	Monaco	2,40
Scifo	Inter Mailand	Bordeaux	1,70*
Chapman	Sheffield	Niort (2. Liga)	1,20

* Leihgebühr: Für 1989 hat Bordeaux das Vorkaufsrecht, zahlt dann weitere 5 Millionen Mark.

Griechenland

Name	alter Klub	neuer Klub	Ablöse in Mio. DM
Detari	Frankfurt	Olympiakos	22,00
Kofidis	Iraklis	Olympiakos	4,00
Okonski	HSV	AEK Athen	2,20
Kolev	Sofia	Panathinaikos	1,50
Klaus Nielsen	Bröndby	Panathinaikos	1,40
Anastopoulos	Avellino	Panionios	1,30
Antoniu	Panathinaikos	Olympiakos	0,90
Mishos	Olympiakos	Panionios	0,55
Xanthopoulos	Olympiakos	Ethnikos	0,45
Bonovas	Olympiakos	Iraklis	0,35

Spanien

Name	alter Klub	neuer Klub	Ablöse in Mio. DM
Soler	Español	FC Barcelona	6,30
Valverde	Español	FC Barcelona	3,10
Baquero	Real Sociedad	FC Barcelona	2,70
Serma	FC Sevilla	FC Barcelona	2,50
Unzué	Osasuna	FC Barcelona	2,30
Goicoechea	Osasuna	FC Barcelona	2,30
Eusebio	Atletico Madrid	FC Barcelona	2,30
Salinas	Atletico Madrid	FC Barcelona	2,30
Beguiristain	Real Sociedad	FC Barcelona	2,30
Requarte	Real Sociedad	FC Barcelona	2,10
Hierro	Valladolid	FC Barcelona	2,10

Bundesliga

Name	alter Klub	neuer Klub	Ablöse in Mio. DM
Thon	Schalke	Bayern München	3,30
Reuter	Nürnberg	Bayern München	3,25
Grahammer	Nürnberg	Bayern München	3,25
Kastl	HSV	Leverkusen	2,40
Ekström	Empoli	Bayern München	2,20
Lesniak	Stettin	Leverkusen	1,60
Katanec	Partizan Belgrad	Stuttgart	1,30
Hobday	Hannover	Frankfurt	1,30
M. Rummenigge	Bayern München	Dortmund	1,30
Jensen	Bröndby	HSV	1,20
Moser	Kaiserslautern	HSV	1,20
Kuhn	Wattenscheid	Nürnberg	1,20

(Nach: *Sport-Bild*, 10. August 1988)

der holten sich von der brasilianischen Zentralbank Schuldscheine in Höhe von runden vier Millionen Dollar, dem nominellen Wert des Spielers. Es gab daraufhin 25 Prozent Rabatt, der Preis sank um eine Million. Abgewickelt wurde das Geschäft über die brasilianische Filiale der holländischen NMB Bank, die sich auf Dritte-Welt-Geschäfte spezialisiert hat – Farias' Verein Vasco da Gama bekam den Betrag in Cruzados ausgezahlt. Daraufhin stellte sich PSV-Manager Kees Ploegsma breit grinsend der Öffentlichkeit: «Nach meinen letzten Berechnungen kostet Farias uns nicht mehr als 2,8 Millionen Dollar.» Die niederländische Tageszeitung *Telegraaf* staunte nicht schlecht über das «praktisch legale Foefje», den durch alle Gesetzesparagraphen schlüpfenden Trick.[4]

Der Zweck heiligt also längst viele Mittel. Vergleicht man die Bundesliga mit Frankreich, dann stellen sich grundsätzlich andere Verhältnisse dar. Dort liegen die Zuschauerzahlen rund 50 Prozent unter denen der Bundesliga! Dennoch geht's den Vereinen besser, weil sie von den Städten oder Kommunen als Werbeträger hoch subventioniert werden. Es gibt Millionen vor einem höherwertigen Hintergrund: den Franzosen gilt der Fußball als ein Stückchen Kultur. Die privaten Fernsehgesellschaften legen noch einmal kräftig drauf in Dimensionen, die hier das Hickhack um die RTL-Senderechte geradezu lächerlich wirken lassen. Marseille läßt sich etwa für die Übertragung von Eurocupspielen rund eine Million Mark zahlen. Die Vereine sind dort frei von ehrenamtlichen Hemdsärmeln, dort sitzen Kaufleute, die die Sportclubs als Wirtschaftsunternehmen führen. Bei den Franzosen entfallen auch die lästigen Ablösesummen innerhalb der Liga. Man hält zusammen. Nach Ablauf eines Vertrages ist der Spieler frei, nur beim gewünschten Wechsel ins Ausland legen die Vereine eine Entschädigung nach Ermessen fest. Für Karlheinz Förster war dies bitter – als der deutsche Ex-Nationalspieler von Marseille nach Xamax Neuchâtel wechseln wollte, scheiterte dies an den geforderten drei Millionen Mark Ablöse. In Italien zeigt der Großindustrielle Agnelli, wie man sich einen Verein wie Juventus Turin an der goldenen Angel hält. Ein früherer Nationalspieler, Boniperti, ist Direktor und muß sich dem Aufsichtsrat der Fußballfirma gegenüber verantworten. Niedrige Steuersätze schaffen zusätzliches Investitionsvolumen, die Spieler profitieren selbst von diesem Paradies: Unter einer Million verdient keiner. Bei den Superstars wie Laudrup, Völler, Vialli und – weit über den Wolken – Maradona geht es auch über die Zwei-Millionen-Marke hinaus. Dauerkarten gehen dort weg wie bei uns die heiße

Am 30. Oktober 1960 wird Klein-Diego als Sohn des Mühlenarbeiters Diego Maradona in Buenos Aires geboren. Dreißig Jahre später ist er Superstar, Ballkünstler, enorme Spielerpersönlichkeit. Und dazu gehört auch die Schauspielerei, wie hier die Schwalbe des Jahrzehnts eindrucksvoll beweist.

Pizza: 60 000 Saisonkarten sind in Neapel, Turin, Rom und Mailand fester Bestandteil der Kalkulationen. Auch für Spielervermittler scheint hier die Sonne wärmer und freundlicher als anderswo. Antonio Caliendo, einer der führenden Spieler-Dealer, legt seiner Kundschaft einen äußerst zuvorkommenden Vertrag auf den Tisch, darin heißt es: «Tragen Sie Ihr Netto-Jahreseinkommen bitte selbst ein.» Bei der Mafia gilt seit Jahrzehnten eine Floskel, die den Erfolg garantieren soll, hier scheint sie unter anderem Vorzeichen auch zu passen: «Wir machen Ihnen ein Angebot, das Sie nicht ablehnen können ...»

Daß dennoch auch bei uns die Preise klettern, zeigte sich bei den Neuverpflichtungen des Herbstes '89. Aus dem Ausland holten die achtzehn Bundesligavereine Spitzenspieler für insgesamt runde neun Millionen Mark:

– Alan McInally, der Schotte, kam für 3,3 Millionen von Aston Villa (London) zu Bayern München. Man munkelt, er trage unterm Schottenrock rote Unterhosen, also die Vereinsfarben. Er bekommt 400 000 Mark Gage, darin sind die Prämienzahlungen nicht enthalten.
– Wynton Rufer kam als erster Neuseeländer in die Liga und zu Werder Bremen. Dort lieh man ihn für ein Jahr von Grasshoppers Zürich (Preis 150 000 Mark). Ein Mann mit kernigen Sprüchen wie dem: «Seit der Heilige Geist in einer Telefonzelle in mich gefahren ist, lese ich täglich in der Bibel.»
– Jorge «Jorghino» Amor aus Rio ging für drei Millionen zu Bayer Leverkusen. Allerdings: er spendet zehn Prozent seines Gehalts (300 000 Mark) der katholischen Kirche.
– Brian Laudrup, der junge Däne (Jahrgang '69), zeigte, daß Jugend und Geschäftstüchtigkeit durchaus in unmittelbarer Nähe sein können: 2,2 Millionen an Ablöse mußte sein neuer Verein Bayer Uerdingen hinlegen, davon behielt er gleich 1,2 Millionen für sich.
– Radmilo Mihajlovic wechselte für 1,5 Millionen von Sarajevo zum FC Bayern München. Der als Draufgänger und Vollblutstürmer beliebte Kicker kassiert 300 000 Mark im Jahr.
– Krysztof Hedmanski und Krysztof Kajrys arbeiteten in Polen ursprünglich als Bergarbeiter. Im goldenen Westen gingen sie beim FC Homburg unter Vertrag; der Abmarsch mit Touristenvisa lohnte, auch wenn sie nur bescheidene 100 000 Mark im Jahr verdienen.
– Alexander Borodjuk ist ein Kind der Perestroika und eines des umtriebigsten Vereins der – momentan zweiten – Liga. Der Polizeioffizier von Spartak Moskau wurde sich mit Schalke 04 han-

delseinig. Die Ablöse in Höhe von 850 000 Mark soll der keineswegs reiche Club in Sachwerten bezahlt haben: Bälle, Trainingsanzüge, Tornetze, Rasenkreide etc.[5]

«Tragen Sie Ihr Netto-Jahreseinkommen bitte selbst ein.»

Werder Bremens Manager Willi Lemke gehört zu den Erneuerern der Bundesliga. Er verkauft heute ganze Spiele an Sponsoren. Dem Investor für einen Samstag gehört dann das Stadionmikrophon, er kann seinen Mitarbeitern einen bunten (Firmen-)Nachmittag anbieten, PR- und Verlosungsaktionen weisen auf die Produkte des Hauses hin. Den Fans kommt dies in Form eines verbilligten Eintritts zugute, auch wenn vielen dabei das Gefühl hochkommt, nur noch Staffage in einem immer toller werdenden Vermarktungszirkus zu sein.

Wie verteilen sich denn bei Lemkes Kalkulationen die Einnahmen derzeit zwischen Eintritt, Sponsoring usw.? «Im weitesten Sinne sind Eintrittsgelder zu sonstigen Einnahmen halbe-halbe. Der Anteil der sonstigen Einnahmen ist rapide hochgegangen. Als ich hier anfing, war das ungefähr 30 zu 70 Prozent, also 70 Prozent Zuschauereinnahmen, 30 Prozent sonstige.» Woran krankt es denn besonders beim deutschen Fußball? «Das Freizeitverhalten der Leute hat sich in den letzten Jahrzehnten enorm geändert. Schlagworte: vom Passiven zum Aktiven, die gesamte Trimm-Dich-Bewegung, das umweltbewußte, natürliche Ernähren... Selbst Sport treiben wird höher angesehen als passiv Zuschauen. Die Anspruchshaltung der Zuschauer ist enorm gewachsen. Die Leute sind bequemer, viel bequemer geworden. Sie wollen erheblich mehr Komfort, als sie es noch vor 30, 40 Jahren haben wollten. Da müssen unsere Stadien eben erheblich mehr Komfort ausstrahlen. Das, was man im Stadion hier zum Teil bekommt für sein Geld, ist erschreckend. Die An- und Abfahrtswege sind ganz schlecht. Wenn man schon bei der Anfahrt zwei Stunden im Stau sitzt und nachher noch mal zwei Stunden, da hat man keine Lust mehr, zum Fußball zu gehen. Wir müssen es den Zuschauern so bequem und komfortabel machen, wie es nur eben geht. Der zweite wichtige Bereich ist: Das Ansehen der Fußballvereine muß besser werden. Dinge wie in Frankfurt bei dem Faustschlag, der wochenlang durch die Medien ging, dürfen nicht passieren. Da müssen die Vereine profihafter geführt werden. Es muß auch darauf geachtet werden, daß mit dem Geld nicht so um sich geschmissen wird, sondern daß man sparsam damit umgeht.» Ist denn der DFB dabei noch die zeitgemäße Instanz? «Das ist alles unheimlich schwer: Jeder Verein denkt zunächst mal – und das ist normal – an sich selbst. Wir sind ja als mittelständische Unternehmen zu betrachten – versuchen Sie mal, Horten, Karstadt und Neckermann unter einen Hut zu bringen. Ein praktisches Beispiel: Wir tendieren zum Freitagabend als Spieltermin. Die Bayern dagegen sagen, für uns ist das schrecklich, da können wir überhaupt nicht spielen, weil unsere Zuschauer aus der Schweiz, aus Österreich, aus Oberammergau und aus dem Frankenland und von überall herkommen mit langen Anfahrtwegen bis zu 500 Kilometern. Samstag ist für die ideal. München als Attraktion für die Touristen, die bleiben dann noch über Nacht, machen Stadtrundfahrten, Oktoberwiesenbesuche usw. – das ist bei uns überhaupt nicht gegeben. Deshalb gibt es da kein gemeinsames Patentrezept. Die Bayern kämpfen für den Samstag, ich für den Freitag. Aber es ist natürlich gut, wenn man das einheitlich regelt. Der DFB ist prinzipiell schon noch zeitgemäß, nur darf man nicht hinnehmen, daß der geballte Block der Amateure eine von der Bundesliga vorgeschlagene Lösung kaputtmacht.» Läuft es denn nicht ohnehin auf eine Trennung von Profi- und Amateurfußball hinaus? «Das ist möglich. Austritt aus dem DFB halte ich nicht für möglich, aber eine klarere Trennung der Bereiche ist dringend geboten.»

Fußball-Parks, Disneyland vorm Stadion, Mehrzweck- und bei Regenwetter überdachte Hallen, mehr Show mit künstlerischem Bei- und Vorprogramm, amerikanische Verhältnisse. Ist das der Weg in die Zukunft? Will Lemke in diese Richtung? «Mehr Drumherum ist sicherlich okay. Richtig ist auch die Marketingstrategie, mit der die Familie mehr angesprochen wird. Fußball ist immer ein Gemeinschaftserlebnis gewesen. Keiner hat Lust, alleine hinzugehen, zumindest mit 'nem Kumpel willst du dabei zusammensein, mit dem du dich freuen kannst, mit dem du schimpfen und diskutieren kannst. Das gehört zum Fußball dazu, deshalb glaube ich, daß wir da Schwerpunkte setzen müssen, Familientage mit Drumherum machen müssen. Wobei natürlich völlig klar ist: Glamourgirls und Schlagersterne ersetzen nicht die 90 Minuten Fußball. Ich will auch perfekter werden in der gastronomischen Betreuung, also nicht nur 'ne Bude, wo du 'ne überteuerte Bratwurst auf schmuddeliger Pappe kriegst. Da müssen auch vorbildliche sanitäre Einrichtungen sein, du mußt reichlich zu essen und zu trinken angeboten bekommen, du mußt bequeme Schalensitze haben, am besten noch beheizt, du mußt ein Dach überm Kopf haben ...»
Finanzieren sollen Willi Lemkes Utopien u. a. die Städte: «Die Kommunen sollten endlich ihre Haltung

Willi Lemke, der Dynamo seines Vereins. Der Manager des SV Werder Bremen gehört zu jener neuen Führungselite der Vereine, die Fußball-Marketing als weites Betätigungsfeld sehen. Der Rubel ist rund und soll rollen...

uns gegenüber ändern und uns den Stellenwert geben, den sie ansonsten der Kultur oder den Theatern geben, wo die Bildungsbürger die Theatervorstellungen unglaublich hoch subventioniert bekommen vom Staat, wo andererseits das einfache ‹Theater› fürs Volk überhaupt nicht subventioniert wird bei uns. Im Gegenteil. Wir zahlen jedes Jahr Summen in Millionenhöhe an die Stadt, die läßt aber die Tribüne hier so, wie sie vor 60 Jahren schon gewesen ist. 6,6 Millionen Mark haben wir 1988 an Steuern und Abgaben bezahlt.»
Wie lange spielt Willi Lemke noch mit? «In fünfzehn Jahren bin ich nicht mehr Manager des Vereins – das hält die Kraft nicht aus. Der Aufwand, der hier getrieben wird, ist immens hoch. Das kann man nicht so lange durchstehen. Aber was richtig ist: Wer jetzt gesund ist, in den Jahren der Krise, der hat auch für die nächsten zwanzig Jahre sehr gute Chancen, wenn er profihaftes Management betreibt, sparsam wirtschaftet. Die nächsten fünf Jahre sind für den deutschen Fußball Schlüsseljahre. Es kommt die Reduzierung der Liga – wer jetzt stark ist, ist gut dabei…»

Aufatmen in Bremen. Willi Lemke erscheint nach viermonatigem Rätselraten wieder auf der Bildfläche. In einer kurzfristig einberufenen Pressekonferenz auf dem ehemaligen Segelschulschiff Gorch Fock lüftet der Werder-Manager das Geheimnis seiner PR-Tour auf hoher See: Eine nordfriesische Reederei kauft sämtliche Karten für den Bremer Saisonauftakt gegen Neuling Wattenscheid. «Jeder Zuschauer erhält vorm Spiel einen Kurz-Lehrgang im Krabbenpulen», freut sich Lemke. Besonderer Bonbon für Dauerkartenbesitzer: In der zweiten Halbzeit verkaufen die Bremer Ersatzspieler auf der Haupttribüne verbilligte Rheumadecken mit 40 Prozent Preisnachlaß.[6]

Karl Valentin

Fußball-Länderkampf

Große Tagesplakate kündigten einen großen Fußballkampf an. Ich hab noch nie einen solchen gesehen. Flugs eilte ich an eine Autowartestelle und frug den Führer, ob er gewillt wäre, mich zu dem heutigen Fußball-Rennen zu bringen. Nachdem mich der Autoführer aufgeklärt hatte, daß heute kein Fußball-Rennen, sondern ein Fußballkampf stattfindet, stieg ich in das Auto und fuhr los. So was von Menschen habe ich noch nie gesehen, eine direkte Völkerwanderung von der Stadt bis zum Fußballplatz. Ich zählte mindestens 5000 Autos. Wenn man bedenkt wegen einem Fußball 5000 Autos, das ist kolossal. Am Sportplatz selbst eine Menschenmasse von 50000 Menschen, dazu 5000 Autos gerechnet, also zusammen 55000. Am Fußballplatz angelangt, frug ich sofort einen Platzanweiser: «Wo ist die Drehbühne?» «Drehbühne?» sagte er, «gibt es hier nicht.» «Was», sag ich, «50000 Menschen und keine Drehbühne? Sind Sie verrückt? Ich habe doch im Kartenvorverkauf eine Drehbühnenkarte gekauft!» Ich wies meine Karte vor, der Irrtum wurde mir klar – es war keine Drehbühnen-, sondern eine Tribünenkarte. Ich walzte mich also zur Tribüne hinauf. Schlängelte mich amphibisch zu Platz Nr. 4376 hinauf. Ich saß. Ich saß kaum – wer stand vor mir? Ein Mann mit einem heißen Blechkessel. «Wollen Sie heiße Würstchen?» sprach er. – «Nein», sagte ich, «das Gegenteil – ich will das Fußballwettspiel sehen.» Ich zog meine Uhr aus der Tasche und sah – 4 Uhr 10. Beginn 4 Uhr.

«Wann geht es endlich los?» – Ich wurde ungeduldig und schrie aus Leibeskräften!! – Schon wieder war einer da – «Wer wünscht hier Lose? Ziehung unwiderruflich Freitag, den 1. April.» Nun begann die Musikkapelle drei Musikpiècen zu spielen. Vom Fußballspiel war noch keine einzige Spur zu sehen. Die Musikkapelle spielte hierauf ein Dacapo. Währenddessen nahte ein Flieger samt Flugap-

parat surrend zum Flugplatz heran. – Der Flieger war hoch oben, der Platz tief unten, das Publikum ebenfalls. Es war ein ergreifendes Schauspiel. Besser hätte man es in einem Schauspielhaus auch nicht gesehen. Ich habe schon in meinem Leben viel Flieger gesehen, aber diesmal nur einen oder besser gesagt, damals nur diesen. Als das Flugzeug sich dieses Fußballs entledigt hatte, flog es hurtig von dannen. Plötzlich ein Fahnenschwenken, die Musikkapelle spielte dazu, und das erste Fußballbataillon marschierte mit klingendem Spiel auf das Spielfeld. Ich sprach zu meinem neben uns stehenden Freund: «Nun geht's los.» Wer stand wieder da? Der Mann mit dem Los: «Ziehung unwiderruflich Freitag, den 1. April.» ... Es war zum Kotzen. Ich werde dieses Datum nie mehr vergessen. – Und nun begann der Anfang. Es erschienen nun die Fußballieblinge, die vom Publikum vergötterten Fußballisten. Da begannen die 45 000 Menschen ein 90 000händiges Applaudieren. Der Torwärter stand schon vor den Toren und die Musik spielte dazu ‹Am Brunnen vor dem Tore›. Alles stand kampfbereit, aber der Fußball stand noch immer allein und einsam in der Mitte. Es war bereits 4 Uhr 30 alte und 16einhalb Uhr neue Zeit zugleich. Da ging wie ein Lauffeuer ein unleises Raunen durch die Menschenmassen ... «Die Fotografen kommen.» Mindestens ein halbes Dutzend Fotografen ohne Ateliers bevölkerten jetzt das Spielfeld. Das Spiel begann nun – immer noch nicht und die Kapelle spielte dazu das alte Volkslied ‹Es kann doch nicht immer so bleiben›. Das war denn auch meine Meinung, und nach einigen kürzeren Minuten erschienen endlich drei Kinooperateure. Nun trat eine Pause ein, nach deren Ende plötzlich die Sanitätsmannschaft auf dem Platze Platz nahm. Anschließend daran kam der Herr Amtsrichter – Verzeihung – Schiedsrichter, um seines Amtes zu walten. Er ging in die Mitte, pfiff und das Spiel begann.
Enden tat das Spiel mit dem Sieg der einen Partei – die andere Partei hatte den Sieg verloren. Es war vorauszusehen, daß es so kam.[7]

Streikposten vor dem Tor

Die Vereinigung der Profis

> ***Ich rufe im Büro an, ob Post für mich da ist. Sandrone ist am Apparat: «Bist du schon in Rimini?» fragt er mich. Was interessiert mich Rimini, sage ich, hast du noch alle? «Aber hast du denn nicht Zeitung gelesen? Du bist verkauft worden.»***[1]

Eine Gewerkschaft für Fußballer? Hochbezahlte Kicker in einem Berufsverband mit Satzung, Beiträgen, Mitgliederzeitung und -abenden? Streik vor dem wichtigen Auswärtsspiel und Besetzung des Clubhauses mit anschließender Pressekonferenz an der Hausbar des Präsidenten?

Wie immer, wenn sich Interessen institutionalisieren, gehen die Wogen hoch. Als der Bremer Benno Möhlmann zu Beginn des Jahres 1987 die Pläne zur Gründung der Vereinigung der Vertragsfußballspieler e. V. bekanntgab, war solch ein Moment.[2] Schlagzeilen: «Flanke von links?» schwante es der *Zeit,* und *Welt am Sonntag* drohte: «Spieler reden beim DFB mit». *Sport-Bild* forderte Aktivitäten: «Wer boykottiert die Fußball-Gewerkschaft?»

Ganz so neu war die Idee indes nicht. Die Deutsche Angestellten-Gewerkschaft (DAG) hat einen Mitarbeiter für den Bundesligafußball abgestellt. Günter Ploß ist seit Jahren bemüht, wirksam zu werden. An seiner Tür hängt das Schild: «Ressort ÖD / Referat B1 / Fachgruppe Bundesliga». Doch der entscheidende Schritt gelang dem DAG-Ableger nie: Tarifpartner der Vereine zu sein, starke Gewerkschaft gegen knallharte Arbeitgeber. Ploß muß anerkennen, daß ihm die VdV den Rang abgelaufen hat. «Die VdV hat heute die meisten Berufsfußballer organisiert, weshalb wir an einer Zusammenarbeit interessiert wären. Wir sind hier durchaus beeindruckt von der Arbeit dieses neuen Verbandes und würden gern dabei unterstützen und mitwirken.» Worte von der falschen Seite der Spielfeldlinie. VdV-Präsident Benno Möhlmann, Ex-Bundesligaprofi, seit dem 1. 7. 89 Co-Trainer seines letzten Vereins, des Hamburger SV, sieht diese Offerte mit kritisch-distanziertem Blick. Die andere Möglichkeit, ein direktes Zusammengehen mit dem Deutschen Gewerkschaftsbund (DGB), scheint erst recht im Abseits zu stehen: «Da gibt es eigentlich keine Zusammenarbeit. Von seiten des DGB gab es auch überhaupt kein Interesse daran. Während die DAG sich schon bemüht hat. Unser Beitritt wurde gewünscht, aber wir haben nach langen Gesprächen bei uns beschlossen, daß wir selbständig und unabhängig bleiben wollen. Nach einer Phase des Aufbaus kann über solche korporativen Schritte noch mal nachgedacht werden. Gegenüber der DAG bleibt die Skepsis, denn die haben offiziell ab 1963 die Spieler vertreten und in der Zeit sehr viel hingenommen und mit dem DFB gekungelt, daß deren Glaubwürdigkeit zumindest angekratzt ist. Die waren wohl froh, daß sie in bestimmten Gremien sitzen dürfen, daß sie zu Tagungen eingeladen wurden – doch letzten Endes haben sie nicht viel für die Spieler erreicht. Die sind ja 1963 mit circa 40 bis 50 Prozent der Spieler als Mitglieder gestartet, nur sind der DAG dann die Spieler auch schnell davongelaufen, weil der Verband offenkundig in wichtigen Fragen gewerkschaftlicher Arbeit versagt hat. Die liegen heute praktisch bei Null.» Die Bemühungen der DAG gingen in Richtung «Muster-Arbeitsvertrag», Rechtsschutz auf Antrag und Beratung, eine seit Bundesligagründung in Frankfurt eingerichtete Außenstelle für arbeitsuchende Fußballer, die «Paritätisch besetzte Fußballspielervermittlungsstelle», bei der sich niemand erinnern kann, daß hier jemals ein arbeitsloser Profi einen neuen Arbeitgeber fand – die DAG war vor allem eines nie: gefürchteter Sprecher aller Profis gegenüber den vielen Interessengegnern.

Was bringt die Profis auf die Palme bzw. treibt sie in Scharen in die VdV? Worum geht es genau bei diesem Interessenpoker?

«Nicht nur Mädchenhandel, auch den Knabenhandel gibt es: er heißt Spieler-Transfermarkt. Wir sind wie taube Nüsse auf einem Verkaufsstand. Es gibt Leute, die kaufen, und welche, die verkaufen. Wir, seelenlos, willenlos, ohne die Möglichkeit, Einspruch zu erheben.»[3]

Der Spieler ist «Material», steuerlich absetzbare Grundausstattung für angepeilte Erfolge, was heißt: volle Ränge, volle Kassen. Auch wenn heute in manchem Kinder- und Teeniezimmer die Poster der Klinsmänner und Littbarskis hängen, wenn von den schwerreichen Super-

Als Spieler schon ein Begriff, als Co-Trainer des HSV der ruhende Pol in schwierigen Zeiten, als Präsident der Vereinigung der Vertragsfußballspieler (VdV) ein engagiert-sachlicher Kämpfer für die Kicker und deren Rechte – Benno Möhlmann.

stars die Rede ist, so wird die häufig dramatische und desolate Lage der Spieler übersehen. Rockstars wie Chuck Berry feiern ihren 60. Geburtstag – total vermarktet via Film plus Platte – noch locker auf der Bühne. Ihre Zeit zum Absahnen dauert mit etwas Glück ein Leben lang. Der Fußballstar muß dagegen, wenn er es überhaupt schafft, in den Kreis der auserwählten Kader zu gelangen, in relativ kurzer Zeit viel Geld anhäufen, um damit ein meist ungewisses Zweitleben nach dem Fußball aufzubauen. Noch immer gibt es viele, die nur den Fußball im Sinn haben, sich um Zweitberufe oder den Umstieg nach der Aktivzeit nicht rechtzeitig kümmern. Wie seinerzeit «kleines dickes Müller», jenen Gerd und «Bomber der Nation», der nach der Karriere tief fiel und in den USA mehr schlecht als recht probierte, knapp oberhalb der Tellerwäscherebene den Anschluß zu finden – sein Restaurantbetrieb wurde inzwischen wieder aufgegeben. Wohin also mit dem einmal verdienten Geld, wie richtig investieren und anlegen, und, vor allem: Wie schützt man sich vor falschen Freunden, die einem mit Bauherrenmodellen das Geld abnehmen wollen? Wie viele Spieler stürzten schon ins finanzielle Aus, weil ihr Geld in dubiosen Anlagefirmen versickerte?

«Den Anweisungen des Trainers bezüglich der Lebensführung (ist) Folge zu leisten...»

Wirft man einen Blick in den Musterarbeitsvertrag für Lizenzspieler, so wird deutlich, wie die Profis gegängelt und an die kurze Leine gelegt werden: «Der Spieler überträgt dem Verein die Verwertung seiner Persönlichkeitsrechte...» – «Äußerungen in der Öffentlichkeit (insbesondere Interviews für Fernsehen, Hörfunk und Zeitungen) bedürfen der vorherigen Zustimmung des Vereins...» – «Den Anweisungen des Trainers bezüglich der Lebensführung (ist) Folge zu leisten...» – «Der Spieler entbindet den jeweils behandelnden Arzt gegenüber dem Vorstand von seiner Schweigepflicht...»[4] In anderen Branchen spricht man bei derlei Vereinbarungen eindeutig von «Knebelverträgen». Die Spieler unterzeichnen meist ohne Widerspruch, gilt ein Vertragsangebot doch als einmalige Chance, die man sich nicht durch aufmüpfiges Fehlverhalten verbauen dürfe. So ist es dann auch kein Wunder, daß in vielen Mannschaften der Kapitän, der erste Mann mit Spielervertreter-Status, nicht von der Mannschaft, sondern vom Trainer bestimmt wird.

Fußball und Demokratie – zwei Paar Schuhe?

Beim Blick auf den wild wuchernden Transfermarkt wird's dann endgültig düster. Immer wieder sprechen Spieler wie Jürgen Klinsmann von «Sklavenhandel». Money makes the world go round: Wer den dicksten Geldkoffer für die Ablöse auf den Tisch stellt, der erhält den Zuschlag und darf «seinen» Spieler mitnehmen. So sind es eben oft zuletzt die Spieler, die entscheiden, welches Trikot sie in der nächsten Saison tragen. Das Grundrecht auf freie Wahl des Arbeitsplatzes gilt nicht für Profikicker.

Als die VdV ins Leben gerufen wurde, da machte gerade ein Trauerspiel die Runde. *Die Zeit* beschrieb den Fall: «Der Zweitligaclub Armi-

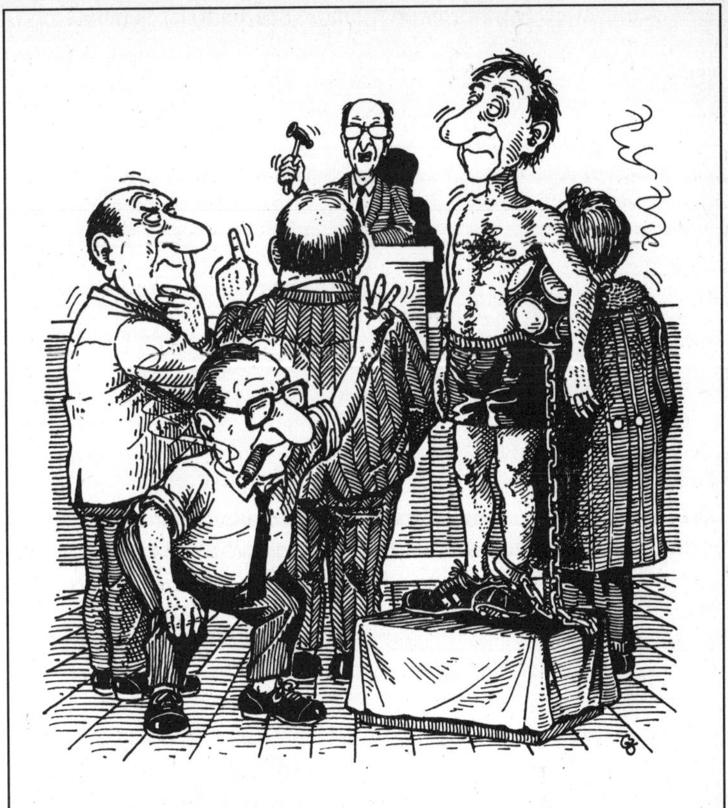

Vierundsiebzig Kilo, dreimal Meniskus, zweimal Achillessehne, 32 Jahre, 700000 Märker zum Ersten, zum Zweiten und...

nia Bielefeld kündigte seinem Torwart Wolfgang Kneib, verlangte aber eine so hohe Ablösesumme, daß kein anderer Verein interessiert war. Kneib lebt nun von der Arbeitslosenunterstützung. Die Bundesanstalt für Arbeit will sich das Geld von Arminia Bielefeld zurückholen, da der Verein den Torwart an der Berufsausübung hindert.» Für andere war dies kein Grund zur Aufregung: «Wolfgang Klein, Präsident des Hamburger SV und damit quasi Arbeitgebervertreter, sieht für die Gründung einer Spielergewerkschaft ‹überhaupt keine Veranlassung›. Die Verträge seien so geschneidert, daß sie die optimale Vermarktung der

Spieler erlauben. Nur so sei das Geld für die hohen Gehälter zu beschaffen. ‹Wenn die Spieler andere Verträge wollen›, sagt Klein, ‹werden sie weniger verdienen›.»

Die VdV muß noch viel Überzeugungsarbeit leisten. Wie widersprüchlich selbst die Spieler die Lage sehen, verdeutlichen folgende Äußerungen: «Hätte ich früh genug einen Berater gehabt, würde ich jetzt ein paar Millionen auf der hohen Kante haben», meint Dieter Müller. Sein Fußballkollege Gerd Strack sieht das genaue Gegenteil: «Ich kann junge Spieler nur warnen, sich mit Haut und Haaren einem Manager zu verschreiben und ihn gar zum Freund zu machen.» Mit Benno Möhlmann wählten sich die organisierten Spieler einen Präsidenten, der ihre Sorgen und Nöte aus eigener Profizeit bestens kennt. «Das ist ein Berufszweig, der eine einmalige Geschichte hat. Der Arbeitnehmer muß sich einen Arbeitgeber suchen, der dann auch noch bereit ist, eine Abstandssumme zu bezahlen. Die Vereine können häufig ohne die Einplanung solcher Gelder gar nicht mehr wirtschaften. Es ist ein Unding, daß wirtschaftliche Unternehmen in ihre Kalkulation auch Notverkäufe einplanen. Würden die Vereine diese Ablösesummen aufgeben, dann gäbe es von den Banken nicht mehr so hohe Kredite – dann könnten sich die Vereine demzufolge nicht mehr so hoch verschulden, könnten nicht mehr in solchen gewaltigen Dimensionen in den Bankrott marschieren, wie wir es immer wieder erleben. Vielleicht verdienen die Spieler dann weniger...»

Das *Hamburger Abendblatt* entwarf angesichts der VdV-Gründung ein grausiges Szenario: «HSV-Trainingsgelände Ochsenzoll im April 1995: Der lange Vorstopper und der bullige Mittelstürmer versperren den Eingang zu den Kabinen. Um ihren Bauch baumeln Plakate, auf denen steht: ‹Für die 20-Stunden-Woche und ein Existenzminimum von 100000 Mark für jeden.› Die ‹IG Lizenzspieler›, im Volksmund ‹Kicker-Gewerkschaft› genannt, hat nach gescheiterten Tarifverhandlungen mit den Bundesliga-Vereinen zum Streik aufgerufen. Auch auf den anderen Bundesliga-Trainingsplätzen herrscht an diesem Tag gähnende Leere. Nur beim VfB Stuttgart durchnässen eine Reihe unverbesserlicher Schwaben ihre Trikots... ungeliebte Streikbrecher... sollten die Vereine nicht nachgeben, wird der nächste Spieltag ausfallen.»[5]

Karl Allgöwer spielt bei den Unverbesserlichen in der Abwehr. Dennoch hat er weit über 100 Bundesligatore geschossen. Seine Leistungen beim VfB Stuttgart brachten ihn mehrfach in die Nationalelf. Seit

1989 gehört er zu den Vizepräsidenten der VdV – mit ihm sind auf dieser Ebene noch die Kollegen Bodo Illgner und Ewald Lienen dabei.

«Ein Hindernis zur Erlangung eines neuen Arbeitsplatzes ist die Frage der Ablösesummen. Das ist ganz einfach illegal. Es wird seit Jahren davon gesprochen, aber keiner unternimmt etwas. Das ist einer der Hauptgründe für die VdV-Gründung gewesen: die freie Wahl des Arbeitsplatzes.»

Am 20. Oktober '89 gab die VdV den Mitgliederstand bekannt: «Gesamt-Mitgliederzahl 330. Nicht vertreten ist die VdV zur Zeit in folgenden Mannschaften: 1. Bundesliga – Bayern München; 2. Bundesliga – SpVgg. Bayreuth, SpV. Unterhaching.» Das Kreuz des Südens. Noch einmal Allgöwer: «In erster Linie ist das ein Problem unserer Informationsveranstaltung. Da haben wir jetzt im Präsidium beschlossen, diese bei Bayern München nachzuholen – denn bei allen anderen Vereinen waren wir schon, nur bei Bayern München noch nicht. Bei unseren Info-Abenden werden manchmal gleich sieben oder acht Leute Mitglied auf einen Schlag. Das andere ist natürlich, daß der FC Bayern München ein sehr gut geführter Verein ist, der viele Dinge macht, die die VdV für die Spieler in der gesamten Bundesliga wünscht.» Dem reichsten Verein der Liga fällt es sicherlich nicht schwer, seinen Spielern mit viel Geld die Flausen auszutreiben. Bei der jahrelangen Erfolgsserie der Bayern fiel für die Spieler genug ab. Ohnehin sind die Herren Arbeitnehmer häufig Großverdiener – einige Clevere steigen sogar zum Unternehmer auf, wechseln also das soziale Trikot nach Ablauf der aktiven Spielzeit. Benno Möhlmann: «Wer von vorneherein bestimmte Verträge abgelehnt oder für eine Begrenzung seiner Ablösesumme gesorgt hat, der sichert so frühzeitig die eigenen Optionen. Wenn du aber nur mit bestimmten Klauseln reingekommen bist, dann bekommst du den nächsten Verein auch nur, wenn du so weitermachst. Die Spielergehälter sind im Verhältnis zu den Ablösesummen kaum gestiegen, wenn man zugrundelegt, was in anderen Branchen und Spitzensportbereichen gezahlt wird. Wenn ein Spieler der hohen Leistungsklasse so um die 800000 Mark im Jahr verdient, dann ist das nicht viel, denn der Verein erhöht dadurch seine Attraktivität, bekommt vielleicht mehr Werbeeinnahmen durch den Star. Wenn man dann noch sieht, daß die Masse der Spieler so zwischen 100000 und 200000 Mark pro Jahr verdient, dann kann man sicher nicht davon sprechen, daß dieser Berufsstand überbezahlt ist. Ein Kader besteht aus

24 Spielern, davon sind sechs oder sieben Vertragsamateure, die, wenn sie nicht zum Einsatz kommen, 40000 Mark verdienen; wenn sie zum Einsatz kommen, dann gibt es bis zu 100000 Mark. Es ist deshalb schwierig, heute von Durchschnittsgehältern zu sprechen.»

Schon auf Grund der Spielergehälter fällt es hier schwer, sich eine Gewerkschaft im herkömmlichen Sinne vorzustellen. Da ist das Bild doch zu sehr vom Kumpel aus dem Ruhrgebiet geprägt, der als IG Metaller mit rauchgeschwärztem Gesicht seine Zeche mit der Forderung nach der 35-Stunden-Woche bestreikt. Die VdV beschäftigt da eher Anwälte, übt sanften Druck, will mit Argumenten die Bälle ins Tor bringen.

«Eigentlich kannst du die DFB-Musterverträge in der jetzigen Form nicht unterschreiben.»

40 Mark im Monat kostet den Profi der ersten Liga die VdV-Mitgliedschaft, Spieler der zweiten Bundesliga 30, Vertragsamateure 20, und fördernde Mitglieder sind mit 5 Mark dabei. Es gibt kostenlose Beratung in allen Berufsfragen, eine Invaliditätsversicherung und gute Kontakte zu Banken. Zukünftig will die VdV neben der Einrichtung einer von den Spielern kontrollierten Transferstelle auch an die Verträge ran. Den Spielern stinkt die Bevormundung. Karl Allgöwer: «Eigentlich kannst du die DFB-Musterverträge in der jetzigen Form nicht unterschreiben. Zum Beispiel braucht mir der Trainer theoretisch keinen freien Tag in der Woche geben. Oder ich darf ohne Genehmigung des Vereins keine Werbeverträge machen. Da wird das Persönlichkeitsrecht stark beeinträchtigt.» Seit Mai '89 gibt es die VdV-Wirtschaftsdienste GmbH, um die finanzielle Nutzung von Rechten der VdV bzw. ihrer Mitglieder zu verbessern. Geschäftsführer und VdV-Generalbevollmächtigter ist Dr. Stefan Lottermann, promovierter Sportwissenschaftler, Ex-Bundesligaprofi bei Eintracht Frankfurt, 1. FC Nürnberg, Kickers Offenbach und Darmstadt 98. Außerdem besitzt er das Fußball-Lehrer-Diplom, die höchste DFB-Trainerlizenz. Er schätzt, daß «mit den sogenannten Bauherrenmodellen wahrscheinlich weit über 200 Bundesligaprofis in erheblichem Maße um ihr Geld und ihre wirtschaftliche Zukunft geprellt» wurden. Deshalb tat man sich mit der DG Capital Management zusammen, die im genossenschaftlichen Verbund mit über 3300 Volks- und Raiffeisenbanken steht.

«Warum besteht eine Ausländerquote im deutschen Fußball?»

Die Resonanz bei den Spielern ist gut. Am 1. März 1990 hatten sich bereits 427 Profis der VdV angeschlossen. Selbst Thomas von Heesen, der sich noch ziert, erkennt an: «Der Benno hat immer Informationen bereit für die Spieler, die in dieser Gewerkschaft sind. Das ist immer aktuell, die Sache läuft, die haben einiges zu bieten.» Ob Mitglied oder nicht, die VdV heizt die Diskussion in der Liga an, wie dies nie vorher der Fall war. Oliver Posniak: «Für ältere Spieler sollte die Reamateurisierung erleichtert werden.» Uwe Bein: «Ich bin dafür, die Ablösesummen abzuschaffen und eine Transferstelle einzurichten, insbesondere, um jungen Spielern zu helfen.» Anders Giske: «Warum besteht eine Ausländerquote im deutschen Fußball?» Volker Diergardt: «Die Reamateurisierung ist zu problematisch. Es ist nicht einzusehen, warum ein Spieler bis zu einem Jahr gesperrt werden kann.» Ulf Quaisser: «Wenn ein Spieler eines Proficlubs aus dessen eigener Jugend kommt und dort vier Jahre Lizenzspieler war, sollte er ablösefrei wechseln können.» André Winkhold: «Die DFB-Transferliste greift oft zu spät. Man ist doch darauf angewiesen, schon im Vorfeld, also lange vor dem Ende des Vertrages, Kontakte mit anderen Vereinen aufzunehmen. Ich bin dafür, daß wir ablösefrei wechseln können. Zumindest ab einem bestimmten Alter sollte das möglich sein.» Wolfgang de Beer: «Vereinsinteressen stehen eindeutig über den Spielerinteressen. Das müßte geändert werden. Die Spieler sollten einen stärkeren Einfluß ausüben können.»[6]

Dr. Heinrich Väth, bis Juni 1990 Geschäftsführer des VdV, sieht folgende Bedingungen, um den bundesdeutschen Fußball auf internationales Niveau zu heben: «Den Zustand der Unmündigkeit zu beenden, ist eines der zentralen Anliegen der VdV. Im internationalen Profifußball sind Spielergewerkschaften schon lange üblich. Sie sind Teil des Profibetriebes und haben Mitbestimmungsrecht in den Belangen, die die Spieler betreffen. In England gibt es bereits seit über 80 Jahren eine einflußreiche Spielergewerkschaft. In den Spielergewerkschaften im Ausland sind durchschnittlich über 90 Prozent der Fußballprofis organisiert.»

Harte Zeiten für den DFB und seine Profivereine.

«Ich kann mich überall sehen lassen...»

Ein Gespräch mit «Menschenhändler» Wolfgang Fahrian

Sein Beruf ist der An- und Verkauf von Fußballprofis. Doch der Begriff «Menschenhändler» paßt irgendwie nicht zu ihm. Wolfgang Fahrian, 49, gelernter Heizungsmonteur und Ex-Nationaltorwart, strahlt Vertrauen aus. Selbst sein härtester Kontrahent, der DFB-Staatsanwalt Kindermann, läßt sich zu keiner Beschimpfung überreden. Wenn Spieler ihren Verein wechseln wollen oder ein Club einen neuen Stürmer sucht, klingelt bei «Assauer & Fahrian, Immobilien» das Telefon. Für durchschnittlich 10 Prozent des Transfererlöses als Vermittlungshonorar bringt der Schwabe mit Wohnsitz Köln die Partner zusammen. Hunderte bisher, die genaue Zahl weiß er selber nicht. Uli Stein und Mauricio Gaudino stehen ebenso in seiner Erfolgsbilanz wie Jürgen Kohler und Rüdiger Vollborn.

Wie sind Sie selbst zum Fußball bekommen?

Wolfgang Fahrian: «Wie viele Jungs erst auf der Straße, in der Schule. Nach der Weltmeisterschaft '54 hat ja jeder seinen Namen gehabt. Ich war natürlich Toni Turek. Auf einmal war man dann im Fußballverein. Torwart wurde ich eigentlich erst nach der A-Jugend, mehr aus Spaß, aber dann war ich schnell in der Auswahl die Nummer eins. Der erste

Vertrag ging mit 100 Mark los, wenn du Stammspieler wurdest, hast du 160 und Ausbildungshilfe bekommen. Aber dann kam ich in den Kreis der Nationalspieler, und da hab ich mir Ziele gesetzt und wollte weiterkommen. Wenn die anderen abends um 17, 18 Uhr zum Training kamen, hab ich schon zwei Trainings hinter mir gehabt.»

Sind die jungen Spieler, mit denen Sie heute zu tun haben, andere Typen – in ihrem Selbstbewußtsein, ihrem Berufsverständnis?
«Zu meiner Zeit ging man zusammen raus oder zusammen essen. Heute geht man nach der Arbeit auseinander. Es ist heut ein echter Beruf, deshalb ist man vielleicht froh, wenn man mal andere Gesichter sieht.»

Das Schimpfwort vom «Beamtenfußball» geht um – können Sie die Kritik teilen?
«Nein. Ich sag immer: Jeder hat das Recht, schlecht zu spielen, keiner hat das Recht, ohne Einsatz zu spielen. Die ganze Taktik hat sich geändert, das Spiel wurde athletischer. Es werden auch heute noch großartige Spiele gezeigt. Klar, die Breite fehlt. Wir sind noch mit dem Ball großgeworden. Ganz früher haben wir einen Stoffball genommen, mit Stroh gefüllt, so was geht heute natürlich nicht mehr. Aber die Trainingsausbildung hat sich inzwischen darauf eingestellt. Ich geh immer noch gerne ins Stadion. Mir macht der Fußball noch Spaß. Ich fahr auch schon mal rüber nach Neapel, zusammen mit den echten Fans in der U-Bahn, setz mich zwei Stunden vorm Spiel dahin, und dann gehen die Gesänge und die Rauchbomben los, das ist faszinierend.»

In Deutschland fallen Rauchbomben unter Randale...
«Ach ja... Ich find das ganz in Ordnung, auch die großen Fahnen, das müssen Sie wirklich mal in Neapel erlebt haben. Was ist denn schlimm daran, wenn vor dem Spiel Rauchbomben hochgehen! Das ist in Italien gang und gäbe. Während des Spiels muß Ruhe sein.»

Vor 25 Jahren standen Sie im Mittelpunkt des ersten spektakulären Bundesligaskandals, weil Sie offen sagten, daß Sie von Hertha BSC 80000 Mark bekommen hatten. Hertha mußte zwangsabsteigen, Sie wurden gesperrt. Wie beurteilen Sie diese Geschichte aus heutiger Sicht?
«Mich hat das viel Geld gekostet. Es gab ja 200 oder 300, ich weiß jetzt nicht die exakte Zahl, Vertragsspieler damals, aber ich war der einzige,

der es zugegeben hat. Wissen Sie, die Präsidenten haben immer auf ihren DFB-Versammlungen geschworen, keiner zahlt mehr als er darf, nach der Versammlung haben sie sich ans Telefon gehängt und uns Spielern Angebote gemacht. Ich hätte damals erwartet, daß einige andere, die sich das vom Namen her noch besser leisten konnten, auch dazu gestanden hätten. Aber okay, ist vorbei. Ich war nur ehrlich. Ich wollte für meine Arbeit auf dem Platz so bezahlt werden, wie ich die Möglichkeit hatte, das auszureizen. Dieser Beruf ist ein harter Beruf. Du mußt danach leben, du mußt auf viel verzichten.»

«Ganz früher haben wir einen Stoffball genommen, mit Stroh gefüllt, so was geht heute natürlich nicht mehr.»

Spieler fordern die Abschaffung der Ablösesummen. Was halten Sie davon?
«Das gab's zu meiner Zeit auch schon. Okay, wir wissen, daß die Ablöse gegen das Grundgesetz verstößt. Aber ich glaube, wir sind bis jetzt mit dem System gut gefahren. Wissen Sie, das Geld geht ja nicht verloren. Das bleibt im Kreislauf der Vereine. Und Bayern München könnte auch ohne Ablöse jeden Spieler holen.»

Was halten Sie von der Vereinigung der Vertragsfußballspieler? Die fordern ja nicht nur eine Änderung des Transfersystems, sondern vor allem auch eine offizielle Transferbörse, die Spielervermittler überflüssig macht. Sind Sie demnächst arbeitslos?
«Ich bin da nicht drin, also will ich auch nichts Negatives sagen. Was sie auch nicht können, ist, einem Fußballer einen Arbeitsplatz garantieren. Ich hab bis jetzt mit keinem Spieler und keinem Verein Theater gehabt. Ich kann mich überall sehen lassen. Fragen Sie mal bei Bayern München, wie viele Spieler von denen in der VdV sind. Wenn ein Verein top geführt wird, ist die VdV nicht notwendig. Es gibt schwarze Schafe, natürlich. Wichtig in diesem Geschäft ist Vertrauen. Wenn mich ein Spieler anruft, weil er weg will oder zumindest ein bißchen pokern, dann sag ich dem zuerst, Moment, ich ruf erst mal deinen Verein an, denn hinter dem Rücken vom Verein mach ich nichts. Die VdV-Transferbörse muß sich erst mühsam das Vertrauen der Spieler aufbauen, das ich schon Jahre habe.»

Fühlen Sie sich vom DFB belästigt?
«Ach, die Leute, die da Verhandlungen führen, bei denen nichts herauskommt, müßten mal die Spieler wirklich vor sich sitzen haben, sich deren Probleme anhören. Es gibt ja nicht nur Nationalspieler. Es gibt zum Beispiel jede Saison zwei Vereine und 40 Spieler, die aus der Bundesliga absteigen. 50 Prozent von denen brauchen Hilfe, um wieder einen Verein zu finden. Wir müssen da sein. In der Vergangenheit wurden Spieler eher von Leuten hereingelegt, die im Verein selbst saßen und Bauherrenmodelle anboten. Spieler sollten sich von mehreren Seiten Rat holen. Aber es ist insgesamt seriöser geworden, die Spieler sind auch selbständiger geworden.»

«Okay, wir wissen, daß die Ablöse gegen das Grundgesetz verstößt.»

Manfred Ommer sagte einmal: «Manche Spieler wissen gar nicht, daß sie mir gehören.» Das klingt erschreckend…
«Das ist richtig. Für mich auch. Man muß aber auch sagen, daß Ommer vielen Spielern geholfen hat, die nirgends anders untergekommen wären, indem er deren Vereine, die pleite waren, gerettet hat. Essen wäre todsicher ohne Ommer abgestiegen. Der eine legt sein Geld in Schiffen an, der andere in Pferden und Ommer eben in Fußballspielern.»

Wer gehört Ihnen?
«Mir gehört keiner. Ich habe vielen Spielern beratend zur Seite gestanden. Die kann ich jetzt aber unmöglich alle aufzählen. Das Telefon steht bei mir am Bett, die Spieler wissen, sie können mich Tag und Nacht anrufen.»

Anpfiff via Satellit

Fußball und Medien

Ich glotze. Also bin ich. Bei Fußball-Weltmeisterschaften sollen sämtliche Hausärztc und Krankenhäuser dieser Welt auf alles gefaßt sein. Wenn da der Fernseher direkt bei Ecke oder Elfer seinen Geist aufgibt, dann retten sich Frau und Kind über die Feuerleiter aufs Dach, während der Hausherr das Meißner Porzellan samt Vitrine in den Boden stampft. Der Zauber von gestern?

Arne Boecker war mal Ersatztorwart bei Borussia Mönchengladbach. Er warf frühzeitig das Handtuch und suchte sich einen handfesteren Beruf. Meint er. «Der Schein bestimmt das Bewußtsein. Der Geldschein. Dabei ist die Ware Fußball längst unappetitlich geworden – und dennoch tischen uns

«Alle guten Fußballer denken dasselbe, wenn sie aufs Tor schießen: gar nichts. Und Pierre Littbarski denkt genauso.»

die Fernsehanstalten, die öffentlich-rechtlichen wie die privaten, immer größere Portionen davon auf. Jeder Torschuß wird x-fach analysiert, nach dem Schlußpfiff wird jeder Spieler interviewt, der zufällig vor die Kamera läuft. Wie sollen sich denn da Legenden bilden? Goodbye, Bundesliga.»[2] Es ist richtig: Wo nichts los ist, kann man auch über nichts berichten.

Der DFB hat aus der Liga ein sauberes Angestelltenwohnheim gemacht, mit Hausordnung, Zimmerlautstärke, und um zehn geht's pünktlich in die Heia. Der Fußball-Kritiker Bertram Job versuchte mal, seiner Enttäuschung eine angemessene Sprache zu verleihen: «Seit den Zeiten der Uwe Seeler, Rudi Brunnenmeier, Gerd Müller und Klaus Fischer denken sich alle guten Fußballer dasselbe, wenn sie aufs Tor schießen: gar nichts. Und Pierre Littbarski denkt genauso. Deshalb kann er auch dem Interviewer nur sagen, daß er sich gefreut hat, und noch mal schildern, was wir viel genauer in Slow Motion gesehen haben. Der befragte Torschütze ist im besten Fall einfach nur banal; es gibt nichts, was er uns zu sagen hätte.»[3] Vorbei die Zeiten, in denen Paul Breitner mit der siegesgewissen Zigarre im Mund der Öffentlichkeit aus der Pekinger Volkszeitung vorlas, während von der Wand Che Guevara herabgrinste.

Da wars mal wieder so weit. Mein Alter saß wie üblich vor der Flimmerkiste. Es kam Fußball. Deutschland gegen Rußland. Leider. Aufgeregt sah er wie ein Russe einem Deutschen den Ball wegluchste. Der Deutsche, Rudi Völler, wollte den Ball natürlich wieder haben aber da war es schon zu spät, der Russe schoß ein Tor. Mein Vater tobte vor Wut. Er war sogar so sauer das er seine Bierflasche umschmiß, dabei fluchte er: „So ein Mist. Nein, nein, nein. Diese Russen bescheißen sich vor Glück". Tja, so ist das nun mal mit dem Fußball, der eine gewinnt und der eine verliert halt. Doch mein Vater hat sich wieder beruhigt, obwohl, ein bißchen sauer ist er doch noch.

Kerstin Marhof

(Aus: Da kuckste in die Röhre)[1]

Günter Netzer war ein beliebter Ballästhet und wurde sehr zum Ärger der Hamburger Pfeffersäcke nach Abschluß seiner Kickerlaufbahn Manager des HSV. Mit größtem Unbehagen erinnerten sich betuchtere Kreise daran, daß der blonde Hüne ständig mit schnellen Sportwagen und schönen Frauen über die Illustriertenseiten brauste. Ein glattes Manko für die Vermarktungsmafia des Fußballs. Er blieb erfolgreich, machte aus dem HSV einen Meister und europäischen Spitzenclub und wechselte dann zur Schweizer Sportagentur Lüthi, bei der er sich um den Verkauf der Bandenwerbung kümmert. RTL entdeckte ihn gar für den Samstagsmarathon «Anpfiff» als Moderator: «Da sind nicht mehr deine Beine, sondern da ist plötzlich dein Kopf gefragt. Daß man damit mehr kann, als nur den Ball in Richtung Tor befördern, das wird für manch einen zur bitteren Erkenntnis.»[4] Netzer betreut heute den Lüthi-Ableger, der sich mit dem zukunftsträchtigen «Telesport»-Sektor befaßt. Vermarktung pur. Die Münze ist rund, das Spiel hat viele, die daran verdienen möchten. Und die Banden wollen beklebt werden. Sprüche am Spielfeldrand für Brühwürfel, Partyzubehör und Lebensversicherungen. Daß nach dem Ende seiner

Karriere ein anderer Wind wehen würde, war Netzer schon früh klar: «Seit ein paar Jahren sitze ich nun unter einem Tribünendach, wenn Fußball gespielt wird. Ich hier oben, die da unten. Von Beruf Fußballspieler, von Beruf Fußballmanager und irgendwann ein Fußballrentner: Ist das der Weg, den ich in meinem Leben gehen wollte? Wo sind die Ausbrüche, von denen du früher so oft geträumt hast? Wenn ich aufhöre, Fußball zu spielen, dann erst wird mein Leben beginnen. Diesen Satz habe ich einmal gesagt – was für ein Irrtum! Gelebt habe ich, als ich noch in Mönchengladbach, in Madrid oder dann in der Schweiz ‹aus der Tiefe des Raumes kam›, wie mal einer so schön schrieb. Ich war als Kind ein Einzelgänger – auch am Ball. Da war so etwas wie Vertrautheit, die niemand stören durfte. Das macht für mich die Faszination des Fußballspielens aus. Nie wird etwas in diesem Spiel eine Kopie von dem sein, was gerade geschehen ist. Jede Sekunde ist einmalig. Vielleicht ist es die Einmaligkeit, die mich nun auf meinem Tribünenplatz hält. Die Leidenschaft ist zwar etwas verflogen, aber die Zuneigung ist geblieben. Fußball spielen oder Fußball managen, der Kopf schadet ja bei beidem nicht.» Der alte Mann und das Tor. Moderationskollege Ulli Potofski, der gemeinsam mit Netzer der ZDF-Holzwand mit den legendären zwei Durchschußlöchern Konkurrenz macht, wurde anfangs belächelt. Dann schon eher bewundert, wie er unerschütterlich den Widrigkeiten trotzt: «Alle Spieler, alle Manager, alle Trainer müßten auch mal lernen, wie man mit einem Mikrophon umgeht. Manche Leute sind nicht einmal in der Lage, drei Sätze geradeaus zu sprechen. Früher haben wir immer so ein paar lustige Typen gehabt wie Ente Lippens. Die fehlen der Bundesliga. Ich habe oft das Gefühl, die jungen Spieler haben Angst.» Nicht selten vor den Medien, die gerade junge, unerfahrene Spieler, die sich mal zu weit und zu laut aus dem Fenster lehnen, gerne niedermachen, wenn ihr Schlagzeilenwert sinkt.

«An jeder Medienecke lauern die Scharfrichter.»

Uli Stein ist einer von jenen, die ihre Eskapaden hart bezahlen mußten. «Die Vereinsführungen haben natürlich umgängliche Spieler lieber, die nicht anecken. Die Medien spielen da oft den verlängerten Arm dieser Vereinsführungen und machen sich zu öffentlichen Anklägern gegen die Spieler. Bei Leuten wie mir oder dem Frank Mill ist das Problem groß, wenn wir meinen, etwas sagen zu dürfen, was sich andere nicht trauen – da gibt's gleich was auf die Ohren. Leute wie ich sind die absolute Minderheit. Uns bleibt kaum eine Möglichkeit, etwas Konkretes zur Verbesserung beizutragen. Zumindest solange wir aktiv spielen, müssen wir eher aufpassen, daß wir Angestellten nicht in offene Messer laufen. Wir als letzte Mohikaner müssen vorsichtig sein, denn an jeder Medienecke und in allen Etagen der Fußballbürokratie lauern die Scharfrichter. Außerdem fällt man bei so vielen Duckmäusern auch sofort auf. Die Gefahr ist groß, daß da welche dann sagen: ‹Die müssen auch noch weg, damit wir endlich Ruhe haben...›» Der Unbequemlichkeitsfaktor. Die Folgen: «Die Möglichkeit, sich vernünftig zu entwickeln, gibt es heute nicht mehr – wer mal den Mund aufmacht, kommt auf die Ersatzbank oder fliegt raus. Die Vereine bekommen bei diesem Verhalten leider immer wieder Unterstützung von den Medien. Die Leute mit Vorbildfunktion werden bei den großen Vereinen öffentlich runtergemacht, so nach dem Motto: die Vereine geben vor, die Medien erledigen den Rest. Und wer von Zeitungen oder dem Fernsehen fertiggemacht wird, der überlegt sich, ob er nochmals den Mund aufmacht. Ich weiß, wovon ich rede, wie da zwischen '86, '87 für mich Spießrutenlauf angesagt war, wie da über mich hergezogen wurde, welche Unwahrheiten geschrieben wurden – nur weil ich vielen plötzlich im Wege war, nicht in ihr Bild paßte. Wer da nicht stark genug ist, der geht unter, wird zum Duckmäuser, der allen aus der Hand frißt. Wenn vor einem Millionenpublikum gegen dich Stimmung gemacht wird, dann ist das die Hölle, das wird zur Treibjagd. Man spricht dich oder deine Frau überall drauf an, beim Bäcker, mitten auf der Straße, wenn du essen gehst... Wer da labil ist, der hält dann den Mund, vermeidet aufzufallen, versteckt sich hinter anderen, will so etwas nie mehr erleben.»

Die sprunghafte Entwicklung im Medienbereich, hier besonders beim Privat-TV, läßt nur schwer erkennen, ob neue Chancen genutzt werden, ob Fußball wieder authentischer, frecher und seriöser vermittelt werden kann. Der Boss von Werder Bremen, Willi Lemke, sieht Licht am Ende des Tunnels: «Ich glaube, daß die Fernsehanstalten nach dem ersten Jahr der Neuregelungen und des Experimentierens erheblich besser werden in ihrer Berichterstattung. Wir müssen das so hinkriegen, daß du wirklich nicht den ganzen Abend fernsehen mußt, um mal das zu sehen, was du sehen willst. Die Zuschauer haben die Erwartung, eine Fußballsendung zu sehen, wo sie umfassend über das informiert werden, was gewesen ist. Es gibt die Zusammenfassung im ZDF-Sportstudio, die bringen es so, wie ich es mir vorstelle. Aber wenn du die nicht sehen kannst, dann bist du gekniffen – und das ist nicht gut. Ich erwarte mir da eigentlich eine Straffung der ganzen Geschichte, eine Verbesserung der Fernsehberichterstattung, und das wird dann auch den gesamten Fußball positiv beeinflussen.»

Daß sich die Berichterstattung nur ändern kann, wenn man auch an der Selbstdarstellung der Clubs feilt, ist dem Trainer des 1. FC Köln, Christoph Daum, sonnenklar. «Wichtig wird sein, daß der Trainer vermehrt auf die Öffentlichkeitsarbeit, auf die PR-Arbeit, eingeht. Ich glaube nicht, daß ein Trainer der Zukunft noch mit einer fachlich-sachlichen Analyse auskommen wird und nach dem Spiel die ge- oder mißlungenen Querpässe oder Kopfbälle aufzählt. In dem Bereich müssen wir uns ganz anders verhalten, müssen uns durch manche Aktionen sympathischer oder als Reizfigur erscheinen lassen, als Gegenpol auftreten. Es sollte sich jeder Gedanken machen, daß der Showanteil im Fußball zugenommen hat und daß man den nicht ignorieren kann. Ich meine, daß man die Amerikanismen auch mit einer gewissen Vorsicht genießen sollte, aber die Vergangenheit hat immer wieder bewiesen, daß wir sieben bis zehn Jahre hinter gewissen Tendenzen herlaufen und sie dann doch übernehmen. Deshalb sollte man genau schauen, was da drüben läuft. Ich hab's gemacht, bin rübergefahren und hab mir angeguckt, was sich vor allem in der beliebten Nationalliga des Basketballs abspielt, auch, wie es im American Football zugeht. Und ich muß sagen: Da können wir noch große Zuwächse erzielen, da wird sich noch viel bei uns entwickeln.»

Wie weit der Weg in eine offenere Zukunft noch ist, das zeigte sich am 27. Oktober 1989. Da erschien in Hamburg das *MillernTor Magazin* des FC St. Pauli. Auf dem Cover reckt Tattoo-Theo die Arbeiterfaust, an der durchstochenen Brustwarze baumelt ein goldener Anker herunter, und die Titelgeschichte heißt schlicht: «St. Pauli gegen Bayern München: Der Klassenkampf». Hot stuff. Vor allem für Bayern-Manager Uli Hoeneß. Er wittert «politische Agitation und Volksverhetzung» und reklamiert für sich den 1918 bereits abgeschafften Paragraphen der «Majestätsbeleidigung» – so nennt es zumindest hinterher der damalige St.-Pauli-Vize und Ex-Minister Hans Apel. Der DFB-Ligasekretär Wilfried Straub steht sofort stramm und empfiehlt, die Auslieferung des beanstandeten Magazins zu stoppen. Daß es dafür überhaupt keine Rechtsgrundlage gibt, interessiert die Allgewaltigen der Liga nicht. «... unverantwortliche Stimmungsmache, schönfärbender Selbstbetrug und arger Etikettenschwindel», kommentiert die *Westdeut-*

sche Allgemeine Zeitung, und der *Kicker* setzt St. Paulis Stadionzeitung im bundesweiten Vergleich sofort auf den letzten Platz: «ungenügend». St. Pauli gibt klein bei.

Werner Langmaack ist verantwortlicher Redakteur des *Millern-Tor Magazins*. Er hatte die devote Hofberichterstattung satt und versprach den Lesern des erst im September '89 gegründeten Blattes «mehr Meinung, mehr Ironie, mehr Flachs» – Elemente, die der Sportjournalismus hierzulande dringend braucht. In der Index-Ausgabe berichtet etwa Tattoo-Theo, wie er

Bundesliga-Stadionzeitungen im kicker-Test

Verein	Preis	Umfang in Seiten	Anteil Werbung	Information über eigener Verein	Information über Gegner	Aufmachung Besonderes
1. Bayern	**2,–[1]**	**44**	**25 %**	**sehr gut**	**gut**	sehr übersichtlich, gute Statistik, Farbe
2. Düsseldorf	**1,–**	**56**	**43 %**	**sehr gut**	**gut**	gutes Layout, Farbe, Infos über Handball und Eishockey
3. Leverkusen	**–**	**32**	**47 %**	**sehr gut**	**befriedigend**	Farbe, übersichtlich, Fan-News
4. Köln	**1,–[1]**	**24**	**38 %**	**gut**	**gut**	viele Kurzinfos, Nostalgie, Fan-Service
5. Frankfurt	**1,–**	**20**	**40 %**	**sehr gut**	**befriedigend**	Eintracht intern von A–Z, Fan-Service
6. Waldhof	**1,–**	**24**	**48 %**	**sehr gut**	**gut**	Statistik gut, Nostalgie
7. Bochum	**–**	**32**	**37 %**	**gut**	**gut**	alle VfL-Spiele, übersichtlich
8. Hamburger SV	**–**	**20**	**35 %**	**gut**	**gut**	sehr übersichtlich
9. Bremen	**–**	**24**	**46 %**	**gut**	**gut**	Ein-Seiten-Themen, übersichtlich
10. Uerdingen	**–**	**18**	**50 %**	**befriedigend**	**gut**	übersichtlich, Fan-Service
11. Mönchengladbach	**–**	**20**	**56 %**	**befriedigend**	**befriedigend**	in Ordnung, Borussia intim
12. Karlsruhe	**1,–**	**24**	**52 %**	**gut**	**befriedigend**	Statistik aus anderen Zeitungen
13. Nürnberg	**1,–[1]**	**28**	**44 %**	**befriedigend**	**befriedigend**	Farbe, keine Statistik, Aufstellungen extra
14. Dortmund	**–**	**28**	**43 %**	**gut**	**ungenügend[2]**	nur 5 Farbfotos über den Gegner, viel Nostalgie
15. Stuttgart	**–**	**24**	**56 %**	**befriedigend**	**befriedigend**	zuviel Eigenwerbung (4 Seiten Fan-Shop)
16. Kaiserslautern	**–**	**28**	**59 %**	**befriedigend**	**ungenügend**	Zeitungspapier, unübersichtlich, Infos über den Gegner z. T. veraltet
17. Homburg	**–**	**24**	**62 %**	**ausreichend**	**ausreichend**	Zeitungspapier, unübersichtlich
18. St. Pauli	**1,–**	**20**	**38 %**	**ungenügend**	**ungenügend**	journalistisch umstritten

[1]) für Mitglieder kostenlos [2]) zur Beurteilung lag uns nur die EC-Ausgabe gegen Sampdoria vor

Dokumentation: **Ulrich Matheja**

(aus: *Kicker*-Sportmagazin Nr. 92 vom 13. 11. 1989)

vor dem Münchener Stadion beim Auswärtsspiel von zehn schwarzen Sheriffs angepackt wurde, weil er eine Transportkarre mit Rüben hinter sich herzog. Ein Präsent für den Bayern-Trainer Jupp Heynckes, der sich nach dem letzten 0:0 damit herausredete: «Auf diesem Rübenacker kann man doch nicht anständig Fußball spielen!»

Das freche Blatt brachte den Ball ins Tor: «Kapital gegen Arbeit» – und über Uli Hoeneß schrieb man in einem satirischen Vergleichstest der Manager: «Käsige Hautfarbe. Verbitterte Gesichtszüge. Affige

Polemik

MillernTor Magazin

Der große Täuscher-Test

„MillernTor-Magazin" und „Kicker" im Vergleich

In einem äußerst aufwendigen, von journalistischer Sorgfalt getragenen Stadionzeitungstest ermittelte „Deutschlands größtes Sportmagazin", der „Kicker", daß das „MillernTor-Magazin" von allen 18 einschlägigen Organen der Bundesligaklubs deutlich das schlechteste ist – mieser noch als das längst eingestellte Heft von Borussia Dortmund. Trotz dieses kleinen Schönheitsfehlers beugen wir uns selbstverständlich dem vernichtenden Urteil des Fachorgans. Ja, wir sind Masochisten genug, der „Kicker"-Güteklasse „journalistisch umstritten", welche uns verliehen wurde, etwas Prickelndes abzugewinnen.

Eine Frage aber beantwortet der Test leider nicht mit: Ist der „Kicker" selbst besser als die von ihm getesteten Medien? Oder doch wenigstens besser als das miserabelste Stadionheft?

Da die Mitarbeiter des „MillernTor-Magazin" in dieser Frage befangen gewesen wären, haben wir keine Gage gescheut und den bekannten Medien-Soziologen Prof. Dr. Erwin Täuscher von der Harvard-Universität damit beauftragt, unser Blatt mit dem „Kicker" zu vergleichen.

Professor Täuscher hat nicht lange gebraucht, um zu einem ebenso klaren wie unfaßbaren Testresultat zu gelangen. „MillernTor-Magazin" veröffentlicht die Expertise in allen aufsehenerregenden Einzelheiten.

Kriterien	„MillernTor-Magazin"	„Kicker"	Wertung
Titelblatt	magisch. Vortreffliche Harmonie von Wort und Bild, zupackende Schlagzeilen	dröge. Lachhafte Photomontagen, konfuse Hinweise auf den Inhalt	1:0 für uns
Umfang	angenehm schlank	abstoßend dick	2:0 für uns
Preis	ausgesprochen fair: eine Mark	ausgesprochen unverschämt: 150 Prozent teurer	3:0 für uns
Subjektivität	ausgeprägt, kompromißlos parteiisch, klare Linie pro St. Pauli	voreingenommen, versteckt hämisch, verwaschen gegen St. Pauli	4:0 für uns
Layout	präzise, feinfühlig, effektiv	aufgemotzt, plump, sinnlos	5:0 für uns
Photos	aussagestark, gestochen scharf	läppische Motive, verwackelt	6:0 für uns
Druckort	Hamburg	Nürnberg	7:0 für uns
Sprache	geschliffen wie die Reden Ciceros, durchgängiger Lesegenuß	monotone Texte ohne Wiedererkennungswert, kaum konsumierbar	8:0 für uns
Geisteshaltung	weltoffen, mutig, diskussionsfreudig	kleinkariert, banal, schulmeisterliche Notengebung	9:0 für uns
Redakteure	zwei Alleskönner	zahllose Nichtskönner	10:0 für uns
Gesamturteil	gehört in jeden Haushalt	gehört weggeschmissen	

Medien-Soziologe Täuscher: Unbefangen und sachlich

Testsieger: „MillernTor-Magazin", Hamburg

(aus: *MillernTor Magazin* Nr. 7 vom 30.11.1989)

MillernTor Magazin

Test

Ja mei, des gibt's doch net!

Uli Hoeneß hält sich für einen begnadeten Unternehmensleiter. Immerhin finden sogar manche seiner Feinde, er sei der beste Manager der Bundesliga. MillernTor-Magazin-Redakteur Uwe Kopf hat Hoeneß mit Georg Volkert verglichen und ist zu einem unfaßbaren Resultat gekommen

Kriterien	Georg Volkert	Uli Hoeneß	Wertung
Aussehen	*Fast immer braungebrannt. Zauberhaftes Lächeln. Astreine Klamotten.*	*Käsige Hautfarbe. Verbitterte Gesichtszüge. Affige Brille.*	Punkt für Volkert **1:0**
Auftreten	*Wirkt wie ein Casanova in den besten Jahren. Kann zuhören. Denkt meistens bevor er redet.*	*Wirkt wie ein Kredithai. Ist nur an sich selbst interessiert. Denkt selten bevor er redet.*	Punkt für Volkert **2:0**
Intelligenz	*Geisteswissenschaftler. Hat Immanuel Kants „Grundlegung zur Metaphysik der Sitten" gelesen und sogar begriffen.*	*Wirtschaftswissenschaftler. Hat Dagobert Ducks „Grundlegung zur Metaphysik der Unsitten" gelesen und sogar begriffen.*	Unentschieden **3:1**
Kompetenz	*Könnte mit seinem Sachverstand jederzeit eine Bundesliga-Elf trainieren. Silbernes Händchen bei Transfers.*	*Könnte bei seinem Sachverstand jederzeit an der Börse spekulieren. Goldenes Händchen bei Transfers.*	Unentschieden **4:2**
Erfolge	*Peitschte St. Pauli im letzten Jahr auf den zehnten Platz. Fernziel Uefa-Cup-Rang.*	*Peitschte Bayern im letzten Jahr auf den ersten Platz. Fernziel: Finalteilnahme im Europapokal.*	Punkt für Hoeneß **4:3**
Ansehen	*Mannschaft, Trainer und Publikum achten ihn. Manche lieben ihn sogar.*	*Mannschaft, Trainer und Publikum fürchten ihn, manche hassen ihn sogar.*	Punkt für Volkert **5:3**
Fußballerische Vergangenheit	*Besaß Spielwitz und einen trockenen Torschuß. Konnte als Außenstürmer einen Verteidiger derart veralbern, daß der auf Selbstmordgedanken kam.*	*Fiel bloß durch Schnelligkeit angenehm auf. Verschoß 1976 im EM-Finale den entscheidenden Elfer und kam auf Selbstmordgedanken.*	Punkt für Volkert **6:3**
Schicksalsschlag	*Fehlanzeige. Gilt als Sonntagskind, dem immer das Glück lacht.*	*Überlebte vor 7 Jahren einen Flugzeugabsturz und glaubt seitdem an eine höhere Macht.*	Punkt für Hoeneß **6:4**
Perspektive	*Wird anstelle von Rummenigge, nach der WM Liga-Manager.*	*Wird, weil er bei Bayern zuwenig verdient, Aufsichtsratsvorsitzender bei Opel.*	Punkt für Hoeneß **6:5**
Testsieger: Georg Volkert (FC St. Pauli)			

(aus: *MillernTor Magazin* Nr. 5 vom 27. 10. 1989)

Brille. Wirkt wie ein Kredithai. Ist nur an sich selbst interessiert. Denkt selten, bevor er redet.»

Will man verstehen, warum sich bei vergleichsweise lächerlichen Konflikten so viele berufen fühlen, hier den Zeigefinger zu heben, so muß man sich die Szene einmal allgemein anschauen. Eine (fast) geschlossene Gesellschaft.

Einige Bundesligavereine haben die Vergabe von Pressekarten (und damit die Zutrittsmöglichkeit zur Pressekonferenz nach dem Spiel) an private Redaktionen delegiert. Für Blau-Weiß 90 Berlin etwa erledigt das aufopferungsvoll-engagiert ein Herr Rosenzweig von der *Fußball-Woche*. Protokoll einer Begegnung der dritten Art: «Ich hätte gerne eine Pressekarte für das nächste Wochenende. Ich arbeite an einem Fußball-Lesebuch und bin mit Spielern der Gäste zum Interview verabredet.»

«Käsige Hautfarbe. Verbitterte Gesichtszüge. Affige Brille. Wirkt wie ein Kredithai.»

«Ein Buch? Was für ein Buch denn? Ein Buch? Das gab's ja *noch nie* – in zwanzig Jahren –, daß da einer eine Pressekarte haben wollte, weil er an einem *Buch* arbeitet. Das wär ja ein Präzedenzfall. Wir geben nur Karten an die Presse. Aber ein Buch? Das gibt's ja wohl noch nicht?! Sie können ja gar nicht beweisen, daß Sie an einem Buch arbeiten!»

«Ich schreibe ja auch nicht nur an diesem Buch, ich bin auch Redakteur – wenn Sie einen Beleg brauchen, schicke ich Ihnen gerne ein Exemplar der Zeitung...»

«Nein, das geht nicht. Sie wollen die Karte ja gar nicht für Ihre Zeitung haben, sondern für ein *Buch*. Dann kann's ja auch nicht so dringend sein. Können Sie Ihre Leute nicht einfach außerhalb des Stadions treffen?»

«– – –»

«Dann schicken Sie mir doch mal schriftlich Ihren Antrag, und dann können Sie mich ja am Samstag vor dem Spiel noch mal anrufen, und ich sag Ihnen dann, ob sie *eventuell* eine Karte bekommen... für Ihr Buch...»

In den Stadien gelten eigene Gesetze. Man spürt es als Journalist schnell: Nicht jeder soll und darf berichten. Da gibt es auch schon mal «Stadionverbot wegen Vereinskritik». Einem Redakteur der *Rhein-Zeitung* sprach der Vorstand des Fußballvereins SC Birkenfeld sein Mißtrauen aus, «wegen sich häufender Negativberichterstattung». Gelang es dem Redakteur zunächst, sich die Möglichkeit zur Berichterstattung per Eintrittskarte zu erkaufen, wurde er später trotz gültiger Karte aus dem Stadion verwiesen. Das Angebot der Zeitung,

«Ein Buch? Was für ein Buch denn? Ein Buch? Das gab's ja *noch nie...*»

ein Dementi oder eine Stellungnahme des Vereins zu veröffentlichen, nahm der SC nicht an. Im Vereinsblatt erklärte der Vorsitzende dazu, er erwarte von der Presse eine «wahrheitsgetreue, aber positive Berichterstattung».[5] Kein Einzelfall, sondern Symptom. Einige der Ligavereine lassen sich gleich von Redakteuren der Lokalzeitungen die lästige PR-Arbeit abnehmen. Der Berliner Landessportbund forderte seine Mitglieder unverhohlen auf, ihre Pressetermine «bei der Sportredaktion der *Bild-zeitung* mindestens zwei Wochen vorher anzumelden.»[6]

Sportjournalisten, die Untersten in der redaktionellen Hierarchie, hängen sich an die ganz oben in der Hoffnung, von ihnen ein Stück mitgenommen zu werden. Wie in allen Glitterbranchen: Klebe dem Star zwischen den nassen Achseln, und auch auf dir bleiben ein paar Schweißperlen hängen. «Von den über 17 Millionen Bundesdeutschen, die in Sportvereinen sind, sind ganze 1,5 Prozent Leistungssportler. Warum wohl liest, hört, sieht man kaum etwas über Freizeit- und Breitensport, Sportwissenschaft, Sportmedizin, Sportpolitik? Ganz einfach: Weil die Kollegen meist keine Ahnung davon haben.»[7]

«Der Traum eines Fußballfans erfüllte sich: Uwe Seeler drückte ihm die Hand. Wenig später versagte das Herz des 73jährigen Mannes. Er starb vor Freude. Sein größter Wunsch war in Erfüllung gegangen. Uwe Seeler hatte sich besonders über das herzliche ‹Grüß Gott› gefreut, das der Mann auf sein Plakat gemalt hatte.» [8]

Über einhundert Sportredakteure beschäftigt allein der Axel-Springer-Verlag. Sie füllen gut zwei Fünftel der Blätter des Hauses, allen voran *Bild*. Auf den Lohnlisten stehen auch Sportler – für Kolumnen, die sie zwar nicht schreiben, aber wo sie es gestatten, daß der Autor ihren Namen daruntersetzt. Nicht zu vergessen auch die vielen «freien Mitarbeiter», die die publizistische Auflagenpotenz der Sportredaktionen geschickt nutzen, um für sich raffinierte Politik zu betreiben. Ein Spieler, der gerade in Vertragsverhandlungen steckt, läßt via *Bild* Gerüchte über ein lukratives Angebot von dritter Seite streuen. Eine Symbiose. «Wenn du keinen Star hast, bist du eine arme Sau», stöhnte ein *Bild*-Journalist, der keinen bekommen hatte und deshalb den Job wechseln mußte. Ein Münchner Kollege von ihm war da schon pfiffiger: Er übernahm kurzerhand das Training einer Jugendmannschaft von Bayern München, denn in der spielte Beckenbauer junior. So verschaffte er sich Zugang zum Hause des Kaisers und damit die Grundlage für eine eigene Karriere.[9]

Fast 70 Prozent der Sportjournalisten erklärten in einer Umfrage, sie wollten in ihren Beiträgen «Kritik und Kontrolle an Sportlern, Funktionären und Verbänden üben», 20 Prozent «gegen Kommerzialisierung» anschreiben. Wie es allerdings Spielern ergeht, die etwa mit *Bild*-Redakteuren aneinandergeraten, durfte beispielsweise Gerd Müller erfahren. Der hatte mit zwei Gegendarstellungen versucht, sich gegen einen ihm angedichteten «Muskelriß am Oberschenkel» zu wehren. Vergeblich. Als Müller vier Jahre später in die USA flog, schickte *Bild* ihm einen übellaunigen Nachruf hinterher: «Für die alten Herren zu schwach. Langsam wie ein Telefonhäuschen. Schaut zu tief ins Glas.» Auch Sepp Maier lernte solche Probleme kennen. Der in New York arbeitende freie Journalist Karl Scheiböck plante eine Fake-Story und bot sie *Bild* an. Er hatte die Idee, Cosmos New York Interesse an Sepp Maier zu unterstellen. Er behauptete, Cosmos-Präsident Ertegun hätte mit Maier und Beckenbauer in seinem New Yorker Wolkenkratzerbüro in Sachen «Vertragsgespräch» getagt. Die Geschichte endete melodramatisch: Maier wollte, aber seine Frau Agnes mochte nicht in die Staaten übersiedeln. Maier wendete sich in seinem Ärger über soviel heiße Luft vertrauensvoll an den *Kicker*: «Ich hab mich furchtbar geärgert, weil die Leute jetzt denken: Kaum beginnt bei uns die neue Saison, hat der Maier nur noch Geld im Kopf und will weg von Bayern.» *Bild* pfiff er frech von der Seite an: «Wenn's wieder Sauregurkenzeit habt's, könnt's eure G'schichtln über an anderen erfinden.» Einige der Redakteure sinnen auf Rache. Als der Maier-Sepp kurz darauf mit seinem Wagen schwer verunglückt, fragt *Bild* süffisant: «Nie wieder im Tor?», plaudert scheinbar kundig darüber, daß er jetzt an ein beteiligtes Unfallopfer «Schadensersatz in einer Million Höhe» zu zahlen habe, und munkelt über Schulden und Alkoholprobleme. Sepp Maier kämpft vom Krankenbett weiter, erneut via *Kicker*: «Von wegen Ende der Karriere, von wegen, daß ich 160 gefahren bin und zuviel Alkohol im Spiel war. Ich kann nur noch einmal sagen: erstunken und erlogen... Aber die wollen mich kaputtmachen.» Maier war lediglich 80 gefahren und hatte keinen Alkohol im Blut. Auf die Frage, warum denn *Bild* so etwas über ihn verbreite, antwortet der Ex-Keeper der Nation: «Ja, da müssen Sie mal die Zeitung lesen. Da sind doch 80 Prozent der Nachrichten erlogen, und da gibt es aber immer noch genug Leute, die glauben das noch. Die wollen doch nur verkaufen. Und da brauchen sie die Sensationen. Und mein Fall war halt eine Sensation. Ob das der Wahrheit entspricht oder nicht. Die wissen halt, daß sie am längeren Hebel sitzen.»

«Für die alten Herren zu schwach. Langsam wie ein Telefonhäuschen. Schaut zu tief ins Glas.»

«*Bild* kämpft für Sie» – eine der erfolgreichsten Werbekampagnen des Blattes. Und welcher Fuß-

BILD vom 11. 7. 82

BILD vom 20. 9. 76

BILD vom 8. 7. 74

BILD vom 21. 12. 75

ballfan erinnert sich da nicht an die Folgenummer «*Bild* kämpft für Berti Vogts»? «Polit-Foul gegen Berti» klagte die Zeitung, als die Stadt Mönchengladbach keinen Grund sah, dem Millionär Vogts die Stadionmiete für sein Abschiedsspiel zu schenken, das dem blonden Star ohnehin 180000 Mark an Einnahmen bringen sollte. *Bild* sah das naturgemäß anders: «Berti Vogts hat immer gekämpft. So wurde er ein Vorbild und Weltmeister, fünfmal Deutscher Meister. Wenn er da den Ball links oder rechts schlug – haben Sie da an SPD, FDP oder CDU gedacht? Sicher nicht. Aber Berti denkt jetzt an SPD- und FDP-Ratsherren seiner Stadt. Mit Grausen. Die bestrafen ihn, ausgerechnet bei seinem Abschiedsspiel, mit 30000 Mark Stadionmiete, weil Berti sich immer zur CDU bekannt hat. Bertis letzter Kampf – ein schäbiger Gegner. Das Bundesverdienstkreuz können sie ihm wenigstens nicht nehmen.» In Mönchengladbach schon gar nicht, denn die Stadt am Niederrhein war damals noch fest in den Händen von Bertis Partei. Und der Redner, der Bertis Antrag zu Fall brachte, war das

Ratsmitglied Willi Wimmer, Bundestagsabgeordneter der CDU.[10]

«Im Streit hatte der Arbeiter M. aus Wuppertal seine Eltern mit dem Gewehr bedroht. Als Nachbarn die Polizei riefen, verbarrikadierte er sich, hielt sich ein Kleinkalibergewehr an die Schläfe und rief: «Keinen Schritt weiter, oder ich drücke ab.» Fünf Stunden lang redeten seine Eltern, Freunde und Nachbarn vergeblich auf ihn ein. Sechzehn Polizisten belagerten das Haus. Da besorgten sich die Beamten über Funk das Fußball-Ergebnis, dann schrien sie dem Lebensmüden zu: Wuppertal hat 1:0 gewonnen. Jubelnd riß der Mann die Arme hoch. Das Gewehr fiel zu Boden. Dann ließ er sich widerstandslos festnehmen.»[11]

Die zahlreichen Fehlleistungen nicht nur der *Bild* im Bereich des Sportjournalismus tragen immer wieder dazu bei, den gesamten Berufsstand in Verruf zu bringen. Geht in großen Verlagshäusern der Sportjournalist über den Flur, dann kann es passieren, daß die Herren und Damen aus dem Feuilleton oder dem Wirtschaftsressort mitleidig lächeln. Dennoch wird die Meßlatte gerade von Kritikern immer höher gelegt. So meint der Karlsruher Sportsoziologe und -journalist Josef-Otto Freudenreich: «Der neue Sportjournalist muß ein ausgebildeter sein, einer, der einschätzen kann, warum Hochleistungsturnen für ein zwölfjähriges Mädchen schädlich ist. Dazu muß er über sportmedizinische, pädagogische und psychologische Kenntnisse verfügen. Soziologisches, ökonomisches und politisches Urteilsvermögen ist verlangt, wenn Sportjournalisten kompetent über die zunehmende Instrumentalisierung des Sports berichten wollen ... der Sportjournalist wird dabei um Parteilichkeit nicht herumkommen. Dazu braucht er Rückgrat, sprich Kompetenz, und die kann er sich nur von außen holen. Das heißt, daß die Zeiten, in denen einer Sportchef einer großen Münchner Zeitung wird, nur weil er einmal einen Meter neunzig hoch gesprungen ist, endgültig vorbei sind.»[12]

«Wenn er da den Ball links oder rechts schlug – haben Sie da an SPD, FDP oder CDU gedacht?»

Ist denn der Spaß an Sport, Spiel, Spannung zwischen all diesen Stühlen überhaupt noch möglich?

Wie schwierig es wird, vor dem immer komplexer werdenden Hintergrund überhaupt noch den richtigen Ton gerade in Extremsituationen zu treffen, zeigte sich beispielhaft nach der Katastrophe im Brüsseler Heyselstadion. «Fußball auf dem Leichenfeld» textete Springers *BZ* am Tag danach. Woanders sprach man von «Barbaren» und «Tieren», eine Differenzierung des schrecklichen Geschehens, eine saubere Analyse der Hintergründe blieb in den Tageszeitungen erst einmal aus. Dies veranlaßte den Sozialwissenschaftler und Buchautor Rolf Lindner zum gewagten Vergleich: «Um Mißverständnissen, auch gewollten, vorzubeugen, eines vorweg: Bereits ein Toter ist zuviel bei einer Veranstaltung, die den Zuschauern Freude bereiten soll. Dennoch sind einige Gedanken angebracht, die möglicherweise unziemlich scheinen angesichts der Opfer von Brüssel. Die Gedanken beziehen sich vor allem auf die Massivität der Berichterstattung über die Tragödie im Heysel-Stadion, die ihresgleichen sucht: Heute-Journal, Tagesthemen, Hörfunk-Nachrichten... Ich kann mich nicht an ein ähnliches Ausmaß an Betroffenheit, an ähnliches Entsetzen angesichts der Giftgas-Katastrophe von Bhopal erinnern, daran etwa, daß das aktuelle Heute-Journal von diesem Geschehen absolut dominiert worden wäre, obwohl doch mindestens 3000 Menschen qualvoll starben. Mindestens 3000 Tote, schätzungsweise 200000 Verletzte, mindestens 10000 Dauergeschädigte und doch eine vergleichsweise bescheidene, relativ zurückhaltende Berichterstattung.»[13]

Für Boulevardblätter wie den Kölner *Express*, die *Hamburger Morgenpost* und natürlich *Bild* sind randalierende Fans heute so wertvoll wie seinerzeit der deutsche Schäferhund, der Marilyn Monroe den Brustkrebs wegküßte. Schalker und Dortmunder Fans sammeln während eines Spiels einige tausend Mark für ein Behindertenprojekt – eine einzige Tageszeitung berichtet darüber mit einer Geschichte plus Foto. Hamburger Hooligans organisieren ein mehrtägiges, absolut friedlich verlaufendes Fußballturnier – ein einziger der eingeladenen Sportreporter und ein Lokalvolontär trauen sich in die Halle.

Positive Fankultur findet in bundesdeutschen Medien so gut wie nicht statt. Und wenn es um Randale oder Neonazis geht, beten auch ansonsten kritische Blätter ungeprüft Presseerklärungen der Polizei nach. Oder setzen selbst noch eins drauf wie die linksalternative *Tageszeitung*. «Die NPD will in Frankfurt aufmarschieren», schreckte sie im Herbst '88 ihre LeserInnen auf. Nach einer detailreichen Schilderung rechtsradikaler Umtriebe im Rhein-Main-Gebiet wärmt sie auch noch einmal einen Vorfall von August 1986 auf: «... Und in Rüsselsheim wurde vor zwei Jahren ein Punk von Mitgliedern der neofaschistischen Gruppe

‹Presswerk› zusammengeschlagen und dabei tödlich verletzt.»[14] Die Gerichtsverhandlung brachte – vierzehn Monate vor dem *taz*-Artikel – eine andere Version zutage: Der Täter hatte weder Verbindungen zu Neonazi-Kreisen noch Abneigungen gegen Punks, dafür aber 2,3 Promille im Blut, als er während eines Festes in einen Streit zwischen dem Punk und einem Bekannten geriet. Er mischte sich ein, boxte den – ebenfalls betrunkenen – Punk nieder, der fiel steif wie ein Brett um und schlug mit dem Kopf auf das Steinpflaster. Abgesehen davon, daß die Presswerker zwar gut als «gewaltbereite», aber nur schwerlich als «neonazistische Gruppe» etikettiert werden können, gehörte der Täter dem Club schon seit Jahren nicht mehr an, wie «Presswerk» im Lokalblatt *Rüsselsheimer Echo* zumindest per Leserbrief richtigstellen durfte – nicht jedoch in der *taz*.

Auch beim DFB-Pokalendspiel ’89 in Berlin schürte die *Tageszeitung* kräftig das Feuer, auf dem Ängste türkischer Familien und Träume autonomer Streetfighter überkochten. Unter dem Titel «Die Invasion der Fußballfans» berief sie sich bei ihrem journalistischen Amoklauf ausgerechnet auf «Erkenntnisse der Polizei», nach der «gewisse Gruppen nach dem Spiel nach Kreuzberg ziehen wollen».[15] Schon Wochen vor dem Spiel hatte das Blatt vor dem Einmarsch von «25 000 der berüchtigten Fans von Dortmund» gewarnt und zum Schutz vor der größten Hooligan-Armee der Welt nach law & order geschrien: «Neben der Frage, wie körperliche Gewalt verhindert werden kann, sollten sich die Verantwortlichen auch darüber Gedanken machen, wie Beschimpfungen und Diskriminierungen verhindert oder strafrechtlich verfolgt werden können. Der vor jedem Spiel über den Stadionlautsprecher ausgestrahlte Ausruf, in dem sich die Mannschaft von solchen ‹Fans› distanziert, wird wohl nicht reichen, das Problem in den Griff zu bekommen und die Gäste von Hertha BSC zu schützen.»[16]

«Die Gesellschaft hat doch Schuld, Gott, was hat man aus uns gemacht...»

Als im Sommer 1989 britische Fans auf einem Fährschiff in Richtung Skandinavien randalieren, ein Fan über Bord geht, der Kapitän mit S. O. S.-Ruf das Ruder herumreißt und zurück zur Insel steuert, da schäumen Medien, Bürger, Royalisten vor Wut. England bereitet den Randalierern einen heißen Empfang, sämtliche Tageszeitungen fordern härteste Bestrafung. Die BBC baut ihre Kameras am Kai auf. Ein Jugendlicher in Polizeigewahrsam mit blauen Augen und blutigen Lippen stammelt den Reportern ins Mikro: «Die Gesellschaft hat doch Schuld, Gott, was hat man aus uns gemacht...» Traumhafte Einschaltquoten in diesen bewegenden Stunden.

Zum Ende der 80er Jahre bemühen sich deutsche Bundesligamanager, unabhängig vom zahlenden Zuschauer zu werden. Sponsoring, Fernseheinnahmen und Komplettverkauf der Saison an einzelne Konzerne sollen die unsicheren Eintrittskartenerlöse ersetzen. Den Spielern wird langsam mulmig, die Fans fühlen sich verarscht. Dunkle Wolken am Horizont.

Silvester 1999. Als letzte Bundesligavereine geben der Dresdner SC und der 1. FC Köln ihre Fusion mit Konzernen bekannt. Damit ist der deutsche Profifußball endgültig zum Firmensport geworden. Die Deutsche Bank, die inzwischen Hauptsponsor der deutschen Nationalelf geworden ist, teilt mit, daß sie in der ehemaligen Bundeshauptstadt Bonn auf dem ungenutzten Parlamentsgelände das größte Stadion der Welt errichten werde. Von den spielerischen Unsicherheiten hatte sich dieser Sport schon vor zehn Jahren befreit, als die Bundesliga zur Fernsehliga wurde: die Spiele werden inszeniert, die Einschaltquoten entscheiden über die Mannschaftsaufstellungen. Und zum Ende dieses aufregenden Jahrtausends gibt der Direktor des neuen Privat-TV-Sportkanals Udo Lattek in seiner in vierzig Länder übertragenen Sendung «The Goal Between Us – Sport aus aller Welt» bekannt: «Liebe Freunde des Fernsehballs! Seit unser Sender, German Sports, begann, alle Rechte für Fußballübertragungen aufzukaufen, ist nur wenig Zeit vergangen. Heute führen nicht mehr irgendwelche ehrenamtlichen Querulanten durchs Programm, sondern ich.

Was haben wir alles für Sie erreicht: den langweiligen Schiedsrichter durch volldigitalisierte Tore und die Kronzeugenregelung ersetzt. Sie wissen, wer nun ein Foul eines Mannschaftskameraden dem spielleitenden Telemeister meldet, der wird von den Hauptsponsoren reichlich belohnt. Heute hat das Spiel sechsmal fünfzehn Minuten, plus der über Teleabstimmung von den Zuschauern gewünschten Verlängerung, die so möglich gewordenen Übertragungswerbeblöcke haben den Fußball voll und ganz saniert. So bin ich glücklich, Ihnen heute mitteilen zu können, daß der DFB-Nachfolger, die im letzten Jahr umstrukturierte Hermann-Neuberger-Stiftung, uns fortan bei der Neugestaltung der Regeln endgültig freie Hand läßt. Dies ist ein Siegeszug der Medien... Ich wünsche Ihnen ein schönes Jahr 2000 und viel Spaß mit der gleich beginnenden Oldie-Revue: ‹Als der Ball noch rund war...›»

Von Ganoven und lachenden Fäusten

Ein Gespräch mit Günter Netzer

Sie haben über viele Jahre den «besseren» Spielertyp symbolisiert. Heute beklagt man vielfach den Verlust an Spielerpersönlichkeiten, es ist von einer Zuschauerkrise die Rede – woran liegt das?

Günter Netzer: «Da tun sich ja nun alle sehr schwer, genau den Punkt zu treffen... Tatsache ist, daß die großen Namen in der Vielfalt nicht mehr vorhanden sind. Vielleicht ist es auch gar nicht mehr möglich, sich in der heutigen Zeit so zu entwickeln, wie wir es früher getan haben. Es wird aber auch oft von Krise gesprochen, wo gar keine ist. Das Medienzeitalter ist viel explosiver, als es zu unserer Zeit war. Es ist heute viel aggressiver, wir konnten da in viel größerem Frieden leben, ohne daß aus jeder Unebenheit ein Skandal gemacht wurde. Den jungen Spielern wird heute wenig Zeit gelassen, heranzureifen, sie haben es sehr schwer, sich in ihren Vereinen zu entwickeln. Es wird von ihnen in frühen Jahren ein sehr hohes Maß an Verantwortung verlangt, dem sie gar nicht gewachsen sein können. Ich bin dennoch guter Hoffnung, daß die jungen Leute, die jetzt im Rampenlicht stehen, Häßler, Thon, Andy Möller, daß denen schon bald der Durchbruch gelingt und sie absolute Superstars werden. Im Augenblick sind das sehr gute Spieler auf nationaler Ebene, aber Weltstars sind es einfach nicht, wie es früher die Bayern, die Gladbacher, die Kölner gab.»

Nun beklagen aber verschiedene Spieler in der Bundesliga, daß durch zu enge Regelauslegung und Gängelung seitens des DFB bewußt dafür gesorgt wird, daß die Ecken und Kanten abgeschliffen werden. So wurden Spieler bestraft, weil sie nach dem Tor zur Fankurve rasten oder sich von einem Mannschaftstreffen unerlaubt entfernten. Werden nicht Duckmäuser herangezüchtet?
«Ich will es mal so sagen: Der DFB verhindert keine Superstars, verbietet nicht, daß die Vereine Superstars produzieren. So einfach darf man sich das nicht machen. Es muß eine gewisse Disziplin herrschen in der Mannschaft, denn man hat es nicht mit einem Spieler, sondern mit 25 zu tun. Die müssen geführt werden, weil es verschiedene Persönlichkeiten und Charaktere sind – und das ist gar nicht so einfach. Deswegen ist Disziplin unbedingt erforderlich. Für jeden Spieler, der Persönlichkeit besitzt – das kann man nicht erwerben, nicht erlernen, entweder man hat's oder man hat's nicht –, gibt es genug Freiraum, sich zu entwickeln, um Ecken und Kanten zu haben. Wenn diese Ecken und Kanten dazu führen, daß die Mannschaft besser wird, daß das ganze Gebilde an Wert gewinnt, dann besitzt der Spieler eine echte Persönlichkeit. Dieses produktive Verhalten verhindert sowohl der Verein als auch der DFB nicht, die freuen sich als erste, wenn Persönlichkeiten heranreifen. Das sollten die Spieler sich nicht so einfach machen.»

Ein Problem der Liga besteht durch die Spielervermittler. Es gibt Spieler, die raten, sich einen Manager zu nehmen, andere wieder empfehlen das genaue Gegenteil...
«Wie in jedem Geschäft gibt es solche und solche. Es gibt Spielervermittler, die einfach nur daran interessiert sind, daß eine Rotation entsteht, daß ihr Klient möglichst schnell und immer wieder den Verein wechselt. Wenn ihnen dies gelingt, dann sind sie groß im Geschäft und verdienen kräftig. Ich kenne aber durchaus seriöse Berater von Fußballspielern, die dem Verein keineswegs geschadet haben. Ich habe es beim HSV nie abgelehnt, wenn ein Spieler es wünschte, mit einem Vermittler oder Berater zu kommen, wo der glaubte, daß der besser für ihn sprechen kann als er selbst. Das sind nicht grundsätzlich Ganoven, die nur an ihr eigenes Heil denken.»

Welche Rolle spielen für Sie die Ablösesummen? Wenn sie per Gerichtsentscheid verboten würden, bräche dann die Bundesliga mit der Ablösehypothek wie ein Kartenhaus zusammen?

«Sehen Sie, die sprechen doch gar nicht von Ablösesummen, sondern von Mitteln zur Ersatzbeschaffung. Wenn ich irgendwas verliere, muß ich mir was Neues kaufen. Wenn das grundsätzlich fallen wird, dann sind die Spieler die einzigen, die davon profitieren. Das ist wirklich kein gesundes Verhältnis. In Frankreich ist es so, daß nach drei Jahren die Ablösesummen wegfallen, die sind auch nicht gut damit gefahren. Die tricksen damit herum, daß sie sich bemühen, die Spieler möglichst wieder nach zwei Jahren zu verkaufen, damit sie doch noch an die Ablösesumme herankommen. Ich würde sehr davor warnen, diese Ablösesummen fallenzulassen. Das ist ein Regulativ, welches die schwachen Vereine auch brauchen, um wirklich existieren zu können. Die Spieler würden dann doch nur noch zu den finanzstärksten Vereinen gehen, und die kleinen Vereine hätten gar keine Möglichkeit mehr, sich überhaupt noch Gelder zu verschaffen. Die stehen ohnehin schon am unteren Teil der Liga. Das einzige, was denen in vielen Fällen geholfen hat, das waren Spielerverkäufe, die ihnen über die Runden geholfen haben.»

Sie kennen die Clubs, kennen die Probleme der Liga. Wie sollten die Bundesligavereine zukünftig geführt werden?
«Es ist sicherlich ein Handicap vieler Präsidenten, daß sie sich um ihren Verein nicht ausreichend kümmern können – das sind oft Leute, die beruflich sehr angespannt sind und sich nicht den Erfordernissen entsprechend verhalten. Aber die großen Clubs haben heute bereits einen sportlichen Leiter und dazu einen Geschäftsführer. Der Geschäftsführer hat zusätzlich noch manchmal einen Marketingmann, der die Erfolge der Fußballmannschaft ausnutzt. Das ist schon ein Konzept, wie es in der Wirtschaft praktiziert wird. Die Präsidenten sind ehrenamtlich, aber ich könnte es durchaus verstehen, wenn sie bezahlt würden. Da sind noch weitere neunzehn Abteilungen im Verein neben den Profis, die betreut werden müssen – das ist schon ein Klotz am Bein. Der Präsident kümmert sich besser um diese Sachen und hat den Profibereich durch seinen Trainer und seinen hauptamtlichen Manager abgedeckt, die aus dem Fach kommen sollten, keine Wirtschaftsbosse sein dürfen, die mit dem Rotstift agieren, sondern die Materie Fußball verstehen müssen.»

Heute bereits nehmen die Medien im Sport eine große Rolle ein. Wie beurteilen Sie die Medienzukunft? Werden, wenn noch mehr Spiele

an die Fernsehgesellschaften verkauft werden, die Zuschauer irgendwann völlig ausbleiben?
«Es gibt nur einen Kuchen, den man verteilen kann, und das muß man ganz vorsichtig handhaben. Der Zuschauer darf nicht überdrüssig werden. Generell gibt es nicht zuviel Fußball im Fernsehen. Es gibt Phasen, wo sich die Ereignisse bündeln, wo es dann in letzter Konsequenz auf ein Zuviel an Fußball hinauslaufen mag, weil da eben DFB-Pokalspiele und Meisterschaftsspiele usw. stattfinden. Dann kommt wieder eine Phase, wo sich das reguliert, und dann ist der Zuschauer auch wieder begierig, Fußball zu sehen und auch wieder ins Stadion zu gehen. Durch die Privaten hat es eine Entwicklung gegeben, die der Fußball verdient hat, denn der war unterrepräsentiert in den Jahren davor, vor allem war er aber auch unterbezahlt. Die Bezahlung von RTL-plus ist gut – ich glaube aber, daß das Ende noch nicht erreicht ist. Wenn ich da die amerikanischen Verhältnisse sehe, dann kriegen unsere Vereine nach wie vor nur Peanuts, das ist längst noch nicht so durchkommerzialisiert. Das entspricht auch so nicht unserer Mentalität, dennoch ist es bei uns da noch entwicklungsfähig. DFB und Vereine müssen bei allem, was da noch auf sie zukommt, darauf achten, daß sie nicht vor leeren Stadien sitzen.»

Heute gibt es ja teils Probleme mit Fangruppen – Stichwort: Hooligans. Sie haben als Idol auch lange Zeit die Fans hautnah erlebt. Woher kommen diese Probleme?
«Ich bedaure, daß ich die Fans zu meiner aktiven Zeit, wo ich noch sehr jung war, nicht richtig verstanden habe. Die hat man früher eher als Belastung gesehen, weil das so massiv auf einen zugekommen ist. Erst mit zunehmendem Alter hab ich die Wünsche und Nöte eines Fans richtig begriffen – es tat mir wirklich leid, daß ich dies unwirsch gehandhabt habe und auf die Fans nicht mehr eingegangen bin. Das hat sich aber zum Ende meiner Karriere sehr viel verbessert, da hab ich mehr Verständnis für die Fans entwickelt. Die heutigen Spieler werden sehr früh schon durch die Vereine zu einem anderen Verhalten erzogen. Die Vereine haben ein großes Problem mit den wenigen Außenseitern, die sich als Fans ausgeben. Für mich sind das erst mal keine Fans, sondern Außenseiter, die das Stadion als Austragungsort ihrer kaputten Dinge, die sie im Kopf haben, benutzen. Das hat mit Fußball gar nichts zu tun. Die Vereine besitzen kein Allheilmittel, keiner dieser Vereine kann auf

den Knopf drücken und ein Programm präsentieren, wonach man das beseitigen kann. Das gibt es nicht. Deswegen muß man individuell auf jedes einzelne Fanproblem eingehen, ideal ist es, daß man mit denen spricht, auf sie eingeht, daß die Spieler in diese Gespräche mit Fans einbezogen werden, damit die Fans über ihre Sorgen und Nöte sprechen können – das bewirkt sehr viel. Da werden auch die Aggressionen gegenüber den Großverdienern abgebaut, und Verständnis kann sich auf Gegenseitigkeit entwickeln. Trotzdem sage ich nochmals: Es wird immer Krawalle geben, weil dieses Feld immer wieder Außenseiter lockt, die vor großer Kulisse auf sich aufmerksam machen wollen.»

«Ich bedaure, daß ich die Fans zu meiner aktiven Zeit, wo ich noch sehr jung war, nicht richtig verstanden habe.»

Der DFB kämpfte gerade vor Gericht gegen den FC Homburg, um ihm Werbung für Kondome zu verbieten. Sie sind ja nun Werbeprofi – wo sehen Sie die Grenzen? Was sollte, was kann und was darf Werbung in der Bundesliga machen?

«Viele Vereine lehnen schon die Werbung für Alkohol ab, da gibt es unterschiedliche Reizschwellen. In der heutigen Zeit sind die Kondome derart ins Gespräch gekommen, daß sie als notwendige Angelegenheit einen ganz anderen Charakter bekommen haben. Allzu strenge Sittenwächter beim DFB hatten da die Meinung, daß das ethisch verwerflich und nicht machbar sei. Fortschrittlichere und modernere Menschen haben eine andere Meinung. Da hat man nur auf Statuten geschaut und einfach nicht gemerkt, daß das nicht mehr zeitgemäß ist.»

Der DFB wirkt oft etwas antiquiert – ist er denn noch die zeitgemäße Organisationsform für den Fußball?

«Wen meint man damit? Der DFB-Bundestag beispielsweise besteht überwiegend aus Amateuren. Und es kann doch nicht sein, daß der Profifußball durch Amateure bestimmt wird, das geht doch gar nicht. Die Amateure können sich doch gar kein Bild davon machen, wie es im Profibereich zugeht und zugehen muß. Von denen trennen kann man sich aber auch nicht. Nehmen Sie einen Verein wie den HSV, der hat es sich auf die Fahnen geschrieben, daß er ein Universalverein ist, daß die Profiabteilung für den restlichen Bereich zu sorgen hat, weil man den Breitensport fördern will. Dazu gehören natürlich auch die Amateurmannschaften, es wäre ja fürchterlich, wenn wir keine Amateure mehr hätten. Woher sollen die Talente kommen? Wer soll die Jugendarbeit machen? Nur über die Belange der Profis dürfen die nicht entscheiden, das ist eine zu gefährliche Angelegenheit. Auf dem DFB-Bundestag können die Profis aber nur sehr geringen Einfluß nehmen, weil die in der Minderheit sind. Da braucht man sich nicht zu wundern, wie es bei einem DFB-Bundestag zugeht. Da haben wir panische Angst davor, daß diese kleinen Vereine in der Lage sind, das große Ganze zu blockieren und den Fußballbetrieb in einem Maße zu regulieren, wie das einfach nicht sein darf. Aus Angst um ihre eigene Position blockieren sie eine weitsichtige, eine große Lösung. Die Verringerung der Liga ist unbedingt notwendig. Wir haben zuviel Masse in der ersten Liga und in der zweiten auch, so daß es einfach gestrafft werden muß. Da hat man jetzt die Minimalforderung des Herrn Neuberger aufgegriffen, so daß es jetzt sechzehn Vereine werden, es gibt ja noch viel revolutionärere Vorschläge mit noch weniger Clubs. Das ist ein erster Schritt von Leuten, die über den Tellerrand hinweggeschaut haben, weil die eingesehen haben, daß diese Straffung notwendig ist, um die Qualität zu heben. Kluge Leute darunter, die sagen: ‹Auch wenn es uns trifft, wir müssen da mitmachen...›»

«Es gibt doch Vereine, die schon gegen den Abstieg kämpfen, bevor irgendein Spiel ausgetragen wurde.

Wie definiert man denn da Masse? Das ist doch problematisch, wenn zum Beispiel Wattenscheid 09 schönen Angriffsfußball spielt, aber kein großes Fan-Umfeld hat, das sich direkt erobern ließe, während bei einem Club wie Schalke 04 oder auch FC St. Pauli die Fans auch nach Niederlagen kommen und sich über ein 0:0 freuen.

«Das ist es doch: Schalke, Hertha BSC – die müssen doch in die erste Liga hinein, da würde doch keiner mehr von einem Zuschauerproblem sprechen. Die in der ersten Liga, und der Schnitt würde sich enorm steigern. Ich meine bei der Masse mehr die Qualität, es gibt einfach zuviel Gleichwertiges, was ums Überleben kämpft. Es gibt doch Vereine, die schon gegen den Abstieg kämpfen, bevor irgendein Spiel ausgetragen wurde. Das ist doch nicht notwendig. Das dient unserer Qualität des Fußballs nicht – es schadet nur.»

Der Machtwächter

90 Jahre Deutscher Fußball-Bund

Er ist allgewaltig und überall präsent. Einem Münsteraner Kreisklasseclub verbietet er die Trikotwerbung für Nicaragua-Kaffee der Marke «Sandino Dröhnung», dem Kasseler Verein Dynamo Windrad wird die Aufnahme mit der Begründung verwehrt: «Der Name entspricht zu sehr den Gepflogenheiten des Ostblocks.» 90 Jahre Deutscher Fußball-Bund: ein Verband mit Geschichte.

Der DFB wurde am 18. Januar 1900 von 80 Männern aus 60 Vereinen gegründet. «Oberster Grundsatz des DFB ist die Ausübung des Fußballspiels als Amateursport.» So steht's kurz und knapp noch heute in der Präambel zur Satzung eines Verbandes, der sein Gesamtvermögen geheimhält und allein 1990 «ausschließlich, unmittelbar und selbstlos gemeinnützig» 12,026 Millionen Mark erwirtschaften will. Schon ein Jahr nach der Gründung stritt man erstmals über die Frage des Berufsfußballs, die den Verband heute noch zum Zerreißen anspannt. Auf der Tagesordnung stand der Punkt: «Spesensatz für Fahr- und Aufenthaltskosten bei Auswärtsspielen». Kurz darauf debattierte man bereits die Frage des Lohnausgleichs. 1930 wurden die ersten «Berufssportler» aussortiert. Diese Problematik erledigte sich 1933: «Der Deutsche Fußball-Bund befaßte sich mit einer Reihe sehr ernster Probleme, unter denen die Berufsspielerfrage im Vordergrund stand, als der politische Umbruch völlig neue Verhältnisse schuf und die Probleme mit einem Schlag durch Anordnung löste», heißt es lapidar in der Festschrift zum 75jährigen DFB-Jubläum. Das Amateurideal blieb nach außen intakt, doch der Sport wurde nun auch offiziell zur Staats- und Ideologiesache, der Einfluß konservativer und faschistischer Kräfte auf den Fußball war nicht mehr aufzuhalten. Reichstrainer Otto Nerz trat 1937 vor die deutsche Nationalelf und machte im Herr-und-Hund-Ton klar, wo der Proletensport nun entlang sollte: «Kameraden! Wichtige Aufgaben liegen dicht vor uns! Da heißt es gerüstet zu sein! Ich bitte euch alle, dafür zu sorgen, daß ihr bereit seid, wenn der Ruf an euch ergeht! Scharfes Konditionstraining, Laufen und Kopfspiel ist besonders notwendig, denn viel wird von eurer Kraft und Ausdauer abhängen. Die Weltmeisterschaft des nächsten Jahres zwingt zu besonderer Sorgfalt in der Auswahl! Seid bereit! Heil Hitler!»

Der DFB war bereit. Gemäß dem Motto seines Vorsitzenden, des SS-Obersturmbannführers Felix Linnemann – «jeder deutsche Sportverein eine nationalsozialistische Erziehungsgemeinschaft» –, verkündete die DFB-Führung freudig erregt ihre Gleichschaltung: «Wir sind heute

«Oberster Grundsatz des DFB ist die Ausübung des Fußballspiels als Amateursport.»

stolz darauf, daß sich die Amtswalter des alten Deutschen Fußball-Bundes versammelten, um als erste sportliche Organisation ihre Auflösung zu beschließen und sich mit allem ‹lebenden und toten Inventar› in den eben gegründeten Reichsbund für Leibesübungen der NSDAP einzugliedern.»[1]

Nach dem Krieg machte man weiter – sowohl personell als auch mit den alten Idealen. 1949 wird das Vertragsspielersystem eingeführt. In § 3, Absatz 1 des Statuts heißt es nun: «Der Spieler muß einen Beruf ausüben.» Das bedeutete Maloche *und* Fußball. Während in England der Berufsfußball bereits 1885 legalisiert, ab der Saison 1960/61 die Höchstgehaltsgrenze ganz abgeschafft und die Transfersummen freigegeben wurden, schlief man in Deutschland den Schlaf der Gerechten. Da schrillte der Wecker. Vor 1960 war nur ein B-Nationalspieler ins Ausland abgewandert: Horst Buhtz, der später als Trainer u. a. beim Wuppertaler SV, beim 1. FC Nürnberg und bei Bayer 05 Uerdingen arbeitete. Doch nun lernte der DFB eine neue Vokabel, die den deutschen Fußballfans bis heute um die Ohren geschlagen wird: «Ausverkauf». Zwischen 1960 und 1963 wanderten plötzlich allein neun Nationalspieler ab, hauptsächlich zur sonnigen Adria: Haller, Rahn, Schnellinger, Brülls, Schütz, Geiger, Szymaniak, Stürmer, Waldner. Der DFB zog die Notbremse. Ab der Saison 1963/64 sollte eine neue Bundesliga die nationale Kickerelite im Land halten. Schon seit 1956 gab es den Europacup der Landesmeister, von seinem Erfinder, dem Journalisten und *L'Equipe*-Mitarbeiter Gabriel Hanot, mit Weitblick auf die sich entwickelnde Medienwelt konzipiert. Die Vollprofessionalisierung war nicht mehr aufzuhalten. Der Chronist Rolf Lindner: «War der Spitzenfußballsport anfangs Sache der bürgerlichen Klasse, dann vornehmlich der der Arbeiter, so ist er inzwischen mehr und mehr zur Angelegenheit der Mittelschichten geworden, sowohl was die Spieler als auch die Zuschauer anbetrifft. Während es der Spitzenspieler früherer Jahre, wenn es hochkam, zu einem Tabakwarenladen mit Lotto-Toto-Annahmestelle, zu einer Kneipe oder zu einem Sportartikelgeschäft brachte, investieren die Spieler neuen Typs, abgesehen von Abschreibungsmodellen, vornehmlich in Wachstumsbranchen des Dienstleistungsgewerbes. Überproportional legen sie ihr Geld in Immobilien an, sind Besitzer bzw. Miteigner von Immobilien-, Versicherungs- und Werbeagenturen oder investieren in Bereichen, die genauso chic und mo-

Sport und Politik: Während der DFB sich den neuen Herrenmenschen frühzeitig anbiederte, demonstrierten österreichische Fußballer anläßlich der Wiener Arbeiterolympiade 1931, daß es auch anders geht. Wo steht geschrieben, daß Kicker dumm und der Sport reaktionär sein muß?

dern wie ihr Image sind: in Discotheken, Pubs, Saunen, Solarien und in Sportstudios (Tennis-, Squash-, Fitness- und jetzt wohl auch Aerobic-Zentren).»[2]

Der DFB blieb im Rennen, wenn auch als letztes Rad am europäischen Wagen. Hatte man 1904 noch 9000 Mitglieder, so waren es 1925 bereits 823000. 1989 meldete man stolze 4,767 Millionen. 125000 Mannschaften spielen heute in mehr als 21000 Vereinen Fußball – darunter schon weit mehr als 3000 Frauenteams, mit steigender Tendenz. Der DFB ist der uneingeschränkte Regelmeister, er bestimmt die Richtlinien der Schiedsrichterausbildung, er schult die Trainer.

«Zum Sport gehört ein bißchen Demokratur»

Seit 1975 steht der Saarbrücker Hermann Neuberger an der Spitze des DFB. Ein Schlaufuchs, der mit Hilfe eines weitgefächerten Organisationsapparates geschickt durch das kommerziell gewordene Fahrwasser steuert. Ein Multifunktionär, wie er im Buche steht: 1951 wurde er Vorsitzender des Saarländischen Fußballverbandes und damit der jüngste Fußballpräsident der Welt, 1959 Vorsitzender des Landessportverbandes, dann Direktor der Saarland-Sporttoto GmbH und Geschäftsführer der Spielbank Saarbrücken, schließlich Aufsichtsratsvorsitzender der Saarbrücker Volksbank und Werbechef einer Brauerei. Er stieg auf zum Vizepräsidenten der FIFA, wurde Vorsitzender des Organisationskomitees für die Weltmeisterschaft 1990. Wenn Neuberger sagt: «Spieler sind zu ersetzen, Funktionäre nicht», dann ist das keine Ironie, nein, der Mann meint das so.[3] Ein Mann, der weiß, wie man Macht wahrnimmt. Neuberger gelang es, in seiner Person eine Machtfülle zu vereinen, daß es Vertretern anderer Sportverbände bereits unheimlich wurde; etwa dem Deutschen Meister der Regattasegler, Prof. Dr. Claus Tiedemann: «Wenn Neuberger beim DSB (Deutscher Sportbund)-Hauptausschuß seine Stimmkarten hebt, braucht er nur noch wenig Mit-Stimmer, um eine Mehrheit zu bilden. Selten erlebt er Abstimmungsniederlagen wie im November 1974, als vom DSB-Hauptausschuß ein (Teil-)Verbot der Werbung durch Sportler und mit Sportlern beschlossen wurde; in der Sache konnte er sich doch durchsetzen, weil er die gegen seine Stimmen beschlossenen Leitlinien schlicht ignorierte.»[4]

«Kann sein, daß ich autoritär bin», bestätigte er einmal keck dem Wirtschaftsmagazin *Capital*, das seinen Führungsstil anerkennend als «Diktatur und lückenlose Überwachung seiner Mitarbeiter» beschrieben hatte. Zu Neubergers Leid ist der Zeitgeist aber längst über Diktatoren hinweggeweht. Und so tritt der Zuspätgeborene immer wieder in jedes Fettnäpfchen, das in seine Nähe gerät. Als im Sommer 1978 die Fußballweltmeisterschaft eröffnet wird, sitzen 15 000 Bürger des Gastgeberlandes Argentinien aus politischen Gründen in Gefängnissen; viele werden gefoltert, Tausende «verschwinden». Die Mütter vom Plaza de Mayo demonstrieren noch heute vergeblich für eine vollständige Aufklärung der Verbrechen. Hermann Neuberger verteidigte die Spiele in der Folterkammer Argentinien ebenso wie zwei Jahre später den Boykott der Olympischen Spiele in Moskau. Nach einer Stippvisite bei General Videla erklärte er der verdutzten Presse: «Die Wende zum Besseren trat mit der Übernahme der Macht durch die Militärs ein.»

«Spieler sind zu ersetzen, Funktionäre nicht.»

Während der Endrunde setzte er noch eins drauf: Was Außenstehenden, wie den Frauen und Freundinnen der Nationalkicker oder Altstar Günter Netzer, verwehrt blieb, gestattete er dem Nazi-Obersten Hans-Ulrich Rudel: Shakehands mit Berti Vogts' Mannen. Den überraschend zahlreichen Protesten einer durch amnesty international und andere Menschenrechtsinitiativen sensibilisierten Öffentlichkeit begegnete der Weltkrieg-II-Offizier Neuberger nach klassischer Mitläufer-Art: «Herr Rudel ist meines Wissens Bundesbürger mit vollen Rechten wie die Protestierenden und ich. Ich hoffe doch nicht, daß man ihm seine Kampffliegertätigkeit aus dem Zweiten Weltkrieg vorwerfen will.»[5] Vielleicht hatte sich Hermann Neuberger bei seiner Einladung an Hitlers Lieblingskiller an den Auftrag des DFB-Pressewarts und NS-Stabsleiters Guido von Mengden erinnert: «In unseren Soldaten hat sich der Heroismus des Einzelkämpfers zu mystischer Größe gesteigert. Wenn alle Weltrekordtabellen längst vergessen sind, werden in den Heldenliedern unseres Volkes die Taten eines so einzigartigen Mannes, wie Oberst Rudel es ist, weiterleben.»[6]

Eine «Stunde Null» hat es im deutschen Sport nie gegeben. Wie Adenauers Globke sorgten «entnazifizierte» Sportfunktionäre auch in ihrem Bereich für geschichtliche Amnesie. Als Hermann Neuberger zum Vorsitzenden des Saarländischen Fußballverbandes gewählt wurde, schrieb Dr. Georg Xandry, zu NS-Zeiten Hauptgeschäftsführer des DFB: «Mit dem Jahr 1949 (wuchs) der neue, im Grunde aber alte DFB wieder empor. In ihm beseelte der gleiche Geist, der gleiche Wille, das gleiche Streben die Männer, die heute dem Fußball organisatorisch den Weg weisen.»[7] Mit Hermann Neuberger – «Zum Sport gehört ein bißchen Demokratur» – steht an der Spitze des DFB ein würdiger Repräsentant jener Geschichte, die Vergangenheitsbewältigung gerne mit Traditionspflege verwechselt.

«Du beschmutzt das eigene Nest, ist eine andere Anschuldigung: Du lästerst, du besudelst das Stadion mit Politik, der Sport ist rein, und anderer Scheiß dieser Art. Nun, ich denke, daß alles politisch ist, vom Einkaufengehen bis zum Scheißengehen, vom Kaffeetrinken bis zum Einander-in-die-Augen-Sehen. Wie könnte es denn sein, daß ein Ereignis nicht politisch ist, das Millionen von Leuten in seinen Bann zieht, von dem die Zeitungen voll sind, das Menschen dazu bringt, sich zu freuen, zu hassen oder sich zu besaufen, für das ganze Städte sich verrenken, sich vermummen, aus den Nähten platzen, das oft als Droge, als Vorwand, um zu vergessen, als Druckventil fungiert. Wer da noch behauptet, Sport sei unpolitisch, rein, umfriedet, sei Wettkampf und neutrales Terrain, der ist entweder ein Idiot oder jemand, der diese Dinge längst durchschaut und sich ihrer bedient.

Den apolitischen Menschen gibt es nicht, denn wer nicht Politik macht, wer sich nicht beteiligt, sich nicht interessiert, der will damit sagen, daß er die anderen machen läßt. Also unterstützt er die Macht. Es ist, wie wenn zwei sich schlagen, und du stehst dabei und guckst ruhig zu, apolitisch, unmenschlich, beschissen, ohne zur Verteidigung des Schwächeren einzugreifen. Dadurch, daß du nur dabeigestanden hast, hast du dem Stärkeren geholfen, hast ihn seine Stärke gebrauchen lassen, hast den anderen niedermachen lassen im Namen einer falschen, feigen, heuchlerischen Unparteilichkeit. Das gleiche gilt für die politischen Kämpfe: Wenn du nicht Stellung beziehst, bist du in Wirklichkeit der Komplize des Stärkeren, der Verbündete der bestehenden Macht. Nicht zu-

fällig sind diejenigen, die sich nach wie vor auf den unpolitischen Charakter des Sports berufen, entweder Christdemokraten oder erklärte Reaktionäre.»[8]

Seinen ersten großen Auftritt auf internationalem Parkett hatte Hermann Neuberger bereits 1974 als Organisator der WM in Deutschland. Schon damals sorgte er allerdings zu auffällig für die Seinen. «Die einfältigen Doppelmaskottchen Tip und Tap kreierte damals seine Frau Gemahlin. «Darf man einer Dame die kreativen Händchen binden, nur weil sie die Frau des Organisationschefs ist?» spottete die Zeitschrift *Sport*. Als Vater der Maskottchen wurde der Saarbrücker Grafiker Horst Schäfer ausgegeben. Der dementierte heftig, daß Frau Neuberger irgendwie an dieser Kreation beteiligt gewesen sei.

Irmgard Neuberger handelte auch mit Literatur. Teure Werke über Sport. Absatzprobleme hatte sie dennoch nicht. So verkaufte sie

«mal an den DFB (damals Vizepräsident und WM-Organisator: Hermann Neuberger) für 123 181,80 Mark;

mal an die Saarland-Sporttoto GmbH (Chef: Hermann Neuberger) für 15 075,95 Mark;

mal an den Landessportverband für das Saarland (Vorsitzender: Hermann Neuberger) für 10 077,36 Mark.

Und auch Neubergers Freunde vom Nordwest Lotto in Nordrhein-Westfalen orderten Bücher für 32 695,51 Mark. Gleich in ihrer ersten ‹Erfolgswoche› hatte Irmgard Neuberger mit 2093 verkauften Exemplaren einen Supereinstieg. Mit Datum vom 8. April 1973 forderte sie dafür handschriftlich 27 505,50 plus 3025,60 Mark Mehrwertsteuer. Macht ingesamt 30 531,10 Mark. Nicht schlecht für eine Woche.»[9]

Als der Vize zum Präsi aufstieg, gab sie diesen lukrativen Job auf – denn schließlich heißt es in der DFB-Satzung, § 4: «Der DFB verfolgt ausschließlich, unmittelbar und selbstlos gemeinnützige Zwecke. ... Es darf keine Person durch Ausgaben, die dem Zweck des DFB fremd sind, oder durch unverhältnismäßig hohe Vergütungen begünstigt werden.»

Trier, Ende Oktober 1989. Der DFB-Bundestag, das höchste Gremium des deutschen Fußballs, tagt in der ältesten Stadt Deutschlands. Ein mit Spannung erwarteter Termin, denn seit Monaten knisterte es zwischen Profis und Amateuren. Ligaausschußvorsitzender Gerhard Mayer-Vorfelder und Hermann Neuberger hatten sich gar öffentlich bekriegt, DFB-Landesverbände klagten massiv über den «Scheckbuchfußball» der Lizenzvereine, Berti Vogts legte rasante Reformvorschläge für die Jugend auf den Tisch; DFB-Ankläger Hans Kindermann forderte eine neue Waffe gegen vorlaute Trainer, Ligamanager versprachen seine Abwahl, und die DFB-Frauen bangten um ihre Zukunft. Doch der Präsident demonstrierte wenige Wochen vor seinem 70. Geburtstag noch einmal eindrucksvoll, wie man nicht nur einen aufmüpfigen Ligaboß an die kurze Leine legt.

Als Hermann Neuberger zur Eröffnung die Bühne betrat, waren alle brisanten Entscheidungen bereits gefallen. «Meine Damen und Herren, liebe Freunde, wenn Sie die gerafften Berichte zum Bundestag, verfaßt vom Generalsekretariat sowie den einzelnen Ausschüssen und Ressorts, aufmerksam gelesen haben, wissen Sie, daß sich ein sehr weites Spektrum von Aufgaben für den DFB-Bereich stellt.» Und dann geht's zur Sache. Wer immer noch vorhat, am Weltbild zu rütteln und die verordnete Eintracht zu stören, erhält eine letzte Warnung: «Zwei glanzvolle Erfolge von DFB-Vertretungen in den Berichtsjahren sind herauszuheben: Der Gewinn der Bronzemedaille unserer Olympiamannschaft in Seoul sowie der Titel des Vizeweltmeisters unserer aus dem sehr erfolgreichen Team U 18 entwickelten Juniorenmannschaften bis zu zwanzig Jahren. Beide Mannschaften waren durch ihre Spielfreude, ihren Einsatzwillen, ihr bescheidenes und publikumsnahes Auftreten beim heimischen Anhang sehr beliebt. Ein Abstimmungserfolg per Akklamation gegen die Kritiker an diesen Mannschaften und Gegner ihres Einsatzes in Korea bzw. Chile.»

«Der DFB verfolgt ausschließlich, unmittelbar und selbstlos gemeinnützige Zwecke...»

Es geht weiter in die vollen. Nach unendlichen Danksagungen, man kennt sich und mag sich in dieser von Männern regierten Zone, wird es beim Punkt «Umstrittene Trikotwerbung» «gefühlsecht» und «gleitfreudig». Der FC Homburg hatte es doch gewagt, für Präservative zu werben. Die Herren des DFB sind sich einig: Bumsen ohne Gummi! Hermann Neuberger: «Bei Einführung der Werbung auf dem Trikot hat der Bundestag seinerzeit bestimmte Richtlinien erlassen. So darf zum Beispiel die Werbung nicht gegen die allgemein im Sport gültigen Grundsätze von Ethik und Moral verstoßen. Im konkreten Fall mit einem Antrag auf Kondomwerbung konfrontiert, hat der Ligaausschuß des DFB hierin einen solchen Verstoß gesehen. Der Vorstand hat sich an die Seite des Li-

«Wir hatten dem FC Homburg vorgeschlagen, die Trikotwerbung etwa so zu gestalten: London gegen AIDS.»

gaausschusses gestellt, weil er mit ihm der Ansicht ist, daß auch heute noch bei einer sich wandelnden Einstellung zur Kondombenutzung und -werbung infolge der Bekämpfung der Seuche AIDS das Anstandsgefühl eines Teils unserer Anhänger oder auch der Öffentlichkeit verletzt werden könnte...» Beim DFB-Werbepartner *Neue Revue* besteht diese Gefahr offensichtlich nicht.[10] Um nicht gänzlich als dem katholischen Wahn verfallen dazustehen, folgt noch ein Doppelpaß ins Nirgendwo: «Im übrigen sei festgehalten: Wir hatten dem FC Homburg schon von Anfang an vorgeschlagen, die Trikotwerbung etwa so zu gestalten: London gegen AIDS. Diese wie andere nahe dabei liegende Vorschläge aber wurden von der Partnerfirma des Clubs strikt abgelehnt; die Vereinsführung war eigentlich schon dafür gewonnen...»

Den Zorn des vierfachen Vaters zog sich auch die Europäische Gemeinschaft zu. Hatte sich doch deren Sportausschuß mit den Lizenzkickern befaßt und sie rechtlich als Arbeitnehmer eingestuft. Neuberger: «Dieser Anzug paßt dem Berufsfußballsport nicht.» Weiß doch jeder, daß bundesdeutsche Fußballer Privateigentum der Clubs sind. Es geht hierbei jedoch vor allem um den befürchteten «unbegrenzten Einsatz von ausländischen Spielern in den Lizenzligen». Neuberger ermahnt seine Grenztruppen zu verstärkter Wachsamkeit: «Gemeinsam mit unseren Freunden in der FIFA und UEFA wehren wir uns seit Jahren gegen die sich in letzter Zeit wieder verstärkenden Tendenzen in bestimmten Kreisen der Europäischen Gemeinschaft, aber auch des Europäischen Parlamentes, die nationalen Fußballverbände der Mitgliedsstaaten der EG dazu zu zwingen, in den Profispielklassen eine unbeschränkte Anzahl von EG-Ausländern zuzulassen. Herr Bangemann hat gar mit gerichtlichen Verfahren gedroht.» Doch er habe sich bei einem «namhaften Europarechtler» Rat geholt, und der habe ihm bestätigt, daß «für den Berufsfußballsport ein Ausnahmetatbestand bejaht werden kann, weil die Beschränkung des Einsatzes von Ausländern rein sportlichen Zwecken dient und die Freizügigkeit des Berufsfußballspielers nicht unverhältnismäßig beschränkt. Zudem rechtfertige die grundrechtlich gewährleistete Verbandsautonomie als Teil der öffentlichen Ordnung der Bundesrepublik Deutschland eine Ausnahme von den Diskriminierungsverboten des EG-Rechts. ... Die schrankenlose Zulassung von ausländischen Spielern würde zur völligen Strukturveränderung des Fußballsports führen. Es ist eine Identitätsfrage des Fußballsports, daß er überwiegend von Angehörigen der eigenen Nation ausgeübt und präsentiert wird. Das gilt mit Selbstverständnis für die Nationalmannschaft, gilt jedoch auch für den Fußballsport in der Spitzenklasse. Er erhält seine Eigenart und damit seine Akzeptanz gerade durch das ausschließliche oder stark überwiegende nationale Element.»

Daß Neubergers nationale Phrasen durchaus einer tiefsitzenden Deutschtümelei entwachsen, zeigte eine spektakuläre Auseinandersetzung, die der DFB Anfang 1989 führte. «Rote Karte für Ausländer» schlug die Tagespresse von München bis Flensburg Alarm. Was war geschehen? Der DFB hatte eine Empfehlung ausgesprochen, in den Jugendauswahlmannschaften der sechzehn Landesverbände von 1990 an nur noch deutsche Fußballer spielen zu lassen. Galt bisher unter den Verbänden eine unverbindliche Abmachung, nach der pro Mannschaft zwei ausländische Jugendliche mitspielen durften, so wollte der DFB nun eine «deutsche Lösung» dieser Frage durchdrücken. Dr. Horst Barrelet, Vorsitzender des Hamburger Fußballverbandes, erkannte die Gefahr: «Die Pläne könnten sehr schnell einen politischen Touch bekommen, den sie gar nicht vertragen. Vor allem deshalb, weil es gerade dem Sport gelungen ist, viel zur Integration von ausländischen Mitbürgern beizutragen.»[11] Schnell verschanzte sich der DFB hinter dem Wort «Empfehlung» und wies darauf hin, daß diese Regelung nur für die Jugendlager in Duisburg gelte. Vor dem DFB-Bundestag bemühte sich Hermann Neuberger, den Scherbenhaufen aufzuräumen: «Schon jetzt gibt es Landesverbände, bei denen 30–40 Prozent aller Jugendlichen Ausländer sind. Durch die zukünftige freie Arbeitsplatzwahl in der EG wird sich diese Zahl eher verstärken als abschwächen. Noch mehr als bisher müssen sich unsere Vereine den ausländischen Mitbürgern öffnen. Satzungen und Ordnungen, die dies verbieten sollten, müssen geändert werden.» Es geht also auch anders. Man darf gespannt sein, wann auf diesem Feld der nächste Konflikt losbricht. Denn ungewöhnlich offen erklärte Neuberger auch den Hintergrund seiner plötzlichen Toleranz: «Nur wenn unsere Vereine sich in den nächsten Jahren auf diese veränderten Bedingungen einstellen, werden wir in Zukunft unseren Mitgliederstand halten und konkurrenzfähig bleiben können. Die Forderung: Ausländische Mitbürger müssen verstärkt geworben werden, nicht nur als Spieler, sondern auch als Übungsleiter, Betreuer, Jugendleiter und Schiedsrichter.» Kurskorrektur dank Mitgliederschwund.

«Auf dem grünen Rasen das fair play – und Stacheldraht um die Lager.»

Beim Trierer Bundestag werden an diesem Morgen 30 Anträge verhandelt, darunter so opulente Werke wie der Block «DFB-Spielordnung» mit dreizehn Einzelparagraphen. Dennoch: Um 13 Uhr sitzt alles beim Mittagessen. In einem dreistündigen Abstimmungsmarathon wurde das 54 Seiten dicke Antragspaket abgehakt und gleich noch ein neuer alter Vorstand gewählt. Ein Vorständler setzte sich zur Ruhe, zwei neue streiten um seinen Posten. Dr. Friedel Gütt, 56, ein Verwaltungsbeamter, Staatssekretär in Hamburg, bis der SPD-Halblinke Klose kam: Da ging Gütt freiwillig. Sein Gegenkandidat, Engelbert Nelle, 56, Industriekaufmann und sportpolitischer Sprecher der CDU-Bundestagsfraktion, setzte gleich auf das richtige Pferd und gehört nun dem DFB-Bundesvorstand an. Das war's auch schon an lästigen Zwischenfällen. Ansonsten: kaum Diskussionen, noch weniger Gegenstimmen, nur vier kommentarlose Enthaltungen bei der Bestätigung von Hans Kindermann. Wahlen als lästige Pflichtübung, nicht geheim, sondern per Karte oder Akklamation – Strukturen, von denen alte SED-Genossen heute nur noch nostalgisch träumen dürfen und die der ehemalige Torwart Prof. Walter Jens anläßlich des 75jährigen Jubiläums des DFB einmal so beschrieb: «Auf dem grünen Rasen das fair play – und Stacheldraht um die Lager! Was andere Institutionen längst begonnen haben, die ideologiekritische, gesellschaftsbezogene Analyse ihrer Geschichte, die große Bestandsaufnahme steht dem Jubilar noch bevor: eine Abrechnung, bei der auch gefragt werden muß, ob da nicht vielleicht eine Entsprechung zwischen einer scheinbar unpolitischen, in Wahrheit konservativen, den Status quo absichernden Ideologie und bestimmten autoritären Organisationsformen im deutschen Vereinsleben bestände, die demokratischer Strukturierung entbehren: allmächtige Exekutive, hierarchischer Aufbau, mangelnde Transparenz der Entschlüsse.»[12]

Hermann Neuberger wird einstimmig wiedergewählt. «Ich werde mich bemühen, wie in der Vergangenheit zu arbeiten», verspricht er noch den Delegierten, die die Drohung aber nicht verstehen und applaudieren. «Keine Selbstzweifel, kein Zaudern helfen uns weiter. Lassen wir uns doch von der pessimistischen und negierenden Grundeinstellung, die ein gefährlicher Bazillus unserer zu satten Gesellschaft ist, nicht anstecken.»

Wie endete doch das *Kicker*-Porträt des DFB-Bosses: «Hermann Neuberger bleibt dabei so entschlossen, als wolle er auch noch die WM im Jahre 2002 organisieren.»[13] Inzwischen fand sich auch ein passender Bewerber: Südkorea.

«Dreh dich nicht rum, der Kindermann geht um!»

Hans Kindermann, Vorsitzender des Kontrollausschusses, ist seit zwei Jahrzehnten der meistgefürchtete und -gehaßte Mann im deutschen Fußball. «Wen er sich einmal angeschaut hat, den verfolgt er bei Tag und Nacht», zittert Winfried Schäfer in Erinnerung an seine Erfahrungen mit dem Chefankläger des DFB. 20000 Mark haben den 40jährigen Trainer des Karlsruher SC, Vorbild aller vor dem Fernseher herumtobenden Familienväter, seine lautstarken Auftritte allein in der letzten Saison gekostet. «Der harte Hund des DFB», wie der *Stern* Kindermann einmal nannte, ist ein gnadenloser Vollstrecker im DFB-eigenen Staat. Auf dem DFB-Bundestag drückte er einen Platzverweis für Trainer durch, die am Spielfeldrand brüllen, herumrennen und gestikulieren. «Nun dürfen sie sich mal bis zu vier Spiele nicht im Innenraum des Stadions aufhalten. Aber man muß immer wieder betonen: Das sind nur ganz, ganz wenige Trainer, mit denen sich der Kontrollausschuß leider immer wieder befassen muß – mit Jupp Heynckes haben wir dieses Problem doch nie!» Auf unsere Frage, ob denn nicht viele Zuschauer gerade wegen dieser extrovertierten Typen ins Stadion kämen, die mal am Spielfeldrand für Stimmung sorgen, meint Hans Kindermann: «Ich kann mir nicht vorstellen, daß ein ernst zu nehmender Anhänger des Fußballs an einem Kasperletheater an der Linie interessiert ist.» Winfried Schäfer ist da anderer Meinung: «Der Mann will die Zeit aufhalten!» Sein Kollege Gerd Roggensack hält es für «vergebliche Liebesmühe, zu den Verhandlungen vor den Sportrichtern zu erscheinen». Und Uwe Seeler meint: «Ich bin nicht der Meinung, daß man den Trainer dazu verurteilen sollte, immer nur still auf der Bank zu sitzen. Begeisterung und Emotion gehören einfach dazu. Man darf den Fußball nicht zu steril machen.»

«Der Mann will die Zeit aufhalten!»

Die Bestimmungen sind eindeutig: «Anweisungen von den Tor- und Seitenlinien (sind) unzulässig.» Pöbeleien sowieso. Und Kindermann ist auch nicht Richter, sondern Ankläger. Doch als solcher gewichtet er – entsprechend seiner ureigenen Moral. Und die ist nicht mehr zeitgemäß, meint auch Willi Lemke. «Gerichtsverhandlungen arten zu Tribunalen aus. Trainer werden wie Schwerverbrecher behandelt. Ich unterstütze die Initiative, Herrn Kindermann abzulösen.»

Schon als Richter war Kindermann gefürchtet. Ehemalige Kollegen des einstigen Vorsitzenden am Landgericht Stuttgart erinnern sich noch heute an seinen scharfen Ton. Er habe sich gebärdet wie ein Staatsanwalt, und Verteidiger hätten ihre Mandanten vor der nächsten Instanz gewarnt, wenn der Richter dort Kindermann hieß. Dennoch steht er im Ruf eines glänzenden Juristen, dessen Urteile als revisionssicher galten.

Für die Bundesliga war er vielleicht ein Glücksfall, als Anfang der 70er Jahre der «Bundesliga-Skandal» allen Fußballinteressierten einen Schock versetzte. Es war bestochen, manipuliert und geschoben worden. Die Bundesliga drohte in diesem Sumpf unterzugehen, das Image war im Keller. Das war Kindermanns große Stunde. Er räumte hartnäckig auf, kehrte mit eisernem Besen: Zwangsabstieg für betrügerische Vereine, langjährige Sperren für Spieler. Heute kann kaum widersprochen werden: Kindermann hat entscheidend dazu beigetragen, diesen Verlust an Glaubwürdigkeit wieder wettzumachen, auch wenn er letztendlich nicht so durfte, wie er wollte. Wenn er in zwei Jahren beim DFB aufhört, will er über diese Zeit einmal «auspacken», seine Erinnerungen in Buchform präsentieren. «Aber ob das dann sehr schmeichelhaft für den DFB wird...»

«...charakterlos, kriminell und menschlich fies...»

Die Kicker haben einen gewaltigen Respekt vor ihm. Wer vor den Obersten Gerichtshof der organisierten Bundesliga muß, der kommt meist schon in geduckter Haltung. Werder Bremens Trainer Otto Rehhagel hat im Laufe der Jahre 40000 Mark an Bußgeldern hingeblättert. Der Saarbrücker Zweitligaspieler Guido Szesni bekam wegen Tätlichkeit gegen einen Linienrichter eine halbjährige Sperre, der Verein erkannte den Wink mit dem Torpfosten und kündigte dem Spieler fristlos. Der Ex-HSV-Torhüter Uli Stein bekam von Kindermann das Kainsmal auf die Stirn gedrückt, nachdem er einen Unparteiischen mit den Worten «Arschloch» und «Wichser» beschimpft hatte. Vokabeln, die an fast jeder Straßenecke zu hören sind, schockierten Kindermann so, daß er selbst ausfallend wurde und Stein attestierte, er sei «charakterlos, kriminell und menschlich fies». Die Attribute verfolgten fortan den Keeper. Die Presse entrüstete sich über die Ausfälle. Kindermann konterte in einem Leserbrief: «Für Beleidigungen gilt nach geltendem Recht dasselbe wie zum Beispiel für Diebstahl (242 StGB), Betrug (263), Hehlerei (259), Bestechung (334), Sachbeschädigung (303), Urkundenfälschung (267) und andere Delikte. Alle diese Delikte sind sonach kraft Gesetzes kriminelles Unrecht, wobei für Vergehen der Beleidigung vom Gericht eine Freiheitsstrafe bis zu einem Jahr ausgesprochen werden kann.»[14] Der *Stern* konnte sich bei soviel Hartnäckigkeit den Kommentar nicht verkneifen: «Womit der Torwart also großes Glück hatte, daß er dem Kontrollausschußvorsitzenden und nicht dem Richter in die Hände fiel.»

Als der Gesetzgeber die Gurtpflicht für Autofahrer einführte, lernte das bundesdeutsche Fußballvolk erstaunt eine andere Seite des Sudetendeutschen aus Teplitz-Schönau kennen. Urplötzlich lief der Staatsdiener zu anarchistischer Bestform auf. Öffentlich sprach er von der «Wiedereinführung der Todesstrafe durch die Anschnallpflicht» und verkündete, daß er sich niemals anschnallen werde. Die Auseinandersetzung geriet zur Posse, und *Die Zeit* frohlockte schon, das «müßte eigentlich einen spürbaren Karriereknick verursachen». Denkste. Expertenhinweise auf die Reduzierung der Todesfälle seit Einführung der Gurtpflicht wischte er weg. Erst das Bundesverfassungsgericht vermochte es, Kindermann auf seinem juristischen Amoklauf zu stoppen – es wies seine Klage ab.

«Und wenn dann tatsächlich mal ein paar Polizeibeamte kommen und denen ein paar über den Schädel schlagen, dann gibt's ein Riesengeschrei.»

Als Werk des Teufels erschien Hans Kindermann auch Toni Schumachers Buch «Anpfiff». Nicht die Dopingvorwürfe und -eingeständnisse des Kölner Keepers raubten ihm den Schlaf. Nein. Die müden Sexpassagen ließen ihn ausrasten: «Daß Schumacher es als Kapitän der Nationalmannschaft notwendig hat, über dieses Thema in solcher Form zwei, drei Blätter zu bespritzen, das macht die Geschichte unerträglich.» Nicht die «Tat», sondern deren öffentliche Erörterung erregte den Chefankläger mit Vergangenheit: «Ich bin Jahrgang '22, wenn wir drei Monate jottweedee auf einem Truppenübungsplatz oder in Rußland lagen, hat doch auch kein Mensch danach gefragt.»[15]

AKW-Blockaden und Hausbesetzungen sind ihm ein Grauen, die Grünen eine demokratieferne Einrichtung: «Die versuchen eine erhebliche Veränderung der Gesellschaft zu erreichen, ökologisch denken die schon lange nicht mehr. Die NSDAP hat auch mal bei zehn Prozent angefangen, und nachher war es das große Chaos.» Unseren freundlichen Vorschlag, mit der gleichen Passion gegen die Chaoten mit dem ausgestreckten Arm in heutigen Stadien vorzugehen, muß er leider ablehnen: «Sie verkennen völlig, daß das, was der Kontrollausschuß und die Sportgerichtsbarkeit machen, nur durch die Vereinsautonomie gedeckt ist, aber nicht berechtigt ist, etwas zu tun, was der staatlichen Gerichtsbarkeit unterliegt. Ob nun jemand ein verfassungsfeindliches Zeichen trägt oder nicht – das ist Sache der Polizei, der Staatsanwaltschaft und der Gerichte, aber nicht Sache des Kontrollausschusses. Wir würden uns da praktisch der Verstöße gegen die Rechtsordnung schuldig machen, wenn wir uns was anmaßen.» Welch ein Glück für die Vereine, daß Neonazis selten Luftballons steigen lassen. Dann müßten sie nämlich eingreifen bzw. «für nicht ordnungsgemäße Erfüllung von Auflagen Geldstrafen bis zu DM 500,–» in die DFB-Kasse einzahlen.[16]

Noch im April 1987 gab sich Hans Kindermann im *Stern* wesentlich forscher: «Die Gewalt wird nicht rücksichtslos bekämpft. Und wenn dann tatsächlich mal ein paar Polizeibeamte kommen und denen ein paar über den Schädel schlagen, dann gibt's ein Riesengeschrei.» Dabei ging es allerdings auch um Startbahn-West- und Anti-Atom-DemonstrantInnen.

«Geld kann man immer gebrauchen.»

Ohne Wilfried Straub, 50, geht nichts im bundesdeutschen Profifußball. Über seinen Schreibtisch laufen zum Beispiel die Millionendeals mit den Rundfunkanstalten. Während er in seinem Büro in der Frankfurter DFB-Zentrale unsere Fragen beantwortet, erleichtert er das ZDF telefonisch um eine sechsstellige Summe.

Der gelernte Groß- und Außenhandelskaufmann kam vor 21 Jahren aus der Wirtschaft zum DFB, «als die Verbindungen so wuchsen und sich der Fußball als erster Sport rein professionell auszurichten begann». Kommerzialisierung ist für den DFB-Ligasekretär kein Schimpfwort, sondern ein Arbeitsauftrag. «Um so mehr Fußball ein Teil der Unterhaltung geworden ist und mediale Verwertung findet, um so mehr werden wirtschaftliche Mittel verlangt. Der Sport wird nie ohne Finanzmittel auskommen, er wird nie genug haben, und es wird immer nach mehr gerufen werden. Die Tatsache, daß wir fast allen Vereinen mit mehr oder weniger großen Kraftakten die Lizenz erteilen können, macht doch deutlich, daß der Fußball aus sich lebensfähig ist. Aber Geld kann man immer gebrauchen, und der Stand der Verbindlichkeiten gibt nicht unbedingt die reale wirtschaftliche Situation im Verein wieder.» Die DFB-interne «Situationsanalyse Lizenzfußball» spricht da schon eine deutlichere Sprache: «Wären die erhöhten Fernseheinnahmen nicht auf der sicheren Seite zu verbuchen, müßten einige Vereine den Spielbetrieb einstellen!» Ligaboss Gerhard Mayer-Vorfelder bestätigt: «Die Vermögenslage und die Finanzstruktur des Lizenzfußballs entsprechen nicht idealtypischen Voraussetzungen. Insbesondere läßt die Liquiditätslage zu wünschen übrig. Dringend notwendige Konsolidierung ist ausgeblieben.»[17] Sein Rezept – in seltenem Einklang mit DFB-Chef Hermann Neuberger: Gesundschrumpfung. Nur noch sechzehn Clubs je Liga, flexible Anstoßzeiten. Amateure und kleinere Clubs laufen Sturm. Die einen, weil sie plötzlich am Sonntag mit den Proficlubs konkurrieren sollen, die anderen, weil sie wissen, daß es ihnen als erste an den Kragen geht, wenn sich die Schere zwischen finanzkräftigen Renommierclubs wie Bayern München, VfB Stuttgart oder Bayer 04 Leverkusen und den ewigen Gratwanderern VfL Bochum, 1. FC Nürnberg oder Fortuna Düsseldorf weiter öffnet.

Sponsoren «stiften» Stürmerstars und drängen in die Präsidien und Verwaltungsräte der Clubs. Wem gehört eigentlich die Liga der Zukunft? Ligasekretär Straub: «Man kann auf verschiedene Weise die Bindung zur Wirtschaft festmachen. Entweder hat man die klassische Vertragsbeziehung oder man bindet den Unternehmer in die Vereinsgremien ein. Das war schon immer so – der Mäzen früherer Zeiten war immer in der Nähe des Vorstandes. Sicher wird es problematisch, wenn die Wirtschaft den Sport in den Griff bekommt. Das ist immer ein schmaler Grat, wenn Leistungsverhältnisse ausgetauscht werden.»

«Es geht nicht, daß sich Amateurvereine in unsere Belange einmischen.»

Geld regiert die Fußballwelt – da trifft sich der smarte Hesse mit dem Sozialdemokraten Lemke, der als erster Manager der Liga gleich komplette Spiele an Firmen verkaufte und auch für die 90er Jahre große Pläne ausbrütet: «Wir haben das Signal gegeben mit dem ersten totalvermarkteten Spiel durch Citroën. Da sind wir ein absoluter Vorreiter in der Bundesliga gewesen. Wir haben sehr stark vor, die Zusammenarbeit mit bremischen Unternehmen oder auch solchen aus dem Umland zu verstärken. Am liebsten eben so weit, daß ich alle Spiele eines Tages verkaufe. Das ist mein Wunschtraum. Dann kann ich die

Eintrittspreise halbieren, habe aber das gleiche Geld in der Kasse und das Stadion immer knackedickevoll.»

Ärger bei den Finanzen, Widersprüche hinsichtlich des Profistatus, immer wieder Zoff zwischen den Kleinen und den Großen – ein DFB, der von Profis finanziert, aber von Amateuren majorisiert wird, weckt mit steigendem Einsatz zwangsläufig bei den Gewinnern Gelüste, sich abzunabeln. Ligaausschußvorsitzender Mayer-Vorfelder kündigte in seinem Rechenschaftsbericht vor dem DFB-Bundestag unverhohlen an: «Dringend notwendig ist eine Stärkung des Zusammengehörigkeitsbewußtseins über eine andere Organisationsform des bezahlten Fußballs.» Während Mayer-Vorfelder sich beim DFB-Bundestag langweilen mußte, diktierte sein Münchener Kollege Uli Hoeneß im Konferenzraum der Bayern einer *Kicker*-Delegation ungeschminkte Worte ins Mikro: «Ziel der Bundesliga muß sein, daß der Bundestag ihr nichts mehr zu sagen hat. Die Liga muß völlig eigenständig sein und ganz allein für sich entscheiden können. Es geht nicht, daß sich Amateurvertreter in unsere Belange einmischen.»[18] Kölns Trainer Christoph Daum bläst ins gleiche Horn: «Ich halte es für wesentlich, daß die Bundesliga sich verselbständigt, sich aus diesem ganzen Amateurbereich ausklammert, um flexibler in ihren Entscheidungen zu sein, um auch gewisse Dinge besser durchsetzen zu können, die eine selbstverwaltete Bundesliga garantieren würden. Last not least sollten Bundesligavereine Aktiengesellschaften werden. Und dann können wir an solche Dinge herangehen wie beispielsweise veränderter Komfort im Stadion, flexible Gestaltung der Eintrittspreise.» Christoph Daum glaubt nicht, daß eine Totalkommerzialisierung die Kluft zwischen Fans und Vereinen noch weiter vergrößern würde. «Die Distanz zwischen dem Profifußballer und dem Zuschauer muß überbrückt werden – das ist richtig. Wenn Sie sagen, zuviel Business, dann antworte ich: Wir haben in Deutschland ein gestörtes Verhältnis zum Profisport. Wenn bei uns einige finanzielle Dinge genannt werden, ist das Geschrei gleich sehr groß. In anderen Ländern ist das so, daß, je mehr ein Profispieler verdient, desto mehr wird er verehrt.»

Auf den Punkt:

Neun Fragen, die die Welt bewegen

Wir wollten es wissen. Wer steht im Abseits, wie geht's eigentlich weiter, wo sind die Stars? Dabei befragten wir Kicker, Manager, Trainer und andere, die am Fußballgeschehen teilnehmen. Hinzu kamen Showstars aus anderen öffentlichkeitswirksamen Branchen, und wir konnten uns den Kommentar natürlich auch nicht verkneifen. Dabei kürzten wir die Antworten leicht, vermieden allzu große Wiederholungen bzw. fiel einigen der Befragten zu bestimmten Punkten auch gleich gar nichts ein. Nun liegt der Ball auf dem Elfmeterpunkt. Da! Der Pfiff...

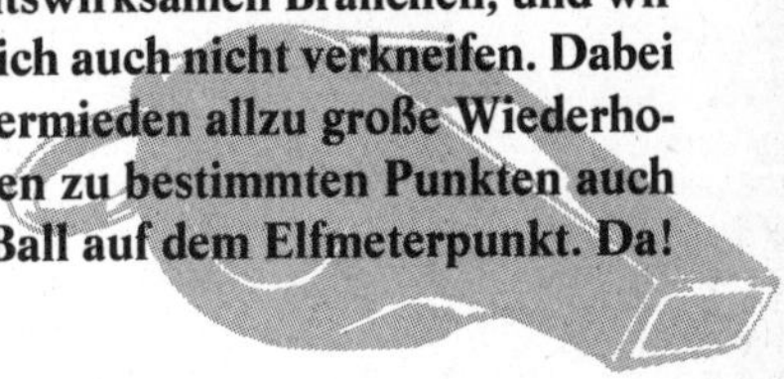

Umfrage:

1. Wer oder was steht im deutschen Fußball im Abseits?
2. Wem würden Sie gern die rote Karte zeigen?
3. Wem gehört die Bundesliga?
4. Was ist für Sie das schönste und faszinierendste am Fußball?
5. Wer oder was ist das schlimmste und peinlichste in diesem Zusammenhang?
6. Wer war der beste Fußballer aller Zeiten?
7. Hatten Sie ein persönliches Idol?
8. Gibt es ein Leben nach dem Fußball?
9. Wie wird der Fußball im Jahr 2000 aussehen?

Stefan Effenberg

1. Die Randale unter den Fans.
2. Einigen Schiedsrichtern.

3. Den achtzehn Vereinen.

4. Wenn der Schlußpfiff ertönt, und wir haben gewonnen, und die Fans jubeln uns zu.

5. Das schlimmste ist, wenn man verliert. Eine Situation, wo mir was peinlich war, hatte ich bis jetzt noch nicht.

6. Karl-Heinz Rummenigge.

7. Lothar Matthäus.

8. Für mich persönlich ja – es geht immer weiter...

9. So wie heute – da wird sich nicht viel ändern.

Uwe Seeler

1. Die Randalierer.

2. Den Krawallmachern in den Stadien.

3. Die Bundesliga sollte den Vereinen und den Fans gehören, aber da wir den kommerziellen Fußball haben, ist es natürlich so, daß eine gewichtige Rolle auch die Sponsoren inzwischen spielen.

4. Die Tore.

5. Wenn das Spiel ausartet in Unfairness und Treterei.

6. Pelé.

7. Fritz Walter.

8. Für mich auf jeden Fall, aber ich glaube, daß viele sich nach Beendigung ihrer aktiven Laufbahn sehr schwer tun. Bei mir begann das Leben erst nach der Zeit des aktiven Fußballs.

9. Sicherlich wird er noch kommerzieller sein, aber ich hoffe, daß der Sport und die Schönheit des Fußballs dominieren werden und das Finanzielle zweitrangig ist – nur so kann auch der kommerzielle Fußball bestehen.

Günter Netzer

4. Wenn etwas Außergewöhnliches passiert auf dem Platz, sei es durch einen Spieler oder eine Mannschaft.

5. Wenn ein Kollege den anderen vorsätzlich verletzt.

6. Pelé.

7. Ein persönliches Idol hab ich nie gehabt.

8. Natürlich, das wär ja traurig, wenn es das nicht geben würde. Ich praktiziere es im Augenblick, daß ich bewußt ausgestiegen bin und eine Familie gegründet habe, die für mich viel wichtiger ist als der Fuß-

1. Wer oder was steht im deutschen Fußball im Abseits?
2. Wem würden Sie gern die rote Karte zeigen?
3. Wem gehört die Bundesliga?
4. Was ist für Sie das schönste und faszinierendste am Fußball?
5. Wer oder was ist das schlimmste und peinlichste in diesem Zusammenhang?
6. Wer war der beste Fußballer aller Zeiten?
7. Hatten Sie ein persönliches Idol?
8. Gibt es ein Leben nach dem Fußball?
9. Wie wird der Fußball im Jahr 2000 aussehen?

ball. Ich kann ruhigen Gewissens sagen, daß ich den Fußball nicht vermisse. Ich schaue mir natürlich weiterhin gerne Spiele an, aber es ist nicht so, daß ich ohne den Fußball nicht leben kann.

9. Ich hoffe, daß er sich zurückentwickelt zu mehr technischem Können. Zurück zu den einfachen, zuschauerfreundlichen Stadien.

Udo Lindenberg

1. Die Hooligans.
2. Den Gewaltaffen.
3. Das sind ja wohl die Vereine – oder nicht...?
4. Die Überparteilichkeit.
5. Fußball als eine Art Kriegsersatz.
6. Gibt es für mich nicht.
7. Toni Turek im Tor.
8. Ja. Mehrere.
9. Immer noch rund.

Bruno Labbadia

1. Die Spieler, denn die haben immer weniger Rechte. Nimmt man dagegen die Präsidien, dann können die doch im Endeffekt mit dem Spieler machen, was sie wollen. Sie geben dir einen Vertrag für zwei Jahre, und wenn's nicht klappt, werden wir vor die Tür gesetzt. Oder für Kleinigkeiten gibt es Disziplinarstrafen.

2. Kindermann. Weil er nicht immer objektiv ist. Auch bei eindeutigen Gegenargumenten ist der total stur. Das ist ein Unding.

3. Den Zuschauern.

4. Ein Tor zu schießen und den Jubel zu hören.

6. Gerd Müller.

7. Gerd Müller.

8. Ja, natürlich, das muß es geben. Es ist nur die Frage, wie man das anstellt, das ist halt nicht so leicht, neben dem Fußball ein zweites Leben aufzubauen. So ab 28 mußt du dir Gedanken machen, wie du ein zweites Bein auf die Erde kriegst. Was ich nicht möchte, ist, hinterher Angestellter sein. Wir sind ja jetzt auch so 'ne Art Freiberufler, da ist alles nicht so stur, wir haben da mal 'n Mittag frei. Ich kann mir nicht vorstellen, anschließend acht Stunden ins Büro zu gehen. Ich hab Versicherungskaufmann gelernt und kenn den Alltag...

9. Ich hoffe, genauso wie jetzt. Es gibt am Fußball nichts zu ändern. Regeländerungen sind für mich überhaupt kein Thema.

Trini Trimpop (Die Toten Hosen)

1. Im Abseits stehn die Leute, die meinen, mit mehr Komfort, mit billigem Unterhaltungsprogramm vor dem Spiel oder in der Halbzeit die Leute ins Stadion locken zu können. Völliger Schwachsinn. Wenn guter Fußball gespielt wird, dann gehen die Leute sogar bei St. Pauli ins Stadion oder bei Dortmund – da, wo gekämpft wird, wo es abgeht, wo attraktiver Fußball geboten wird, kommen auch die Zuschauer. Nur wegen eines gut ausgebauten Stadions alleine kommt keiner hinterm Ofen hervor.

2. Allen Spielern, die absichtlich ihren Gegner verletzen wollen beim Zweikampf. Das ist das Allerletzte; hart ist okay, aber jemandem zu sagen: «Wenn du das nächste Mal vorbeikommst, kriegst du einen auf die Knochen, dann kannst du deine Sportinvalidität anmelden...» Schrecklich, also ein so 'n Spruch und Spielverbot auf Lebenszeit! Auch wenn das bloß ein Spruch ist, das ist total asozial, jemanden auf solche Weise einzuschüchtern. So ein Problem hatte der Uwe Fuchs bei einem Spiel gegen FK Pirmasens, da hat der sich auf Ristics Anweisung nur noch beim Linienrichter aufgehalten, weil ihm da nichts passieren konnte. Das war der Szymanek, und danach haben die sich auch im Kabinengang geprügelt, der Fuchs hat sich die ganze Zeit versucht

erdgas
BORUSSIA
Stefan Effenberg
Thomas von Heesen
Bodo Illgner
SAMSUNG
SHARP
OKI
COMPUTERDRUCKER

rauszuhalten. Ich glaube, der Szymanek hat dann vom Busfahrer eine geplättet gekriegt... Die rote Karte würde ich auch eingebildeten Schiedsrichtern zeigen, die Autorität auf 'ne ganz dumme Art zeigen wollen.

Dr. Heinrich Väth

1. Die Rechtsauffassung des DFB.
2. Den Spielervermittlern.
3. Dem DFB und den Vereinen.
4. Spannung, Dramatik, Leidenschaften – die wie in einem Brennglas gebündelt werden.
5. Wie der Spieler behandelt wird, daß er als Investition, als Menschenmaterial gesehen wird.
6. Ich würde meinen, im Fußball geht es um Mannschaften, da würde ich dann Brasilien '58 als herausragend sehen oder die deutsche Mannschaft von '72. Pelé oder Beckenbauer waren da vielleicht die herausragenden Spieler.
7. Helmut Rahn.
8. Ich denke, der Fußball kleidet einen auch dann noch, wenn man nicht mehr selbst spielt. Es gibt ein Leben mit dem Fußball.
9. Ich hoffe, professionell in der Spitze, auch unterhaltsam für die Zuschauer und für den Nachwuchs, für die Kinder spannend.

Karl Allgöwer

1. Die Verträge der Lizenzspieler. Die DFB-Arbeitsverträge sind überhaupt nicht mehr zeitgemäß und stehen schon seit Jahren im Abseits.
2. Eigentlich niemand, da führe ich lieber Gespräche und diskutiere Meinungsverschiedenheiten.
3. Bald den Medien.
4. Die Begeisterung im Stadion.
5. Die Art und Weise der Berichterstattung.
6. Maradona.
7. Nein.
8. Auf jeden Fall.
9. Noch mehr Tempo, weniger Technik.

1. Wer oder was steht im deutschen Fußball im Abseits?
2. Wem würden Sie gern die rote Karte zeigen?
3. Wem gehört die Bundesliga?
4. Was ist für Sie das schönste und faszinierendste am Fußball?
5. Wer oder was ist das schlimmste und peinlichste in diesem Zusammenhang?
6. Wer war der beste Fußballer aller Zeiten?
7. Hatten Sie ein persönliches Idol?
8. Gibt es ein Leben nach dem Fußball?
9. Wie wird der Fußball im Jahr 2000 aussehen?

Frank Benatelli

1. Die Familie des Spielers.
2. Einigen Funktionären des DFB.
3. Dem DFB.
4. Der Erfolg und daß man daran viel Freude haben kann.
5. Wenn einem vorgeworfen wird, daß man nicht alles gegeben hat.
6. Beckenbauer, Pelé, Riva...
7. Nein.
8. Ja, mit Sicherheit.
9. Wahrscheinlich wird man ihn nur noch im Fernsehen erleben.

Claus Fabian (Weserlabel)

1. Die Randalierer. Obwohl, die sollte man eigentlich gar nicht mehr erwähnen, die fühlen sich nur noch geehrt, wenn man von ihnen spricht.

2. Hat nur der verdient, der böse foult. Sollte man sparsam verwenden.

3. Den Fans.

4. Der Spaß, den man hat, wenn man sich trifft, und auf dem Weg zum Stadion kriegt man die Gelüste auf 'ne Bratwurst und 'n Stadion-Bier.

5. Die Randalierer.

6. Pelé.

7. Peter Maier von Fortuna Düsseldorf. Da hab ich mich fünfzehnmal vor der Kaufhalle zum Autogramm angestellt, bis der gesagt hat: «Jetzt ist genug...»

8. Nee!

9. Es könnte sich eventuell beim Reglement was ändern, daß man vielleicht wie beim Eishockey zwei Schiedsrichter einsetzt.

Wolfgang Overath

1. Der Fußball hat nach '74 diesen Knick bekommen. Deutschland wurde Weltmeister, und dann kamen diese Antworten – da war sicher auch ein Teil der Trainer schuld, die Deutschen neigen zum Perfektionismus –, wir könnten noch die Kondition verbessern, die Kraftmaschinen und Krafträume kamen auf. Der Typ des Spielers wurde immer mehr zurückgedrängt zugunsten des Athletentyps, das überragende Talent, das mit dem Ball etwas Besonderes anfangen konnte, trat in den Hintergrund. Das war der Moment, in dem sich der deutsche Fußball in die verkehrte Richtung entwickelt hat.

7. Puskas, Fritz Walter... Als ich achtzehn, neunzehn war, da gab's genug große Spieler. Nach '74 ist das nicht nur in Deutschland, sondern weltweit abgebrochen. Die Brasilianer zum Beispiel, die hatten ja früher nicht einen Pelé, die hatten gleich elf Spielerpersönlichkeiten. Und heute? Da müssen Sie die mit der Lupe suchen...

Thomas von Heesen

1. Der Offensivfußball.

2. Diesem oder jenem Schiedsrichter, Namen möchte ich nicht nennen.

3. Dem Zuschauer, dem Volk.

4. Das Erfolgsgefühl.

5. Überzogene Erwartungen von bestimmten Spielern oder bestimmten Leuten. Die Medien führen da die Öffentlichkeit zu oft hinters Licht, da werden Erwartungen künstlich hochgeschraubt, die gar nicht erfüllbar sind. Die Enttäuschung ist dann hinterher riesengroß, und das reißt einige Fußballer nach unten. Man sollte geduldiger sein.

6. Pelé damals, dann die Generation um Günter Netzer, jetzt muß man wahrscheinlich Maradona nennen.

7. Nein.

8. Bestimmt. Für jeden.

9. Darüber möchte ich lieber nicht nachdenken. Zumindest nicht im Moment, weil die Entwicklung nicht absehbar ist. Man versucht jetzt, den Fußball so positiv wie möglich darzustellen, das ist auch okay, nur wenn die Zuschauer wegbleiben, dann wird der Fußball irgendwann nur noch durch die Industrie getragen werden können – für die Vereine mag das sinnvoll sein, für das Volk ist es aber nicht mehr das, was es erwartet. Früher war das eben ganz anders. Das waren noch Volksfeste, wenn irgendwelche Bundesligaspiele anstanden, da hat man sich auch mit den Mannschaften mehr identifiziert...

Hans Kindermann

1. Das wüßte ich so auf Anhieb nicht zu sagen.

2. Niemand.

3. Die Frage verstehe ich nicht so recht... Die Bundesliga ist eine Vereinseinrichtung des Deutschen Fußball-Bundes.

4. Die Ungewißheit.

5. Wenn der gesunde sportliche Wettbewerb verzerrt wird durch Verstöße gegen die sportliche Fairness.

6. Pelé und Franz Beckenbauer.

7. Nein.

8. Für mich ja.

9. Prophet bin ich keiner, aber daß es möglicherweise Veränderungen geben wird, ist nicht zu verkennen. Welche Richtung dabei eingeschlagen wird, ist noch völlig offen.

Klaus Fichtel

2. Das ist schwierig zu sagen. Wenn man manchmal sieht, wie die Schiedsrichter sich benehmen... Die haben es sicher nicht leicht, ich persönlich möchte auch kein Schiedsrichter sein, weil es da schon komische Situationen gibt. Aber von dem schulmeisterlichen Gehabe der Schiedsrichter bin ich schon manchmal enttäuscht.

7. Als Trainer Ernst Happel. Er hat den Weltfußball überall kennengelernt, war aber vor allem selbst ein technisch sehr guter Spieler.

1. Spielervermittler und Leute, die sich an dem neuerworbenen Wohlstand der Profis persönlich bereichern wollen, mit Bauherrenmodellen, Anlageberatung und jedem Blödsinn, den man sich nur denken kann.

2. Denjenigen, die unseren Fußballsport nicht nutzen, um ihn zu fördern, sondern um sich selbst zu bereichern oder zu profilieren. Im Vordergrund all unserer Arbeit muß der Fußball stehen, die Begeisterung, die Unterhaltung.

3. Die Frage ist so nicht zulässig. Die Bundesliga besteht aus achtzehn Bundesliga- plus den Zweitligavereinen... ich laß mich da auf keine Provokation ein bei der Fragestellung.

4. Die Unvorhersehbarkeit der Spielergebnisse, daß du nie weißt, was morgen ist. Da kann der Favorit fürchterlich stürzen, so wie Bayern München bei den Stuttgarter Kickers – das macht den Fußball attraktiv.

5. Wenn es Absprachen gäbe. Das ist für mich das Widerlichste, aber das gibt es glücklicherweise nicht mehr.

6. Pelé.

7. Im Sport Uwe Seeler.

8. Man muß es sich immer wieder klarmachen, daß Fußball nicht alles ist. Es gibt, auch wenn man so intensiv im Geschäft steht wie ich, andere Dinge wie Familie, gesellschaftliches Umfeld, Politik. Fußball ist nach wie vor die herrlichste Nebensache der Welt.

9. Das sieht dann so aus, daß ich mit modernen Verkehrsmitteln bequem ins Stadion gebracht werde, wo ich mit meiner Familie entweder ein kleines Picknick mache – je nach Portemonnaie – oder ein Luxusdinner in einem tollen Restaurant mit Weserblick einnehme, daß ich dann in ein Superstadion geführt werde, das selbstverständlich immer ausverkauft ist. Denn die Leute sind scharf darauf, von den freiverkäuflichen 3000 Karten noch eine zu erwischen, weil alle anderen Karten schon vorher zu 90 Prozent durch Sponsoren abgedeckt sind. So stelle ich mir das Szenario vor, mit einer totalen Berichterstattung, wo die Zuschauer auch immer über den Stand auf anderen Plätzen informiert werden, mit Reportagen und Werbeeinblendungen, mit Interviews vor dem Spiel, bei Halbzeit, nach dem Spiel. Nach dem Spiel behält man die Spieler dann noch im Stadion, in bestimmten gastrono-

1. Wer oder was steht im deutschen Fußball im Abseits?
2. Wem würden Sie gern die rote Karte zeigen?
3. Wem gehört die Bundesliga?
4. Was ist für Sie das schönste und faszinierendste am Fußball?
5. Wer oder was ist das schlimmste und peinlichste in diesem Zusammenhang?
6. Wer war der beste Fußballer aller Zeiten?
7. Hatten Sie ein persönliches Idol?
8. Gibt es ein Leben nach dem Fußball?
9. Wie wird der Fußball im Jahr 2000 aussehen?

mischen Bereichen, wo man dann noch ein Bier trinken geht, aufgeteilt in verschiedene Kneipen, Fußball zum Anfassen – das wäre mein Wunschtraum fürs nächste Jahrtausend...

Willi Lippens

1. Die Fan-Entwicklung. Wie sie sich gegenseitig verwichsen. Das hat's zu unserer Zeit auch gegeben, doch die Aggressionen sind stärker geworden, die Brutalität wird immer größer. Wir hatten sicher auch in Essen eine berüchtigte Kurve, und die haben sich auch mit den Schalkern gewichst, nur wird es halt brutaler – da muß man aufpassen.

2. Es gibt eine Vielzahl von Trainern, die früher auch weniger Fußball gespielt, sondern nur gewichst haben – die geben ihre Einstellung an die jungen Spieler heute weiter...

7. Na ja, die große Real-Madrid-Zeit, da gab's schon Größen. Das war schon überwältigend damals. Wenn man sich da als junger Bursche den Ball geschnappt hat, weil man die im Fernsehen gesehen hatte, dann war man draußen di Stefano oder Puskas, auch Helmut Rahn natürlich.

Benno Möhlmann

1. Der Schiedsrichter. Leider. Er steht viel zu sehr am Rand, wird von Spielern und vom Publikum weggedrängt und sollte doch viel mehr ins Geschehen mit einbezogen werden. Er steht nicht durch eigenes Verschulden im Abseits, sondern durch die ganze Entwicklung der letzten Jahre.

2. All jenen, die dafür sorgen wollen, daß der Trainer sich nicht mehr in der Nähe des Spielfeldes aufhält. Der Trainer gehört einfach dazu, auch daß er schreit und Anweisungen gibt – diese Kräfte, die da den Trainer weghaben wollen, sind es, die die Liga ärmer machen.

3. Den Zuschauern.

4. Der Ball.

5. Die bösen Fouls.

7. Als Kind habe ich immer Uwe Seeler sehr bewundert.

8. Für mich wird mein Leben immer mit dem Fußball verbunden bleiben.

9. Er wird immer noch mit dem Ball gespielt werden.

Wilfried Straub

2. Manchmal Journalisten.

4. Das Nicht-Ausrechenbare, das immer wieder Neue.

9. Die Entwicklungsmöglichkeiten sind relativ gering, wenn man die nicht wegzudiskutierende Finanznot der Kommunen sieht. Wenn immer nach mehr Komfort gerufen wird und jemand darin eine Innovation sieht, das ist nun Blödsinn. Daß es sich in einem schönen Umfeld schöner lebt als in einem weniger schönen, wissen wir alle. Nur dazu braucht man die Mittel. Der Sport sollte an geeigneter Stelle, aber nicht in der Öffentlichkeit für ein verbessertes Szenario werben. Es ist wenig hilfreich, wenn jeder feststellt, der Komfort sei nicht ausreichend. Wenn ich das meinem Zuschauer lange genug erzählt habe, dann glaubt er es selbst und geht da nicht mehr hin. Ich sehe da eine große Gefahr, wenn Dreimalkluge, die über Reformen nachdenken, die auch noch äußern, wenn sie in dem Bereich des Unerfüllbaren angesiedelt sind. Allerdings da, wo es die Möglichkeiten gibt, ein eigenes kommerzielles Profi-Center zu installieren, mit anderen Bereichen der Unterhaltungsindustrie, da ist das sinnvoll und wird auch geschehen.

Christoph Daum

2. Das kann man unschwer erraten. Aber in diesem Bereich sollte man auch so ein bißchen über den Dingen stehen. Von daher nenne ich den jetzt nicht.

4. Fußball habe ich schon als Kind gespielt, es war eine Riesenbegeisterung im Straßenfußball zu spüren, der auch nachher auf den Ver-

einsfußball übertragen worden ist. Hier im Profifußball kommt natürlich noch das ganze Fluidum des Stadions, der Zuschauer hinzu. Das ist so was Ähnliches wie eine Droge, und die fasziniert einen, es ist die schönste Sache, die es gibt.

5. Es gibt manchmal Schlagzeilen in der Presse, wo du dreimal schlucken mußt, manchmal sogar viermal, aber danach hab ich die Dinger auch schon verarbeitet – das ist für mich das peinlichste.

6. National Wolfgang Overath, international muß man einige Spieler nennen, dazu gehört sicherlich Puskas, dann Eusebio, Pelé, in letzter Zeit hat Maradona noch einen Höhepunkt erreicht.

7. Ich bin in einer Situation aufgewachsen, wo es wenige Idole gab. Im Augenblick bin ich am meisten von Bernard Tapie fasziniert. Wir haben uns kennengelernt, über Fußball und seine Lebensphilosophie gesprochen, das hat mich sehr fasziniert.

9. Ich fände es ideal, wenn man aus dem Fußballereignis ein Familienereignis macht, daß man vielleicht noch versucht, einen Freizeitpark zu integrieren. Vorher hat man was für die Kinder getan, die Mama kann vielleicht noch ein bißchen bummeln gehn, es kommt noch eine Geschäftsstraße mit rein, so daß man auch einkaufen kann, und hinterher geht man mit der Familie ins Stadion. Auch da Komfort, man kann noch ein kleines Picknick vor dem Spiel machen – eine komplette Familiensituation...

Sabina Classen (Holy Moses)

1. Die Bundesliga. Langweilige Spiele vor leeren Rängen. Der Meister steht schon zum Saisonstart fest. Die bundesrepublikanischen Stars werden in Italien «Spieler des Jahres».

2. Franz Beckenbauer, falls er noch mal Trainer werden will. Die zweite Rote Karte geht an die Fans, die nur ins Stadion gehen, um Ärger zu machen.

3. Den Firmen, die sie mit ihren Werbegeldern finanzieren. Und damit eigentlich auch, wenn man mal die Etats vergleicht, dem FC Bayern München.

4. Die Jugendmannschaften. Je kleiner, desto besser. Da sieht man noch Freude und Initiative und Spiele, die über die Außenflügel entschieden werden. Viel besser als die Bundesliga.

5. Die Unfälle, die in letzter Zeit passiert sind, in England, Belgien usw.

6. International Pelé, national Gerd Müller, der Torjäger schlechthin.

7. Sepp Maier wegen seines Witzes. Obwohl ich selbst nie im Tor gespielt hab.

9. Ich denke, es wird sich weiter amerikanisieren, so in Richtung Tennis gehen, was die Vermarktung angeht. Ich hoffe, es kommt auch wieder mehr Partyatmosphäre in die Stadien.

Lutz Bublitz (Theatergruppe Rote Grütze)

1. Die Leute, die im Kiez, in den Bezirken ehrenamtlich die Jugendlichen betreuen. Denn die opfern für'n Appel und 'n Ei ihre Freizeit, die leisten zum Beispiel hier in Kreuzberg eine tolle Integrationsarbeit von türkischen Jugendlichen. Und dieses Engagement wird meiner Meinung nach überhaupt nicht gewürdigt. Deshalb stehen die ehrenamtlich arbeitenden Jugendtrainer für mich im Abseits, obwohl die eigentlich an die Tabellenspitze gehören, weil die wirklich was für den Fußball tun. Und jugendliche Fußballfans stehen in der Regel im Abseits. Denn das sind diejenigen, die eigentlich immer ins Stadion gehen. Die eigene Mannschaft spielt wie die letzten Gurken und Otto-Normal-Zuschauer geht nicht mehr hin. Wer kommt noch? Die jugendlichen Fans. Die reisen acht bis zehn Stunden an, um ihren Club beim Auswärtsspiel zu unterstützen. Und dafür werden sie von den Vereinen – mit wenigen Ausnahmen wie etwa Werder Bremen – behandelt wie die letzten Arschlöcher. Das Eintrittsgeld dürfen se zahlen, die Mannschaft dürfen se unterstützen, aber sie werden nicht ernst genommen – weder von den Spielern noch von den Präsidien, noch von der Öffentlichkeit. Im Gegenteil: Man drängt sie immer nur in eine Ecke, das sind doch Vollidioten und Krawallmacher. Die geben ihre letzte Mark, um ihren Verein und ihre Idole zu unterstützen, und bekommen dafür keine Anerkennung, sondern einen Fußtritt. Und was das mit den Kids macht, daß sie irgendwann sauer werden und frustriert, das ist doch klar.

2. Hermann Neuberger, und zwar deshalb, weil der sich als Oberboss, der 'ne Menge zu sagen hat, nicht um die Fans kümmert. Das ist einfach ein Armutszeugnis. So'n Mann, der so mächtig ist, der also soviel eigentlich bewegen könnte, wenn er wollte... Der könnte doch wirklich sagen, wir nehmen die Fans mal ernst, setzen uns mit der Pro-

1. Wer oder was steht im deutschen Fußball im Abseits?
2. Wem würden Sie gern die rote Karte zeigen?
3. Wem gehört die Bundesliga?
4. Was ist für Sie das schönste und faszinierendste am Fußball?
5. Wer oder was ist das schlimmste und peinlichste in diesem Zusammenhang?
6. Wer war der beste Fußballer aller Zeiten?
7. Hatten Sie ein persönliches Idol?
8. Gibt es ein Leben nach dem Fußball?
9. Wie wird der Fußball im Jahr 2000 aussehen?

blematik auseinander, det hätte sicher 'ne Signalwirkung auch für die Vereine, daß diese Ausgrenzungspolitik beendet wird und man sich mal Gedanken darüber macht, wie es denn eigentlich dazu kommt und was die Kids dazu treibt, mal auffällig zu werden.

3. Den Zuschauern jedenfalls nicht mehr. Bayer Leverkusen und anderen Werksmannschaften, sicher auch Bayern München. Vereine ohne kräftige, langfristige Sponsoren werden nur noch geduldet. Wenn du dich an den Vorschlag von Havelange erinnerst, die WM-Spielzeiten von 2 × 45 Minuten auf 4 × 25 zu ändern, damit die Fernsehanstalten ihre Werbeblöcke zwischenschieben können, dann weißt du, was die Stunde geschlagen hat.

4. Bald die Nostalgie. Da war doch mal was... Der Bundesligafußball ist für mich heute nur noch in Ausnahmefällen attraktiv. Was ich nach wie vor faszinierend finde, sind so Spielerpersönlichkeiten wie Maradona oder Ruud Gullit oder van Basten, wo Explosivität drin ist, Kreativität, Erotik, Spielwitz, da macht es noch Spaß zuzuschauen.

5. Diese abgefuckten Spiele, wo es keine Überraschungsmomente mehr gibt.

6. Kein Spieler der Welt kann es sich erlauben, so dick und unbeweglich zu sein wie Maradona und trotzdem noch so brillieren. Einfach ein ästhetischer Genuß. Also zumindest für die letzten zehn Jahre: Diego Maradona.

7. Als Schüler Lorenz Horr, Hertha BSC. Später natürlich Günter Netzer. Nicht zufällig heißt mein Stück im Untertitel: «Wie Netzer den Ball streichelt.»

9. Ich fürchte, daß dann Bayer Leverkusen gegen den FC Fuji oder Nixdorf spielen wird. Ich schätze, daß die Kommerzialisierung des Fußballsports weitergeht und deshalb die Identifikationsmöglichkeiten, die meiner Meinung nach auch den Fußball ausmachen, immer mehr kaputtgehen. Ich denke aber auch, daß der Fußball nicht in dieser Größenordnung wie heute überlebt. 80 000 Zuschauer zu einem Bundesligaspiel gehören der Vergangenheit an. In Zukunft muß man anders planen, in kleineren Stadien spielen, in Fußballarenen wie dem Westfalenstadion, um die Atmosphäre zu retten.

Bodo Illgner

1. Leider die Schiedsrichter, da sie es fast niemandem recht machen können.
2. Dem schlechten Wetter, Sturm und Regen.
3. Allen Fußballfreunden.
4. Der Gewinn.
5. Die Zuschauerausschreitungen.
6. Pelé, Beckenbauer, Maradona.
7. Sepp Maier, Toni Schumacher.
8. Auf jeden Fall. Vielleicht im Umfeld des Fußballgeschäftes oder auch weit weg davon.
9. Hoffentlich gibt es keine Veränderungen. Schon gar nicht im Sinne verwegener Vorschläge: Verbreiterung der Torpfosten auf einen Meter, damit es zu mehr Abprallern kommt; Spielzeit- und Spielfeldveränderungen – da bin ich strikt dagegen. Ich erwarte, daß die Leute noch genausoviel Spaß haben wie heute.

Heinz Rudolf Kunze

1. Die Spielverderber und Randalierer und selbstherrlichen Funktionäre bzw. Schiedsrichter.
2. Wer zeigt schon gern die Rote Karte? Ich bin doch kein Sadist.
3. Der sogenannten freien Wirtschaft, dem Fernsehen, dem Verband – jedenfalls nicht den Leuten für die sie da ist.
4. Daß es die einzige Möglichkeit ist, Shakespeare in 2 × 45 Minuten aufzuführen.
5. Laiendarsteller hinter dem Kommentatormikrofon.
6. Franz Beckenbauer. Dochdoch.

7. Soweit würde ich nicht gehen. Andererseits, Kaiser Franz...

8. Durchaus denkbar: In der Hölle nichts als Elfmeter, im Himmel dauernd Fallrückzieher-Tore.

9. Rund. Wie sonst?

Wehe wenn der Rasen nicht mehr grün und die Spiele nicht mehr 90 Minuten lang sind...

Uli Stein

1. Wenn es nicht möglich sein wird, die Wirtschaft weiter einzuspannen, wenn noch weitere Spitzenspieler haufenweise ins Ausland gehen, dann steht irgendwann die ganze Bundesliga im Abseits.

2. Niemandem.

3. Sie sollte den Zuschauern gehören.

4. Vor vollen Rängen zu spielen, Fußball im ausverkauften Stadion.

5. Die Fußball-Rowdies.

6. Es gibt viele gute Fußballer, einige fielen nur weniger auf. Insgesamt war einer der größen Pelé, heute Ruud Gullit und van Basten.

7. Dino Zoff.

8. Das will ich doch stark hoffen, das muß es einfach geben, ich freue mich schon darauf.

9. Es wird sich wohl nicht viel ändern, wenn das Regelwerk beibehalten wird. Allgemein führt der Weg wieder zum guten Fußball, also zu mehr spielerisch-technischem Können, zurück. Man wird die Entwicklung der achtziger Jahre jetzt korrigieren, zum Wohle der Zuschauer.

Klaus Farin

1. Die Fans. Ohne Lobby. Vom DFB und seinen Vereinen in die Abseitsfalle gelockt.

2. Dem Pressesprecher des Berliner Fußballverbandes, der sich mit der Begründung «das nützt dem Fußball nichts» weigerte, mich in seinen Verteiler aufzunehmen.

3. Denen, die sowieso schon zuviel haben.

4. Künstler am Ball mit offensiver Taktik vor voller Kulisse in einem kleinen, reinen Fußballstadion. Und die Punkte natürlich an die Richtigen. Man will ja schließlich auch als Zuschauer nicht umsonst gearbeitet haben.

5. Das Gegenteil von 4. und die law & order-Fraktion im *Kicker*, die einem bisweilen doch den Lesegenuß trübt.

6. Pelé.

7. Günter Netzer.

9. Back to the roots. Auf dem Rasen eine permanente Neuauflage der Begegnung Mönchengladbach : Köln, Pokalendspiel '73. Drumherum friedliche Fanorgien. Schleswig-holsteinische Polizeidimensionen selbst in Bayern. DFB-Präsidentin Martina Voss gratuliert Bundessportminister Jürgen Klinsmann zur Wahl.

Jürgen Stark

1. Der DFB.

2. Den athletischen Spielverderbern.

3. Den Fans.

4. Wenn Typen & Persönlichkeiten feststellen: «Elf verrückte Individuen sollt ihr sein!» und dementsprechend ihre Rasenshow abziehen.

5. Kindermann, Neuberger und Co.

6. Pelé im Angriff, Lew Jaschin im Tor.

7. Winnetou, Old Shatterhand und Uwe Seeler.

8. Ja! Als Couch-Potatoe.

9. In unterirdischen Atombunkern wird sich nach dem Big Bang der Hallenfußball endgültig durchgesetzt haben.

«Unheimlich motiviert»

Mädchen- und Damenfußball

«Es ist noch nie gelungen, Frauen Fußball spielen zu lassen, wohl aber Korbball, Hockey, Tennis und so fort. Das Treten ist wohl spezifisch männlich: ob darum Getretenwerden weiblich ist, lasse ich dahingestellt.» [1]

«Ich bin über einen Nachbarjungen dazugekommen. Der hat mir die Spielregeln erklärt und mich immer mit runtergenommen. Da mußte ich mich ins Tor stellen und hab festgestellt, daß mir det halt Spaß macht. Det war so '79, da war ich dreizehn oder vierzehn, und der spielte in einem Verein und meinte, er hätte gehört, es gäbe auch so Mannschaften für Mädchen, aber wo genau wußte er nicht. Ich hab dann wahnsinnig lange einen Verein gesucht und keinen gefunden.» Heute spielt Kerstin Henschel in der Berliner Verbandsliga, der höchsten Regionalklasse, beim SC Siemensstadt. Ihr vierter Verein: Dreimal mußte sie wechseln, weil sich die Damenmannschaften mangels Spielerinnen wieder aufgelöst hatten.

«Ich hab mit neun Jahren angefangen, in Leck, Nordfriesland, wo ich aufgewachsen bin. Meine Schwester spielte in der Damenmannschaft, und wir haben dann eine für Mädchen aufgemacht. Aber mit fünfzehn wurde ich gleich für die Damen freigeholt. Ich hab erst in der 2. gespielt, bin aber schnell in die 1. und dann auch in die schleswig-holsteinische Landesauswahl aufgestiegen, bis ich vor zwei Jahren aus beruflichen und anderen Gründen nach Berlin gezogen bin.» (Die anderen Gründe sitzen grinsend daneben und spielen ebenfalls beim SC Siemensstadt.) Heike Andersen hat heute als einzige Spielerin ihres Vereins einen Stammplatz in der Berliner Landesauswahl. Doch das genügt ihr nicht. Die Dreiundzwanzigjährige verhehlt nicht ihren Ehrgeiz: In der nächsten Bundesligasaison will sie dabei sein. Dazu wird sie den Verein wechseln müssen, denn aus Berlin hat sich nur Tennis Borussia qualifiziert.

Kerstin ist bedeutend weniger ehrgeizig. Für sie ist Fußball nur eine unter vielen Aktivitäten. Sie spielt noch Volleyball, geht häufig ins Theater oder Kino und engagiert sich «aus aktuellem Anlaß wie jetzt gegen die REPs» auch mal politisch («früher hab ich mehr gemacht, aber dann wurde mir das zuviel und ich hab mich für den Fußball und gegen die Frauenbewegung entschieden»). Außerdem geht sie gerade in die erste Runde ihrer Laufbahn als Justizbeamtin.

«Was, du spielst Fußball?! Ist det nich 'n Männersport! Is det nich 'nen bißchen hart?»

Heike, die hauptberuflich bei der GEMA dafür sorgt, daß Komponisten und TexterInnen ihre Gelder bekommen, hofft trotz der ablehnenden Haltung des DFB, daß es auch im Frauenfußball in ein, zwei Jahren «Halbprofis» geben wird. Doch dazu müßte sich noch einiges ändern. Zwar ist der Frauenfußball seit der Europameisterschaft 1989 spürbar populärer geworden, doch Gedränge entsteht auf den Zuschauerrängen immer noch nicht. Zwischen zwanzig und 150 ZuschauerInnen lockt der SC Siemensstadt in sein Stadion im Norden Berlins. Und die dummen Sprüche vom Spielfeldrand gibt es auch noch, «fast bei jedem Spiel. Da gibt's immer noch welche, die nur zum Brüste angucken kommen.» Wenigstens im Freundeskreis hätten die Vorurteile abgenommen. «Das stört mich auch nicht mehr. Ich sag denen immer, bevor du irgendwelche Kritik übst, mal angucken kommen und dann kannste immer noch sagen, is schlecht oder is nicht schlecht.» Kerstin erzählt nicht jedem, daß sie Fußball spielt: «Ich bin da immer etwas vorsichtig, weil ich keine Lust mehr habe, mir das ständig anzuhören: ‹Was, du spielst Fußball? Is det nich 'n Männersport! Is det nich 'nen bißchen hart?›» Der Trainer der beiden ist auch ein Mann. Kerstin hat damit keine Probleme, Heike findet es sogar besser so als früher, als sie noch eine Trainerin hatte. «Das Training war nicht so leistungsbewußt und nicht ganz so hart wie bei einem Mann. Der fordert einen doch irgendwo mehr.» Ihre Mitspielerinnen sieht Heike durchaus als Konkurrenz. Enge Freundschaften sind die Ausnahme. «In Leck waren immer zwei, drei Spieler eng miteinander befreundet, aber hier in der Stadt ist alles viel größer; klar, man trifft sich mal so, aber doch viel weniger als in Nordfriesland.» Auch Kerstin und Heike haben sonst nicht viel mit-

Die DFB-Damen im Siegestaumel. Mit einem klaren 4:1-Sieg über Titelverteidiger Norwegen gewannen am 2. Juli 1989 die Frauen der DFB-Auswahl die Fußball-Europameisterschaft. Das Stadion an der Bremer Brücke in Osnabrück war ausverkauft. Hunderte Fans blieben ohne Karte.

einander zu tun, schon beim Nachnamen der anderen müssen sie beide kurz überlegen.

Fußballfans sind beide nicht. Kerstin: «Samstags spielen wir selber, da kann ich also schon mal nicht ins Stadion gehen. Und sonntags sich irgend so ein Oberligaspiel um 10.40 Uhr anzugucken, das ist mir zu früh. Mein Leben besteht nicht nur aus Fußball.» Heike sieht sich allenfalls «Spitzenbegegnungen» im Frauenfußball an. «Die Bundesliga fand ich früher schöner. Die haben technisch mehr geboten. Heute wird zuviel mit Abseitsfallen u. ä. gearbeitet.» Kerstin mochte immer die Brasilianer, «weil die einen technisch schönen Fußball spielten». In der deutschen Profiklasse wird ihr «zuviel kaputtgefoult. Wenn heute ein Stürmer schneller ist als der Abwehrspieler, wird er eben von den Beinen geholt.» Darin sehen beide auch den größten Unterschied zu ihrem Fußball. «Du darfst uns natürlich nicht mit der Bundesliga vergleichen, sondern mit den entsprechenden Amateurklassen der Männer», meint Heike. «Wir gehen halt nicht so ganz hart rein wie die Männer, aber ansonsten... die Schnelligkeit fehlt auf alle Fälle und die Kraft. Obwohl: Wenn ich das mehr trainieren würde... Aber ich gleiche das aus, indem ich möglichst viel laufe im Spiel, mich viel freistelle, die anderen Mitspieler einbeziehe. Ich denk auch viel mit, versuch, mich auf die anderen einzustellen und mit Doppelpässen zu arbeiten, 'ne Spielerin geschickt auszutricksen statt einfach nur den Ball rauszuhauen wie viele Männer, auch wenn es nicht immer klappt.»

«Ich würde jetzt nicht meinen Partner verlassen, wenn ich von Siegen ein Angebot kriegte.»

Trainiert wird zweimal in der Woche jeweils neunzig Minuten. Aber es sind nicht immer alle da. Die Berliner Kickerinnen gelten sowieso als nicht gerade sehr diszipliniert. Nicht zuletzt deshalb spielt seit zwei Jahren keine Berlinerin mehr in der Nationalmannschaft. Heike: «Für die meisten ist es eben nur Freizeit, und die sagen, wenn ich keine Lust hab, geh ich auch nicht hin. Bei mir ist es momentan auch noch so, aber in der Bundesliga wird das sicher anders.» Was reizt Heike eigentlich so sehr an einem Aufstieg in die Bundesliga? «Man ist dann ja doch irgendwo so ein kleiner... Star vielleicht nicht, aber... das reizt einfach unheimlich, seine Leistungsfähigkeit voll auszunutzen, und das noch vor einem größeren Publikum.» Mit viel Geld rechnet sie allerdings nicht. «Also bei mir würde das so eine Ablösesumme von 1000 bis 1500 Mark sein, mehr auf keinen Fall. Das wird Jahre dauern, bis man davon leben kann, und hier in Berlin noch länger. Aber man wird wenigstens ausgerüstet, Trainingsanzug, Schuhe und alles, was ich jetzt noch zum Teil selber zahlen muß.» Kerstin: «Wer hat schon Lust, jedes zweite Wochenende nach Westdeutschland zu fahren, wenn es nicht wenigstens ein paar Mark gibt. Und wenn Tennis Borussia sich in der Bundesliga halten wollen, müssen die sich ja auch Frauen aus anderen Vereinen zusammenkaufen.» Heike bestätigt, was uns auch andere Spielerinnen erzählten, der Verband aber energisch bestreitet: «Die werben jetzt schon mit Geld ab. Keine großen Summen, nicht so extrem wie in Süddeutschland, aber doch ein paar Mark.» Sie selbst will nur innerhalb von Berlin wechseln. «Mein Privatleben würde ich immer vorziehen. Ich würde jetzt nicht meinen Partner verlassen, wenn ich von Siegen ein Angebot kriegte.»

> **«Allürenfreie Spielerinnen in einer randalefreien Umgebung – die Welt des Damenfußballs ist noch heil. Selbst die Männer kommen nicht mehr ins Stadion, um sich am attraktiven Äußeren vieler Spielerinnen zu erfreuen. Sie wollen guten Fußball sehen und bekommen ihn geboten.»**[2]

Martina Voss ist heute der Star des bundesdeutschen Frauenfußballs. Kaum eine Fernsehtalkshow, in der die «pfeilschnelle Martina» (*Frankfurter Rundschau*) noch nicht auftrat, kaum eine Woche ohne Interviews und Porträts in *Stern* oder *Miss Vogue*, *Der Spiegel* oder *Prinz*. Die zweiundzwanzigjährige Stürmerin aus Duisburg hat alles erreicht, was andere Spielerinnen noch erträumen: einen Stammplatz in der Nationalmannschaft (sechs Tore bei 25 Einsätzen) und bei dem seit vierfachen DFB-Pokalsieger TSV Siegen. Aus dem Schlaraffenland hinter den Alpen liegen ihr Angebote von zwei Clubs vor, für netto 3200 Mark an die Sonne zu wechseln.

Doch sie kennt auch die Schattenseiten des Leistungssports: Als sie, gerade erst von einer Verletzung am rechten Knie genesen, ihre Italienpläne konkretisieren will, bleibt sie im Training mit einer Ferse im Rasen hängen: «Es knackte nur, als wenn jemand einen Stock zerbricht, dann war's auch schon vorbei»: Kreuzband- und Innenmeniskusriß, dieses Mal im linken Knie. Ein Unfall, der zumeist direkt in die Sportinvalidität führt. Als Martina Voss in einem mehrstündigen Telefongespräch unsere Fragen beantwortet, fährt sie bereits seit einem halben Jahr täglich zur Krankengymnastik statt zum Trainingsplatz.

«Guck mal, wie die Voss rumläuft...»

Deine Italienpläne sind durch die Verletzung durcheinandergeworfen?

Martina Voss: «Ja, ich hänge im Moment ein bißchen in der Luft. Ich hab mir überlegt, was wäre eigentlich, wenn das jetzt in Italien passiert wäre? Die Mannschaft hier hat sich super verhalten. Die gibt mir das

Gefühl, daß ich weiter gebraucht werde. Dabei haben die noch nicht viel von mir gehabt. Das ist eine blöde Situation für mich, einfach ‹danke und tschüs› zu sagen, wenn ich wieder fit bin.»

Warum träumen eigentlich alle Spielerinnen vom TSV Siegen?
«Viele kommen nach Siegen, weil unser Trainer Gerd Neuser über seinen Blumengroßhandel sehr gute Verbindungen zur Geschäftswelt hat und sich sehr engagiert, den Spielerinnen auch eine gute Arbeitsstelle oder einen Ausbildungsplatz zu vermitteln in dem Bereich, den sie gerne machen möchten – wenn die Qualifikation da ist, klar.»

Gibt's beim TSV Siegen auch Bargeld?
«Ich bekomme die Fahrtkosten zwischen Duisburg und Siegen erstattet und ein paar Mark Mietzuschuß, damit ich eben hier finanziell klarkomme. (Bis April 1990 absolvierte Martina Voss noch eine kaufmännische Ausbildung beim Landessportbund in Duisburg.) Und das kann eben kein anderer Verein machen. Wir haben zur Zeit das größte Zuschauerpotential, und der Gerd steckt zusätzlich eine Menge Geld und Arbeit rein. Die Struktur des Vereins ist sehr gut, weil alles auf die Damenmannschaft ausgerichtet ist. Siegen ist eine kleine Stadt mit großem Hinterland, wenn die Leute hier vom Fußball reden, meinen die Damenfußball. Duisburg zum Beispiel ist ein riesiges Ballungszentrum mit unheimlich vielen Vereinen, der KBC hat in der normalen Meisterschaft 30 bis 50 Zuschauer, da kann kein Verein von leben. Da haben die Spielerinnen immer selber investiert. Ich hab die Trikots gewaschen und Tee gekocht, wir sind mit unseren eigenen Pkws gefahren, haben Spielerinnen umsonst abgeholt, in unserer Wohnung haben drei Monate lang Spielerinnen gewohnt, einer hab ich einen Job vermittelt. Und als ich dann gewechselt bin, hab ich kein Dankeschön gekriegt, sondern war plötzlich der schlechteste Mensch. Das war eine ziemlich negative Erfahrung, weil ich wirklich fünfeinhalb Jahre meine Knochen hingehalten hab, unheimlich viel investiert hab von mir, das gerne gemacht hab, aber wenn du dann im nachhinein noch fürchterlich niedergemacht wirst, das war schon eine Erfahrung, an der ich unheimlich zu knacken hatte.»

Und in Siegen ist alles besser?
«Ja, du mußt dich wirklich nur noch um Fußball kümmern. Da sind so viele Betreuerinnen und ehemalige Spielerinnen und welche aus der

zweiten Mannschaft um dich herum, die auch bereit sind, die anfallenden Arbeiten zu machen. In vielen Vereinen im Damenfußball ist es leider so, daß nur ein, zwei Leute den ganzen Kram bewältigen, und wenn die aufhören, bricht alles zusammen. Das ist schade. Da muß die Struktur in den Vereinen verbessert werden, daß einfach mehr Leute bereit sind mitzuhelfen.»

Nachwuchsprobleme habt ihr auch nicht?
«Wir haben drei Damen- und zwei Mädchenmannschaften. Das ist ein weiterer Standortvorteil von Siegen. Hier gibt es nicht so viele Möglichkeiten für Mädchen, Fußball zu spielen, deshalb nehmen die Mädchen weite Entfernungen in Kauf und fahren eben nach Siegen raus, weil in der Nähe nichts ist. Man kann es natürlich auch so machen wie Grün-Weiß Schönebeck in Essen, die vor zwei Jahren zur Förderung der Mädchenarbeit eine ABM-Stelle eingerichtet haben. Die haben jetzt 30 Mädchen und zwei Mannschaften. Ich trainiere die, wenn ich gesund bin, einmal die Woche und arbeite so ein bißchen mit. Die Mädchen sind natürlich unheimlich motiviert, wenn da jemand kommt, der so einen Riesenerfolg hatte und ein bißchen in der Öffentlichkeit steht. Die sind den richtigen Weg gegangen, in die Grund- und Hauptschulen rein und haben dort die Mädchen angesprochen. So was kann man machen, wenn man jemanden hat, der sich hauptberuflich darum kümmert.»

Gibt es demnächst Profis im Frauenfußball?
«Ich kann's mir nicht vorstellen, weil die Basis dafür noch gar nicht da ist. Man muß jetzt erst mal sehen, wie sich das mit der Bundesliga entwickelt. Überleg mal, wie lange der Männerfußball gebraucht hat, um eine Bundesliga zu bekommen. Das ist ein langer Weg, und ich weiß auch gar nicht, ob das so gut ist, wenn es irgendwann mal Profis gibt. Vielleicht gibt es bald Halbprofis wie in der Oberliga der Männer, also den Vertragsamateur.»

Ist das für dich eine Perspektive?
«Nein. Ich wollte auch nicht des Geldes wegen nach Italien, außerdem auch nur für ein Jahr. Ich glaube, daß ich das in Deutschland sowieso nicht mehr erleben werde. Frauen werden hier nie soviel verdienen können, daß sie im Anschluß an den Fußball nicht mehr arbeiten müssen. Es gibt ja auch nur wenige Fußballer, die das von sich behaupten

können. Von daher lege ich meine Priorität auf die berufliche Ausbildung. Ich kann mir auch nicht vorstellen, mit Ende Zwanzig noch auf dem Fußballplatz zu stehen. Ich werde spätestens dann aufhören, wenn ich merke, daß ich nicht mehr das bringen kann, was ich von mir erwarte. Ich bin eben doch sehr ehrgeizig und möchte vermeiden, daß irgendwer mal sagt, guck mal, wie die Voss rumläuft, die kann ja gar nichts mehr. Ich möchte später als Trainerin arbeiten, also auf jeden Fall dem Damenfußball verbunden bleiben. Ich möchte auch irgendwann mal Kinder haben, von daher denke ich, daß ich noch vier, fünf Jahre spielen werde.»

Hast du eine Trainerlizenz?
«Ich wollte sie im letzten Jahr machen, der DFB hatte das ja den Nationalspielerinnen angeboten, war aber beruflich verhindert. Aber ich werde beim nächstenmal meine B-Lizenz machen und mit Sicherheit später auch die A-Lizenz. Ich denke mir, wenn viele von uns Spielerinnen, wenn sie aufhören, weiter so für den Damenfußball arbeiten, wäre das für die Nachwuchsarbeit und die ganze Entwicklung unheimlich wichtig. Denn wir kennen uns aus, wir können was vermitteln, und die Mädchen haben auch was, wo sie sich dran hochziehen können. Ich seh das ja in Schönebeck, wenn ich da bin, sind die ganz anders motiviert. Die wollen dann natürlich alle besonders gut sein.»

Stargefühle?
«Nein. Ich hab da eher Probleme mit, wenn mich die Leute ansprechen, weil ich Nationalspielerin bin, und mich als etwas Besonderes ansehen. Ich sehe mich als ganz normalen Menschen mit vielen Fehlern und möchte auch von anderen so angesehen werden. Andererseits bin ich natürlich stolz auf die Europameisterschaft, aber das ist bei mir ein sportlicher Stolz. Wenn dann die Medien kommen, nehm ich das wahr, weil ich denke, dann wird über den Damenfußball gesprochen, das ist wieder ein Schritt nach vorne. Aber damit meine ich nicht meine Person, sondern unseren Sport. Es wurde eben früher kaum darüber berichtet, und deshalb nutzen wir jetzt unsere Chance, uns positiv darzustellen. Aber als Star fühl ich mich selbst überhaupt nicht.»

Hast du selbst Stars, ein Idol?
«Wenn ich früher als Sechs-, Siebenjährige mit den Jungen aus der Nachbarschaft über den Fußballplatz gerannt bin, wir hatten so Stra-

ßenmannschaften, dann hat natürlich jeder gesagt, ich bin jetzt der und der, und den Litti fand ich schon immer gut und hab glaub ich ein bißchen seine Art Fußball zu spielen auch noch als Rechtsaußen... nicht direkt kopiert, aber ich fand das halt toll, wie er Fußball gespielt hat. Mittlerweile imponieren mir Leute, wo du merkst, da kommt was rüber. Jürgen Klinsmann zum Beispiel, der auch bei einem 3:0 oder 4:0 noch rennt, noch ackert, weil er sagt, ich will den Zuschauern was zeigen. Ich war in der letzten Saison fünfmal in Uerdingen und hab fünfmal ein 0:0 gesehen und das Gefühl gehabt, als wenn die einer zwingt, Fußball zu spielen. So was regt mich auf. Und Klinsmann engagiert sich auch nur deshalb sozial, weil er das will, und nicht, damit alle sagen, was ist das für ein toller Typ. Und das kommt irgendwie rüber. Es machen ja so viele Leute Sachen, wo du merkst, die stehen gar nicht dahinter, die machen das nur, weil es ihnen Vorteile bringt oder das Image aufpoliert.»

Interessiert dich Politik?
«Ja, doch. Aber ich engagiere mich nicht irgendwie persönlich.»

Und früher? Du warst bestimmt mal Klassensprecherin...
«Ja, stimmt. Ich konnte schon immer gut reden. Wir hatten in der Schule so ein Schülersprechergremium aus fünf Leuten, da hab ich mitgearbeitet. Ich würde heute noch viele Dinge unheimlich gerne machen, aber zeitlich fehlt da immer einiges bei mir. Manchmal nervt es mich, daß ich nicht allen Leuten gerecht werden kann.»

Frauenbewegung?
«Ich hab relativ spät im Verein angefangen dadurch, daß meine Mama immer gesagt hat, Fußball ist nichts für Mädchen. Aber deshalb beziehe ich das nicht auf andere Bereiche, daß ich mich jetzt als Feministin sehe. Daß ich versuche, gegenüber der Männerwelt, die eben noch Vorurteile hat, meinen Sport so gut wie möglich zu verkaufen, das finde ich einfach nur legitim.»

Du hast zu Hause noch darum kämpfen müssen, Fußball zu spielen?
«Ja. Wir waren vier Mädchen in der Nachbarschaft, die haben komischerweise alle Fußball gespielt, schon mit fünf Jahren. Das war ganz toll, wir haben nicht nur Fußball gespielt, wir haben dann auch andere Dinge gemacht, was man halt so macht, wenn man immer mit Jungs zusammen ist. Aber von der Nachbarin kamen immer so Sprüche:

‹Mein Gott, wie läuft denn die Martina rum, mit kaputten Turnschuhen, das ist doch kein Mädchen...› Weißt du, solche Dinge eben, wo dann Mutti gesagt hat, mein Gott, jetzt sprechen mich die Nachbarn schon an... Ich bin dann mit zwölf zum erstenmal gefragt worden, ob ich nicht beim KBC in der Mädchenmannschaft spielen wollte, aber ich durfte nicht, und dann hab ich bestimmt vier Wochen lang zu Hause kein Wort mehr gesprochen, weil ich so sauer war, und nur geheult. Ich hätte auch viele andere Dinge machen können. Ich war im Tischtennis sehr gut, ich hab Leichtathletik gemacht, Handball gespielt, wollte

«Den Litti fand ich schon immer gut...»

aber nur in einen Fußballverein. Mein Sportlehrer hat dann einfach ein Probetraining ausgemacht, meine Mutter wußte nichts davon, und ich bin also zum KBC hin und hab gesehen, da kannst du mithalten. Da bin ich dann nach Hause und hab gesagt, Mutti, ich bin jetzt alt genug, ich geh zum KBC. Meine kleine Schwester (sechzehn Jahre) spielt jetzt auch schon seit drei Jahren Fußball im Verein und hatte keine Probleme mehr.»

Hat sich der Frauenfußball verändert, seitdem du in Duisburg angefangen hast?
«Vor zwei, drei Jahren gab es einen Rückschritt vom spielerischen Niveau her. Es fehlte wohl der Nachwuchs, und viele Spielerinnen in der Zeit waren schon zehn Jahre dabei, und das ließ natürlich ein bißchen nach. Die Nationalmannschaft allerdings, da spiel ich ja inzwischen auch schon sechs Jahre, hat sich unheimlich positiv entwickelt in den letzten vier Jahren. Am Anfang war es so, daß wir zwar technisch immer gut mithalten konnten, aber von der Kondition her die letzte Viertelstunde immer die Spiele verloren haben. Die Regionalliga hat viel gebracht, weil wir seitdem eben Sonntag für Sonntag gefordert wurden. Aber bei den Vereinen steigert sich das jetzt wieder ein bißchen. Hier im Westen haben zum Beispiel die kleineren Vereine wirklich vom fußballerischen Niveau her aufgeschlossen.»

Woran liegt es denn, daß überall der Nachwuchs fehlt?
«Nicht nur wir haben Nachwuchsprobleme, bei den Männern ist es ja genauso. Das Freizeitangebot ist eben unheimlich groß. Es gibt mittler-

weile viele Sportarten für Jugendliche, und jeder wirbt jetzt für seinen Sport. Im Mädchenbereich hast du oft das Problem, daß die Mädchen mit dreizehn, vierzehn sagen, ich hab jetzt einfach keine Lust mehr. Sie haben dann andere Interessen – Disco gehen, Freunde – und sind nicht mehr bereit, das zu investieren, was du in den Sport eben an Zeit und Energie investieren mußt. Ich hoffe, daß wir jetzt wenigstens die Vorurteile von Eltern abgebaut haben. Ich hab mich so ein bißchen umgehört, es ist schon ein kleiner Zuwachs zu sehen in den Vereinen. Wir müssen halt jetzt an die Schulen gehen, daß wir die Mädchen einfach werben, daß wir denen den Fußball erst mal nahebringen.»

Die Vereine stöhnen doch eher auf, wenn sie eine neue Abteilung aufmachen sollen...

«Das ist natürlich ein Problem, daß in vielen Vereinen ein paar Leute eine Mädchenmannschaft aufmachen wollen und die anderen dann sagen, nein, das kostet Geld, wir können uns eine zusätzliche Mannschaft gar nicht erlauben, wir haben keine Trainingszeiten mehr zur Verfügung usw. Andererseits sind das für mich so ein bißchen vorgeschobene Gründe, denn im männlichen Bereich liegen die Probleme auch an, und da machen die sich ja auch Gedanken und finden Lösungen.»

Lebst du eigentlich diszipliniert?

«Ja. Wenn ich sonntags ein Spiel habe, bin ich halt samstags um elf zu Hause. Ich hab auch meine Ernährung ein bißchen umgestellt, nicht jetzt total extrem, aber ich überlege schon, was ich zu mir nehme. Wenn ich Fußball spiele, schränke ich auch Alkohol am Wochenende ein. Während ich mich auf die neue Saison vorbereite, trinke ich keinen Tropfen. Ich merke ja selber, wenn ich so ein bißchen bewußter lebe, kann ich einfach bessere Leistungen bringen. Und da ich immer versuche, hundert oder vielleicht sogar hundertzehn Prozent zu bringen, muß ich natürlich auch was dafür tun. Für mich gehört das einfach dazu. Ich vermisse da nichts. Ich bin eh nicht der Typ, der jedes Wochenende auf Tour gehen würde. Ich war immer schon mehr auf den Sport fixiert. Aber das muß jeder für sich alleine entscheiden. Genauso akzeptiere ich es, wenn jemand sagt, ich mach das nur hobbymäßig in der unteren Klasse, ich möchte dafür am Samstagabend mit den Kumpels rausgehen, um drei Uhr nach Hause kommen und trotzdem sonntags spielen. Das ist genauso legitim.»

Was fällt dir spontan ein, wenn du die drei Buchstaben D-F-B hörst?
«Oh! Das sag ich lieber nicht.»

Und die druckreife Version?
«Es wurde mit Sicherheit innerhalb des DFB jahrelang zuwenig getan für den Damenfußball. Die Kritik müssen sich die Leute einfach gefallen lassen. Als ich mit sechzehn Jahren zu meinem ersten DFB-Lehrgang eingeladen wurde, hieß es, wir machen eine U 18 (Nationalmannschaft der unter Achtzehnjährigen). Die besteht bis heute noch nicht. Also da liegt vieles im argen. Die Leute konnten sich nie vorstellen, was wir alles in Kauf nahmen, um zum Beispiel zu Lehrgängen und Länderspielen zu kommen, daß zum Beispiel fast alle Spielerinnen ihren Urlaub dafür nahmen. Wenn eine aus beruflichen Gründen nicht jedesmal zum Lehrgang kommen konnte, hieß es gleich: ja, die will gar nicht. Dann wurde man zum nächsten Länderspiel teilweise schon nicht mehr eingeladen. Wir mußten den Leuten mühsam klarmachen, daß wir wirklich reine Amateure sind, daß wir alles investieren und nichts dafür bekommen. Mittlerweile sind die durch den Erfolg ein bißchen aufgewacht. Nach der Europameisterschaft haben viele gesagt, mein Gott, was habt ihr für einen tollen Fußball gespielt. Dabei haben wir diesen Fußball auf diesem hohen Niveau schon vor drei oder vier Jahren gespielt. Vom DFB hat sich ja kaum einer mal blicken lassen. Natürlich die Hannelore Ratzeburg, die unheimlich viel getan hat, nachdem endlich eine Damenreferentin im DFB zugelassen wurde. Beim DFB ist ja vieles aufs Finanzielle ausgerichtet. Ich glaube, die beobachten jetzt erst einmal die Entwicklung. Und dann sind eben noch viele, viele Männer drin, die auch schon ein bißchen älter sind, und die müssen erst mal umdenken. Ob die das überhaupt noch können, das will ich gar nicht beurteilen.»

«Da wollen jetzt viele ein bißchen vom Erfolg abhaben.»

Was war das für ein Gefühl, als Hermann Neuberger dir nach der EM stolz die Hand reichte?
«Ich steh da irgendwie drüber. Es gibt immer viele, die dann auftauchen, wenn der Erfolg da ist. Das ist überall so. Ich finde es ein bißchen schade, daß er das so hingestellt hat, als sei er schon lange ein Freund

vom Damenfußball. Ich bin der Meinung, man kann doch ruhig dazu stehen, daß man Vorurteile gehabt hat und das nun akzeptiert. Aber es gibt jetzt leider viele, auch im DFB, die sagen, wir fanden euch ja schon immer toll. Als wir nach dem Spiel hörten, wie der DFB-Präsident sagte: ‹*Wir* haben das gut gemacht›, da konnten wir nur den Kopf schütteln. Wir kennen die Realität nun mal. Er hat sich zum Beispiel damals zum Viertelfinale gegen die Tschechoslowakei angesagt, ‹ich komm bestimmt›, und kam nicht, beim nächsten Spiel wieder das gleiche. Im Endspiel, mit vielen Medien, da war er plötzlich da. Aber nicht nur er. Was da plötzlich für Funktionäre waren, die uns auf die Schultern klopften... Da wollen jetzt eben viele ein bißchen vom Erfolg abhaben.»

Du hast in der Nationalmannschaft mit Tina Theune-Meyer zum erstenmal eine Trainerin. Hast du Unterschiede festgestellt?
«In der Trainingsarbeit nicht. Andererseits, wenn ich jetzt so Probleme habe, die mich menschlich beschäftigen, ist es manchmal einfacher, darüber mit einer Trainerin zu sprechen. Optimal finde ich es, wenn du sowohl einen Mann als auch eine Frau als Ansprechpartner hast, wie es bei uns der Fall ist. Wobei ich für den Mädchenbereich eine Trainerin besser finde, weil die Mädchen doch sehr viele Probleme außerhalb vom Fußball haben, also vielleicht familiäre oder sexuelle Probleme, wo sie sich gar nicht trauen, mit ihrem Trainer darüber zu sprechen. Leider ist es noch so, daß es viel zuwenig qualifizierte Trainerinnen gibt.»

Woran liegt das?
«Es gibt zum Beispiel diesen Ausspruch von einem DFB-Trainer, der die A-Lizenz-Ausbildung macht und eine Spielerin mit dem Kommentar, Fußball ist Männersache, hat abfahren lassen.»

In der Nationalmannschaft kommen auch eher die Hübschesten zum Zug, las ich im *Spiegel*?
«Nein, das stimmt nicht. Gero meinte das aus Flachs, als er sagte, er würde bei zwei gleichrangigen Spielerinnen die hübschere aufs Feld schicken. Das hatte keinen ernsten Hintergrund. *Der Spiegel* hat daraus nur eine Geschichte gemacht. Das war ja mal wieder was... Bei den Männern fragt doch auch keiner danach.»

Dann dürfte dein Litti nie spielen...
«Wegen der krummen Haxen? Vielleicht gerade deshalb. Schönheit ist relativ. Er wirkt interessant.»

Was nervt dich am meisten im Fußball?
«Eigentlich schon diese blöden Sprüche von Männern, die meinen, sie würden auch mal kommen, zum Trikottausch.»

Womit überzeugst du Skeptiker von der Attraktivität des Damenfußballs?
«Meistens behaupten die Leute, Damenfußball ist nichts, die uns noch nie gesehen haben. Ich empfehle denen dann einfach, sich mal ein Spiel anzuschauen, aber unter der Voraussetzung, den Damenfußball wirklich als eigene Sportart mit eigenen Vorteilen anzusehen und diese Vergleiche mit dem Männersport einfach sein zu lassen, weil die körperlichen Voraussetzungen doch ganz anders sind. Deshalb rate ich denen immer, wenn ihr Fußball sehen wollt, wo auf technische Sachen Wert gelegt wird, dann schaut euch mal ein Spitzenspiel bei den Damen an und sagt dann, ob euch das gefallen hat oder nicht. Klar, wenn einer natürlich auf dem Standpunkt steht, ich will aber Kampf sehen und wie die sich in der Kreisklasse die Haxen brechen, dann soll er da seine Befriedigung suchen. Fußball bedeutet für mich eben, wirklich *miteinander* zu spielen. Ich freu mich über einen Doppelpaß, über eine gelungene Kombination, die den Leuten Spaß macht, das finde ich einfach toll, das finde ich besser, als wenn ich den anderen fünfzig Meter über den Platz jage und ihm dann von hinten die Knochen wegziehe.»

Du telefonierst sehr gerne?
«Merkt man das?»

Erst nach zwei Stunden...
«Stimmt, ich telefoniere gerne. Dafür verzichte ich sogar auf ‹Diese Drombuschs›.»

Martina Voss hat noch einmal Glück gehabt. Acht Wochen nach unserem Gespräch kann sie wieder am Training ihrer Mannschaft teilnehmen. Aber die Italienpläne hat sie vorerst auf Eis gelegt.

«1970 wollte irgendwer eine Damenmannschaft gründen, und da waren dann nicht genug Frauen. Also hab ich gesagt, okay, ich mach mit.» Im Mittelfeld natürlich, weil sie die Schnellste war. Wie viele Kickerinnen der ersten Generation kam Monika Koch-Emsermann von der Leichtathletik. Heute beherrscht sie als Trainerin des FSV Frankfurt quasi konkurrenzlos die hessische Szene.

Obwohl die Trainerin unbekannten Alters («da halt ich's wie die Zarah Leander») erst als Erwachsene mit Fußball begann («da kann man technisch nicht mehr viel erwarten»), hat sie immerhin – «als erste Frau in Hessen» – die Trainer-B-Lizenz erworben. Beim nächsthöheren Lehrgang fiel sie allerdings durch. Daß ihre individuelle Leistung für das Testergebnis ohne Belang war, stand zwar nicht im Zeugnis, doch abends beim Bier machten Lehrgangsleiter Holger Osieck und die Herren Kollegen keinen Hehl aus ihrer Einstellung: Im Fußball haben Frauen nichts verloren... Monika Koch-Emsermann revanchierte sich, indem sie die drittstärkste deutsche Frauenmannschaft aufbaute und mit ihr in den nächsten Jahren alles an Titeln und Pokalen holte, was im Angebot war: DFB-Vereinspokalsieger 1985, Deutscher Meister 1986; die hessischen Pokale und Urkunden füllen im Vereinshaus eine eigene Vitrine.

«...stehen da 95 Rentner rum und motzen...»

Seit zwanzig Jahren arbeitet Monika Koch-Emsermann inzwischen als Trainerin, davon fünfzehn Jahre für 150 Mark im Monat. Ähnlich ergeht es ihren Spielerinnen: «Wenn ich mir überlege, daß unsere Stammspielerinnen, die alle super Fußball spielen, jede ihre 300 bis 400 Mark im Monat bekämen wie die Reserve der Männer hier im Verein, die überhaupt nicht geradeaus kicken können! Aber solange am Spielfeldrand nur 40 Zuschauer stehen... Und der Sponsor, der dem Verein 5000 Mark spenden will, finanziert damit lieber den BMW eines Ersatztorwarts als die Fahrtkosten der Damen zu einem Pokalspiel.» Daran konnte auch die Tatsache nichts ändern, daß die Damen, in deren Reihen immerhin drei Nationalspielerinnen kicken, das einzige überregionale Aushängeschild des kleinen Vereins im Schatten der großen Eintracht sind. «Wenn wir auf dem Hauptfeld trainieren, stehen da 95 Rentner rum und motzen: ‹Was machen die denn da?!

Unsere Männer müssen auf'm Nebenplatz trainieren...› Wenn ich dann sage: ‹Was wollt ihr denn eigentlich: Eure Männer sind irgendeine Mannschaft in der dritten Klasse, wir sind eine deutsche Spitzenmannschaft›, dann geht's los: ‹Hähähähä, spiel doch mal gegen uns... Was verdient ihr denn so›...»

Heute trainieren die Herren ohne Publikum. Das Dutzend Stammgäste am Bornheimer Hang beobachtet die Damen. Die resolute Trainerin hat sich Respekt verschafft. Nicht nur im Verein: Schon die (heute nicht mehr amtierende) Damenreferentin des Hessischen Fußballverbandes konnte sich der kraftvollen Argumentation der Frankfurterin bisweilen nur durch Flucht entziehen. Der deutsche Fußball als unfreiwillige Kaderschmiede zukünftiger Feministinnen? Nicht unbedingt, aber selbstbewußter werden Frauen im Fußball auf jeden Fall, meint Monika Koch-Emsermann. «Man lernt zu argumentieren und sich auch gegen großen Widerstand und Spott durchzusetzen. Wenn ein Mädchen zum erstenmal vom Training mit einem blauen Knie nach Hause kommt, sagen gleich alle: Mensch, hör doch auf, du siehst doch, das is nix. Kommt der Bruder heulend vom Training, heißt es: Reiß dich zusammen, wer ein Rummenigge werden will, der muß auch mal was einstecken.» Hautabschürfungen, Prellungen, Zerrungen und Verstauchungen, unvermeidbare Verletzungen für AktivkickerInnen, haben schon die Karriere so mancher Spielerin frühzeitig abgebrochen.

Dennoch sind es oft kickende Brüder, die ihre Schwestern zum Kikken verführen. Die Zwillinge Dagmar und Kerstin Pohlmann (18) mußten sich erst in der Straßenmannschaft des großen Bruders bewähren, dann nahm er sie mit zum Verein. Auch FSV-Torfrau Katja Kraus (19), Sport- und Germanistikstudentin, hat so mit sechs Jahren angefangen. «Jeden Abend, im Sommer und im Winter, hab ich mit den Jungs aus der Nachbarschaft unten auf der Straße gespielt», erinnert sich Carmen Birkenbach (19). Da war sie acht. Idole? Kein Thema in der Runde, die sich nun nach dem Training allmählich im Vereinslokal einfindet, um bei Kaffee und Bier Feteneinladungen auszutauschen. Vorbild ist eher der große Bruder als Müller oder Häßler. «Und Frauen gibt's ja noch nicht so lange.» Carmen ist die einzige, die sich regelmäßig am Wochenende die Bundesligaberichte ansieht. Dagmar und Kerstin gehen auch als Zuschauerinnen lieber zum Damenfußball. Ins Waldstadion geht kaum eine. Monika Koch-Emsermann weiß «gerade mal, daß der Torwart von der Eintracht Stein heißt». Bundesligafußball findet sie «fürchterlich». Für sie sind Frauen- und Männerfußball «absolut zwei Paar Schuh». Schon die zaghafte Andeutung eines Vergleichs bringt sie in Rage. Sie ärgert sich auch über Komplimente wie das jenes *Kicker*-Redakteurs, ihre Frauen seien «Fußballkünstler wie die Männer um Sepp Herberger damals». «Wir sind doch nicht die Anachronisten des Fußballs. Wir sind die Damenmannschaft des FSV von 1990 und nicht die Helden von Bern oder Schalke 04 von 1920.»

Die FSV-Spielerinnen sind sehr jung, eine der jüngsten Mannschaften der Bundesliga, und äußerst selbstbewußt. Sie wissen, daß sie gute Chancen haben, die ewigen Favoriten des Frauenfußballs, TSV Siegen und SSG Bergisch Gladbach, zu beerben. Mit der achtzehnjährigen Martina Walter dürften sie die Torschützenkönigin der kommenden Jahre in ihren Reihen haben. Torfrau Mary Harvey, aus beruflichen Gründen derzeit in Frankfurt, gehört immerhin zum US-amerikanischen Nationalkader. Dort sind die Kickerinnen längst Profis. Die FSV-Spielerinnen haben andere Träume. Fußball als Beruf? «Unrealistisch», meint Kerstin Pohlmann knapp. «Mit zwanzig Mark brutto im Monat komm ich nicht aus.»

«Wir sind nicht die Helden von Bern.»

Dennoch sind sie sportlich ehrgeizig. «Schule geht natürlich vor, aber dann kommt gleich Fußball», meint Dagmar. Dreimal in der Woche Training, am Wochenende Spiel, «da bleibt wenig Zeit für andere Hobbys», bestätigt Carmen. Und wenn, dann sind es meist andere Sportarten: Volleyball, Squash oder Tennis. «Natürlich gibt's auch Vereine, denen es egal ist, ob sie am Ende der Saison auf Platz vier oder fünf stehen. Aber bei uns steht eben die sportliche Leistung obenan, und da geht man nun mal nicht in die Disco, wenn man am nächsten Morgen ein wichtiges Spiel hat», setzt Monika Koch-Emsermann definitiv den Maßstab. Frauenfußball ist keine stressfreie Oase. Zwei Dutzend Spielerinnen konkurrieren um ihre Stammplätze, maximal dreizehn kommen am Wochenende zum Einsatz – die besten. Wer sich einen Flop leistet, ist schnell draußen, «denn da wartet ja schon eine andere, die gerne in meine Fußstapfen tritt. Da verzichte ich doch lieber mal auf einen Discobesuch, als mich einen Abend zu amüsieren und dafür vielleicht wochenlang als Nummer vierzehn nicht mehr zum Spielen zu kommen.» Sie kämpfen um ihren Stellenwert, auch wenn der sich nicht wie bei den männlichen Kollegen in barer Münze auszahlt. Aber immerhin kann man als Stammspielerin des FSV von sich behaupten, zu den besten Kickerinnen der Nation zu gehören.

«Wenn man weiterkommen will, muß man zum FSV», bestätigt Stephanie Jones-Fields. Die siebzehnjährige Handelsschülerin spielt beim SG Praunheim. Bei dem kleineren Nachbarn gehört die offensive Mittelfeldspielerin zu den Stars. Deshalb will sie noch eine Zeitlang dort bleiben und «an mir arbeiten, technisch noch besser werden», und erst wechseln, wenn sie gut genug ist, um sich beim FSV einen Stammplatz zu sichern.

Die FSV-Trainerin gilt auch unter ihren Kolleginnen als äußerst ehrgeizig. «Du bist nie die beste Freundin deiner Spielerinnen», meint sie selbst. «Härte gehört zum Trainerjob dazu.» Früher habe sie «übertrieben und meine Mannschaften oft geradezu zum Sieg gezwungen», gibt sie zu. «Mit dem Resultat, daß ich nicht sehr beliebt war.» Schmerzhafte Erfahrungen: «Du bringst deine Mannschaft zum Erfolg und erntest als Belohnung Aggressionen.»

Ihre Trainingsarbeit ist anspruchsvoll, diszipliniert, ballorientiert. Monika Koch-Emsermann beobachtet konzentriert; keine Chance für Spielerinnen, Schwächen zu verstecken. Fast alle sind nicht nur für die höchste Spielklasse ungewöhnlich jung, sondern kommen auch aus der Umgebung. Monika Koch-Emsermann verfolgt sehr konsequent ihr Prinzip, keine «fertigen Spielerinnen» einzukaufen, sondern junge Talente über zwei, drei Jahre aufzubauen, auch wenn so zwangsläufig mal eine schwache Saison einkalkuliert werden muß. Der Umgang miteinander ist eher frotzelnd als autoritär. Die meisten Spielerinnen duzen ihre Trainerin, was selbst Profis wie Thomas Häßler beim 1. FC Köln bis heute versagt bleibt. Monika Koch-Emsermann: «Autorität besitze ich, also ist es mir egal, wie ich angeredet werde.»

«Im Fußball» ist Christel Rother seit 1967. Dazu kam die heute fünfzigjährige Referentin für Mädchenfußball des Deutschen Fußball-Bundes auf klassische Weise – durch ihren Mann. Der war Spielführer in der bayerischen Landesliga, und ihr wurde das allwöchentliche bloße Zuschauen zuwenig. So beschloß die Turnerin, auf Fußball umzusatteln.

Leichter gedacht als getan: Zu der Zeit gab es in ihrem Heimatort Weißenburg, einem mittelalterlichen Städtchen mit 14000 Einwohnern, keine kickenden Frauen. Christel Rother gründete mit einigen Gesinnungsgenossinnen eine eigene Mannschaft – die dritte in Bayern. Doch der DFB zeigte ihnen die kalte Schulter. «Dann ham mer das an bißl selbst organisiert.» Clevere Manager schalteten sich ein und begannen, den Damenmannschaften, 300 waren es inzwischen allein in Bayern, Spiele im Ausland zu vermitteln. Ein Wermutkonzern schickte sich an, die erste Damen-WM zu organisieren. Da erst schreckte der DFB, selbsternannter Monopolist als Veranstalter hochkarätiger Fußballbegegnungen, auf und legalisierte im Oktober 1970 mißmutig das «widerliche Fressen für Voyeure» (FIFA-Trainer Dettmar Cramer). Nur Gerd Müller, der Bomber der Nation, blieb konsequent und verbot seiner Frau das Kicken.

«Dann ham mer das an bißl selbst organisiert.»

Das männliche Publikum jedoch war begeistert. Schönheitskonkurrenz und Schützenfest zugleich als Vorspiel vor dem «richtigen» Fußball. Ein- bis zweitausend Zuschauer waren in den Monaten nach der Legalisierung auch bei reinen Frauenbegegnungen keine Seltenheit. Hauptsache, es gab genug zum Lachen. Doch schon zwei Jahre später war der Zuschauerschnitt auf ein Zehntel gesunken. Zum Endspiel um die erste offizielle Deutsche Meisterschaft 1974 kamen gerade noch 3800 Zuschauer. Immer noch in der Mehrzahl Männer, doch das sportliche Interesse war geweckt. Am 20. Oktober 1974 wählten die Zuschauer der ARD-Sportschau zum erstenmal den Treffer einer Spielerin zum «Tor des Monats».

Über 36000 Kickerinnen schlossen sich allein in dieser Saison dem DFB an. Der Fußball überrundete in der Beliebtheitsskala alle anderen Mannschaftssportarten für Frauen; vor allem in ländlichen Gegenden, wo das Angebot an Sportarten noch sehr eingeschränkt war, wurde der Damenfußball Sport Nummer eins. Nicht, daß das etwas an der Einstellung der Sportfunktionäre geändert hätte. DFB-Chef Neuberger fand immer noch, «Fußball ist nichts für Mädchen», und verbot «seinen» Frauen die Teilnahme an internationalen Turnieren.

«Das war eine schlimme Zeit», erinnert sich Christel Rother. «Es war

Jahr	Mädchen- und Frauen im DFB	Mädchen- und Damenmannschaften
1971	74 880	1110
1972	111 579	1788
1973	134 590	2031
1974	162 125	1811
1975	197 961	1790
1976	215 817	1798
1977	274 033	2102
1978	333 675	2238
1979	379 846	2252
1980	384 598	2457
1981	383 171	2701
1982	407 102	2891
1983	405 337	3284
1984	437 045	3430
1985	441 932	3443
1986	450 709	3300
1987	474 797	3137
1988	479 098	3058
1989	484 144	2997

Quelle: DFB-Statistiken

Jahr	Mitglieder Mädchen bis 14	Mitglieder Damen über 14
1980	80 901	303 697
1981	56 479	326 692
1982	62 635	344 467
1983	59 694	345 643
1984	62 351	374 694
1985	54 544	387 388
1986	55 000	395 709
1987	56 047	418 750
1988	52 249	426 849

Quelle: DFB-Statistiken

Jahr	Mädchenmannschaften	Damenmannschaften
1980	668	1789
1981	779	1922
1982	875	2016
1983	961	2323
1984	975	2455
1985	950	2493
1986	872	2428
1987	740	2397
1988	732	2326

Quelle: DFB-Statistiken

irgendwie, als wenn man eine Krankheit hätte. Ich denk nicht gerne daran zurück. Da mußte man ein wirkliches Durchstehvermögen haben.»

Ein Schiedsrichter schlug ihr einmal vor, «wenn ich vom Fußball nix versteh, dann sollt ich heim zu meine Kochtöpf. Der wußte wohl nicht, daß ich selbst Schiedsrichter war.» Die Pfeife wurde vom Verband mit einer Strafe belegt, aber genützt hat es wenig. «Solche Kommentare blieben lange die Regel.»

Christel Rother ist nicht nur Schiedsrichter- und Spielerin («heute noch, wenn's einer fehlt»), sie war auch die erste bundesdeutsche B-Lizenz-Trainerin. «Die haben mir immer gesagt, Frau Rother, davon verstehen Sie nix, da können s' net mitreden. Das hat mich so gewurmt, da wollt ich das Gegenteil beweisen.» Seitdem hat sie Ruhe. Die Prüfung legte sie allerdings entgegen der bayerischen Sitte, Frauen gesondert zu prüfen, gemeinsam mit den Männern ab. «Um gleich Vorurteilen den Wind aus den Segeln zu nehmen. Es ist gefährlich, wenn Frauen irgendwelchen Sonderregelungen unterworfen werden. Das fällt immer auf sie zurück. Mich haben Leute immer wieder angesprochen: Gell, Frau Rother, sie haben doch bestimmt nur eine Frauen-Lizenz, net woar?»

Daß Frauen extra geprüft werden, steht nicht im DFB-Regelwerk. «Das bestimmt ein einziger Mann, der dafür zuständig ist.» Selten seien es die DFB-Gesetze, die gleiche Startbedingungen für Frauen verhinderten, sondern «zumeist sitzen einzelne Herren der Schöpfung in zentralen Positionen und boykottieren fleißig», erregt sich Christel Rother, zögert dann kurz und will nicht weiter darüber reden. «Ich will erst Taten verbringen. Dann kann ich rangehen, das hier im Haus zu bereinigen.»

Hannelore Kloninger war bereits 32 Jahre alt, als sie mit dem Fußball begann. Sportlich war sie allerdings schon immer. Als junges Mädchen wurde sie Schwimmerin im Verein, in der Schule bevorzugte sie Handball. Mit dem Wassersport hörte die in Berlin-Stadtmitte Geborene auf, als die Mauer kam. Denn da lag ihr Verein plötzlich auf der falschen Seite. 1962 heiratete sie einen Spieler des BFC Meteor. Die Damenmannschaft des Berliner Fußballclubs entstand acht Jahre später aus einem Gag heraus: Die alten Herren erwarteten Turnierbesuch aus Westdeutschland, die Gattinnen sollten das Vorspiel bestreiten. Als dann jedoch auch noch das erste Testspiel gegen den 1. FC Lübars mit 1:0 gewonnen wurde, war das Feuer – trotz anfänglicher Wadenkrämpfe und Muskelkater – entfacht. «Wir haben dann weiter engagiert Fußball gespielt und an den Vereinsvorstand den Antrag gestellt, eine Damenmannschaft in eigener Verantwortung bilden zu dürfen.» Eigenverantwortung hieß natürlich Selbstfinanzierung – frau war realistisch: Viel Unterstützung war nicht zu erwarten. Ein paar verwunderte Herren spendeten Trikots und Bälle.

Als der Verband 1971 den Damenfußball legalisierte, wurde Hannelore Kloninger auch Sportfunktionärin. 1974 nahm sie einem Mann das Referat für den Damenfußball aus den Händen. Das hat sie noch heute inne, seit 1989 auch auf DFB-Ebene, zuständig für die öffentliche Präsentation des Damenfußballs. Als Frau in einem der konservativsten Männerbünde der Welt – kein leichter Job. «Ich leide unter keiner Profilneurose, das ist für die Karriere als Funktionärin eher hinderlich.» – «Ich trage meinen Verbandsausweis nicht in der Tasche spazieren, damit ich freien Eintritt zu allen Fußballspielen habe, sondern ich arbeite auch dafür» – spitze Bemerkungen aus dem Off sind ein Markenzeichen der Hannelore Kloninger. «Ich will nicht sagen, daß ich ein ordinärer Typ bin, aber bei mir brennen schon mal die Glühbirnen durch und dann knall ich auch auf den Tisch, was ich zu sagen habe.» Spielerinnen der von ihr betreuten Landesauswahl erinnern sich an Rügen, die sie einstecken mußten, weil sie im Trainingsanzug oder bei offiziellen Empfängen rauchten oder vorlaut kicherten. «Wenn man immer mit Männern zu tun hat, prägt das natürlich. Man legt irgendwann die weiche Welle ab, man steht immer in der Igelstellung bereit, um irgendwelche Angriffe auf den Damenfußball abzuwehren.»

Oft bremsten auch die Geschlechtsgenossinnen im Frauenausschuß resolutere Töne. «Hannelore, so kannst du nicht reden!» Deshalb ist Quotierung für Hannelore Kloninger «ein Reizwort, bei dem ich rot sehe. Profilneurosen kriegen auch Frauen.»

Zwanzig Jahre im Frauenfußball – was hat sich in dem Zeitraum verändert? «Wenn wir damals schon die Unterstützung von heute gehabt hätten, hätten wir Kopfsprünge gemacht. Wir haben eine unheimlich gute Lobby im Moment.» Der spontanen Euphorie folgt ein «Aber»: «Die Spielerinnen nutzen die Lobby nicht aus. Man kann ja nur was mit Leistung vollbringen. Und mit der Leistung unserer Spielerinnen kann ich mich nicht zufrieden geben.» Das Berliner Trauma: Stagnation in fast allen Vereinen, seit Jahren keine Nationalspielerin mehr, zwei Neuköllner Ausnahmetalente, die sofort in die Auswahl kämen, wollen einfach nicht, Berlins Aushängeschild Tennis Borussia läßt sich von Drittkläßlern abfertigen. Hinzu kommt das Standardproblem: «Die Vereine gehen immer noch davon aus, daß die Spielerinnen wie vor fünfzehn Jahren von selbst an die Tür klopfen. Aber so ist es ja nicht. Man muß jetzt schon an die fußballbegeisterten Mädchen persönlich rangehen. Der Selbstläuferboom ist erschöpft.» Hannelore Kloninger, Jahrgang 1937, vermißt die Leistungsbereitschaft. «Ohne Fleiß kein Preis. Der Fleiß ist das Training, der Preis ist die Zugehörigkeit zur entsprechenden Spielklasse, der Tabellenstand. Mit Null-Training kann ich nicht Berliner Meister werden.» Selbst in der Auswahlmannschaft registriert sie immer mehr Spielerinnen mit enormen Rückständen. «Dann ist es zu spät, noch was zu ändern. Denn in der Auswahl kann nur noch gefeilt werden, da können wir nicht mit Konditionsübungen für Anfänger ankommen.»

Oft fehlen in den Vereinen die Voraussetzungen für eine solide Trainingsarbeit. Die Realität ist leider, daß die erste Damenmannschaft hinter der E-Jugend rangiert.»

Wenn Marco van Basten aufs Spielfeld läuft, glänzen die Augen der Fußballfreunde auf den Rängen. Der sechsundzwanzigjährige Niederländer in Diensten des AC Milano, zweimal in Folge zu «Europas Fußballer des Jahres» gekürt, bietet Filigransport vom Feinsten. Ein Fußballkünstler, der mit dem Ball am Fuß zu verschmelzen scheint, der seine Gegenspieler elegant umdribbelt, dabei Tricks vorführt, die eigentlich gar nicht funktionieren *können*, zum Entzücken seiner Fans noch zwei Pirouetten anhängt und dennoch in 26 Meisterschaftsspielen 37 Tore schießt. Fußball-Ballett pur – das niederländische Fernsehen führte es vor und schnitt Bewegungsstudien des Fußballästheten van Basten und des Startänzers Clint Farrah übereinander – mit beeindruckendem Ergebnis.

«Profilneurosen kriegen auch Frauen.»

Der schönste Kicker Europas, seit dem Niedergang des brasilianischen Fußballs vielleicht sogar der Welt, ist ein «Ausnahmetalent», denn des Wunderknaben Stärken (Geschicklichkeit, Gewandtheit und Beweglichkeit) sind – typisch weiblich.

Was Spielerinnen in Interviews zaghaft mutmaßen – «Unser Fußball ist schöner», «weniger Kraft, mehr Technik»... – haben WissenschaftlerInnen längst akribisch erforscht. Das Fußballspiel ist ein Frauensport. Pauschalisiert: Männer sind reaktionsschneller, Männer besitzen bis zu 40 Prozent mehr absolute Muskelkraft und in Verbindung damit 20 Prozent mehr Ausdauer. Frauen dagegen haben einen ausgeprägteren Muskel- und Gleichgewichtssinn, ihre Motorik, die Koordination von Hand-, Kopf- und Fußbewegungen, funktioniert eleganter, ihre Körperbeweglichkeit ist dank ihres dehnfähigeren Bandapparates größer. Diverse Untersuchungen haben gezeigt: Mädchen, die unter gleichen Bedingungen (Alter, Intensität) gemeinsam mit Jungen zu kicken anfangen, sind den Knaben technisch bald haushoch überlegen. Männer kompensieren ihre Schwächen mit Kraft und Dynamik.

Es gibt in der Tat zwei Arten von Fußball, die lediglich nach demselben Regelwerk funktionieren: der Brutalo-Kampfsport und die filigrane Ballkunst. Wir haben die Wahl: zwischen Rambo Augenthaler oder der Ballartistin Marcia van Basten.[3]

Jugend ohne Ball?

Sorgen um den Nachwuchs

«Auch dem Fußball laufen die Jugendlichen nicht mehr wie vor Jahren in Scharen zu», ermahnte Willi Scheuerl, Vorsitzender des DFB-Jugendausschusses, die Delegierten des Bundesjugendtages 1989 zu größeren Aktivitäten. Die Statistiken sprechen eine deutlichere Sprache: Fast allen Verbänden und Vereinen des DFB laufen sie geradezu in Scharen davon.

Eine Studie des Bayerischen Fußballverbandes, mit über einer Million Mitgliedern der größte im DFB, förderte pünktlich zum DFB-Bundestag im Herbst 1989 erschreckende Zahlen zutage: Von 1978 bis 1988 verloren die bayerischen Vereine 1081 (28 Prozent) ihrer A-Jugend-Mannschaften (Sechzehn- bis Achtzehnjährige), davon allein 652 in den letzten drei Jahren. Von 4439 Vereinen in Bayern haben nun 1631 keine A-Jugend mehr. Noch verheerender sieht es bei der B-Jugend aus: In 3209 Vereinen (72 Prozent) finden Vierzehn- bis Sechzehnjährige derzeit keine Möglichkeit, mit Gleichaltrigen Fußball zu spielen. Für C-Jugend-Kicker (Zwölf- bis Vierzehnjährige) existieren gerade noch 2570 Mannschaften, 1342 weniger als vor zehn Jahren. Und das, obwohl der Andrang in den jüngeren Altersklassen ungebrochen stark ist: 5728 D-, E- und F-Jugend-Mannschaften (Sechs- bis Zwölfjährige) beteiligten sich 1988 am bayerischen Spielbetrieb, 2463 mehr als 1978. Doch: Spätestens mit sechzehn Jahren steigen mehr als die Hälfte dieser Jugendlichen aus dem Vereinsleben aus.

Die bayerischen Zahlen sind durchaus repräsentativ. Zur Saison 1989 fehlten dem DFB plötzlich bundesweit 1917 A- und B-Mannschaften. Ganze Spielklassen mußten eingestellt werden, trotz zahlreicher «Spielgemeinschaften», in denen Jugendliche verschiedener Vereine zusammengepackt wurden. Noch Schlimmeres verhinderten nur die Kinder der ersten und zweiten Einwanderergeneration, die mit ihrem regen Interesse am Vereinssport den Verbänden «aus der Klemme helfen. Viele Fußballvereine müßten im Jugendbereich ihren Betrieb einstellen, wenn die ausländischen Kinder und Jugendlichen nicht mitmachen würden.»[1] Mannschaften werden aufgelöst, die verbliebenen Spieler müssen wandern, in ländlichen Regionen oft sehr weit. Im Bereich des Niedersächsischen Fußballverbandes wechselten in der Saison 88/89 mehr als 2800 Jugendliche den Verein, «davon vielleicht 5 Prozent aus Leistungsgründen», schätzt Lothar Bornhuse, Vorsitzender des Jugendausschusses. «Alle anderen mußten ihren Verein verlassen, weil es ihnen dort nicht mehr möglich war, Fußball zu spielen. Da läuft doch was schief.»

«Wenn Jugendliche zum Verein kommen, um Fußball zu spielen, und dann schon beim Training keinen Ball zu sehen bekommen, dann brauchen wir uns nicht zu wundern, wenn die sich sagen, na gut, wenn ich hier sowieso nur Runden rennen muß, dann kann ich auch gleich Leichtathlet werden», wundert sich der Ex-Schalker Klaus Fichtel schon lange nicht mehr über die Unzufriedenheit fußballbegeisterter Jugendlicher mit vielen DFB-Vereinen. Der dreiundzwanzigfache Nationalspieler ist heute wieder bei seinem Verein angestellt – als Jugendtrainer.

20000 Aussteiger pro Jahr.

Als Klaus Fichtel sich mit zwölf Jahren bei Arminia Ickern zum Training anmeldete, hatte er am Ball schon «ziemlich viel drauf. Das kam einfach so über die Straße, über Schulmannschaften...» Im Verein spielte man weiter wie auf der Straße, vielleicht ein wenig geregelter. Zwei, drei Runden zum Aufwärmen, eine kurze Übung zur Verbesserung der Torschußqualitäten und schon bildeten sich zwei Mannschaften. Erst mit dem Aufkommen anderer, athletischer Sportarten Anfang der 70er Jahre ergänzten die Fußballtrainer ihr Repertoire um ballfreie Übungen, um Konditionstraining und Kraftmaschinen. Dribbeln und Pässe lernten die Jugendlichen ohnehin auf der Straße. Viele Übungsleiter glaubten das zehn Jahre später immer noch. Sie ließen Jugendliche, die nie die Möglichkeit hatten, auf der Straße zu kicken, weiterhin fluchend ihre Runden drehen, und übersahen, daß die meisten technisch nichts zustande brachten. So wurde – und wird immer noch – von unqualifizierten Jugendbetreuern eine Generation von Fußballrüpeln, Kloppern und Rennern künstlich hochgezüchtet. Und eben 20000 Aussteiger pro Jahr.

«Die Diagnose ist gestellt, die Ursachen sind erkannt, Vereine und

Jahr	Mitglieder: Junioren bis 14 Jahre	Junioren 14–18 Jahre
1982	778 285	612 391
1983	773 190	601 976
1984	755 449	578 273
1985	711 139	564 348
1986	743 428	467 514
1987	722 199	448 591
1988	717 362	408 064
1989	725 627	378 488

Jahr	Juniorenmannschaften A + B (14–18)	C–F (bis 14 Jahre)
1982	24 832	42 917
1983	24 970	43 759
1984	24 666	43 490
1985	23 649	41 804
1986	22 660	40 154
1987	20 829	40 577
1988	19 019	40 773
1989	17 102	41 950

Quelle: DFB-Statistiken

Verbände reagieren», urteilte *Kicker*-Redakteur Werner Schilling, seit Jahrzehnten aufmerksamer Beobachter der Jugendszene, hoffnungsvoll noch vor einem Jahr. Doch seitdem ist wenig geschehen. Ideen und Konzepte existieren viele – von Berti Vogts' Acht-Punkte-Programm über Mitgliederwerbeaktionen und Lehrgänge für Lehrer- und KindergärtnerInnen bis zum Bundeswettbewerb «Grünes Band», bei dem alljährlich 50 Vereine für ihre gute Jugendarbeit mit einer 10 000-Mark-Prämie ausgezeichnet werden. Doch umgesetzt wird kaum etwas. An dem vom Deutschen Sportbund ausgerichteten Wettbewerb beteiligte sich zuletzt trotz der attraktiven Summe nur jeder 200. Verein.

Der Jugendausschußvorsitzende Willi Scheuerl hat die Sache im Griff. Glaubt er. «Positiv denken» heißt sein Motto. Warum ein Problem mühsam lösen, wenn es sich auch wegdefinieren läßt: «Es kommt immer nur auf die Beurteilung an, ob wir eine Flasche halbvoll oder halbleer sehen.» Auf dem DFB-Bundestag 1989 übernahm er die Mitverantwortung für einen Beschluß, der es den Vereinen nun gestattet, auch im Bereich der Zwölf- bis Vierzehnjährigen gemischte Mannschaften zu bilden. So müssen sie keine Mädchenmannschaften mehr gründen und verlieren trotzdem nicht das «Material» für die lukrativeren Damen. Ein Freischein für fehlendes Engagement. Die zwangsläufige Folge: ein weiterer, verheerender Einbruch des Mädchenfußballs überall dort, wo der Beschluß praktiziert wird. Oben Bundesliga, unten Pleite. Wie gehabt. Die Referentin für Damenfußball lief vergeblich Sturm, der zuständigen Referentin für Mädchenfußball wurde rüde nahegelegt, «sich da rauszuhalten». Sie schwieg. Keine einzige Frau sprach sich für den Antrag aus. Stimmberechtigt waren ohnehin nur so viele wie im Deutschen Bundestag von 1952. «Farbenfrohe Tupfer in der grauen Masse der Männer» (Hermann Neuberger).

Die Null-Bock-Generation

Als Ursachen der Nachwuchsflaute (an)erkannt haben DFB-Vereine und -Verbände vor allem solche, die außerhalb ihrer Verantwortung liegen: der «Pillenknick» (ungeachtet der Tatsache, daß die Geburtenraten längst wieder ansteigen), die Konkurrenz durch andere Sportangebote (vor allem Hallensport und Individualsportarten vom Skateboardfahren bis zum Bodybuilding), die alles überrennende Freizeitindustrie, das mangelnde Leistungsstreben der «heutigen Jugend». Genuß statt Stress.

Dabei ist es eher die massenhafte Leistungsverweigerung der Alten, die den Vereinen Kopfzerbrechen bereitet. Wilhelm Küfner, Geschäftsführer des Bayerischen Fußballverbandes: «Wir brauchen erst Betreuer, dann die Jugendlichen – nicht umgekehrt.» Es wird immer schwieriger, qualifizierte Betreuer selbst für vorhandene Kinder- und Jugendgruppen zu finden. Und «auch der willigste Jugendliche hat bald keine Lust mehr, wenn zum x-tenmal das Training oder das Spiel ausfällt, weil Trainer oder Betreuer was anderes vorhaben», kritisiert der

Kasseler Bezirksjugendwart Karl-Heinz Lazik seine Sportkameraden und fordert, «die besten Mitarbeiter für die Jugendarbeit abzustellen. Eine gute Jugendarbeit läßt sich nicht an der Höhe der Spielklasse ablesen, sondern daran, daß sich die Jugendlichen im Verein wohl fühlen und dem Fußball auf Dauer erhalten bleiben.»[2] Eine so verstandene Jugendarbeit ist teuer, zeitintensiv und nicht sehr prestigeträchtig. Dementsprechend ist auch ihr Stellenwert in den meisten Vereinen: ein ungeliebter Kostenfaktor. Engagement im Jugendbereich bedeutet zu 95 Prozent ehrenamtliche Arbeit und «ein halbherziges Dankeschön zu vorgerückter Stunde bei der Jahreshauptversammlung». Die Null-Bock-Generation sitzt in den Vorständen.

«An jedem Wochenende gehen bis zu 60000 Fußballer frustriert nach Hause, weil sie als Nummer 14, 15 und 16 auf der Ersatzbank saßen.»

So gelangen alle Reformideen engagierter Vordenker schnell an ihre strukturellen Grenzen. Was «von oben» durchgesetzt werden kann, ist eingeleitet: So soll die zweimonatige Winterpause, die ganze Mannschaften fraß, weil deren Mitglieder zu Hallensportarten abwanderten, weiter verkürzt werden. So wurden vielerorts C- bis F-Mannschaften auf sieben Spieler verkleinert, die Spielzeiten für alle Junioren gleichzeitig um zehn Minuten verlängert. Das bedeutet: mehr Ballkontakte für jeden einzelnen. Berti Vogts fordert darüber hinaus eine Reduzierung der Reservebänke: «An jedem Wochenende gehen bis zu 60000 Fußballer frustriert nach Hause, weil sie als Nummer 14, 15 und 16 auf der Ersatzbank saßen.» Fünf Aktive auf der Bank, eine notwendige Reserve für ein Bundesligapunktspiel – aber auch für vierzehnjährige Freizeitsportler? Berti Vogts: «Ich plädiere dafür, daß ein Verein pro Spiel nur noch 13 Spieler nominieren darf, dann sind die drei heute noch frustriert herumsitzenden Spieler für andere Mannschaften frei und können dort wirklich zum Einsatz kommen.»

Prestigegeile Väter – trotzige Kinder

Zuwenig Ballberührung, überzogene Erfolgsansprüche – wesentliche Gründe für die Austrittswelle der Vierzehn- bis Achtzehnjährigen. Der lockere Spaß am Spiel wurde ins Abseits gedrängt. Sport «just for fun», als Ausgleich zum Schul- und Berufsstress, scheint für viele Betreuer und Eltern nicht akzeptabel. «Da hüpfen von der F-Jugend an oft genug Eltern am Spielfeldrand herum und schreien ihre Kinder an. Ehrgeiz dieser Art ist nicht förderlich. Ich sehe darin eine große Gefahr», warnt der blonde Italien-Heroe Jürgen Klinsmann. «Wenn Jugendliche derart unter Druck gesetzt werden, dann verlieren sie die Freude am Spiel, weil allein der Erfolg im Vordergrund steht. Wenn sie dann mit sechzehn Jahren die Nase voll haben und aus einer gewissen Trotzreaktion heraus mit dem Sport aufhören, regen sich viele darüber auf; es ist aber die Folge eines fatalen Fehlverhaltens von Erwachsenen.»[3] Mit biswei-

Er stand im Tor, der Fotograf davor. Und gewann den 1. Preis im DFB-Fotowettbewerb. Walter Buchholz lichtete den Torwart Peer Teigelack beim F-Jugendtraining des Rüttenscheider SC in Essen im entscheidenden Moment ab. Der Keeper hielt.

len an Körperverletzung grenzendem Fanatismus treiben prestige- oder geldgeile Väter und Trainer (am schlimmsten in der Kombination: Väter als Trainer) ihre Zöglinge in unsinnige Wettkämpfe hinein. Erfolg *statt* Leistung. Der Gewinn eines Turniers wird wichtiger als die sportliche Leistung der Spieler – von der Freude an diesem Mannschaftssport ganz zu schweigen.

Inzwischen wird es sogar dem DFB zu bunt. «Der Erfolgsdruck beschleunigte eine Entwicklung, die einer auf die Zukunft gerichteten Förderung der Nachwuchsspieler widerspricht», klagte Vorstandsmitglied Willi Scheuerl im Anschluß an die vom DFB selbst ausgerichteten Deutschen Junioren-Meisterschaften. «Der Siegeswillen der Teams beherrscht die Spielweise so stark, daß eine spielerische Entfaltung der Akteure immer schwieriger wird. Der Leistungsdruck unterminiert zunehmend die Chance, sich zu Spielerpersönlichkeiten zu entwickeln.»[4] Im Klartext: Den Bundesligaprofis von morgen wird schon heute die Defensivtaktik antrainiert. Eine optimale Strategie, um die Stadien endgültig von Zuschauern zu befreien.

«Die taktische Einstellung der Teams konnte kaum noch verbessert werden», lobt Willi Scheuerl mit ungewohnter (oder unfreiwilliger) Ironie auch die Teilnehmer der alljährlich in Duisburg ausgetragenen DFB-Junioren-Wettbewerbe. «Wie bei den Spielen um die Deutsche Meisterschaft war in erster Linie der Wille zum Sieg und eine gute Plazierung Grundgedanke der vorgegebenen Spielweise. Vor allem waren die Auswahlteams vielfach zu defensiv eingestellt, und es kamen nur wenige Stürmer zum Einsatz. Die disziplinierte Spielweise verhinderte möglicherweise die Entfaltung überragender Spielerpersönlichkeiten.» Das Resultat: Fußball zum Abgewöhnen. Technisch versierte junge Talente, sportlich ehrgeizige Individualisten werden in ihrer wichtigsten Entwicklungsphase in ein taktisches Korsett gepreßt. Das alles, damit ein sportlich wie finanziell irrelevanter Pokal in einer hessischen statt in einer westfälischen Vitrine verstauben darf.

Wie daneben die Nachwuchs«förderung» zum Teil bereits liegt, zeigte zuletzt die DFB-Werbeaktion «Fußball macht Freude», eine von Berti Vogts konzipierte Maßnahme gegen den Mitgliederschwund, bei der Zehn- bis Vierzehnjährige anhand von fünf Übungen «in spielerischer Form» technische Kenntnisse und Ballgefühl vorführen sollen. 1989 mündete die Aktion bei der Ausscheidung des Bundessiegers in einen peinlichen Eklat, so daß Willi Scheuerl wieder nur konstatieren konnte: «Leider scheint bei einigen Verantwortlichen bereits der Ehrgeiz und der Erfolgswille über den Spaß am Spiel gesiegt zu haben. In den nächsten Monaten muß deshalb ernsthaft darüber nachgedacht werden, ob auf die Ausspielung des Bundessiegers verzichtet werden kann, um das Erfolgsstreben nicht zu sehr herauszufordern.»[5]

Berti Vogts hatte schon 1988 nachgedacht und provokativ für eine Abschaffung von Meisterschaften und Pokalwettbewerben auf Bundesebene plädiert – zumal die ohnehin immer mehr zum Wettlauf der Giganten, zum Talentepool der Bundesligaclubs verkommen. Spätestens seitdem die Lizenzvereine dazu übergingen, extra für die Endrunden der Deutschen Junioren-Meisterschaft noch schnell neue Spieler zu verpflichten, ging der Anteil der Amateurvereine sprunghaft zurück. Bei den B-Junioren schaffte es lediglich der vorbildlich in der Jugendarbeit engagierte FC Hertha 03 Zehlendorf, sich 1988 die Meisterschaft und im Jahr darauf die Vizemeisterschaft zu sichern. Bei den A-Junioren gelang es seit 1987 keinem einzigen Amateurverein, auch nur in die 3. Runde zu kommen.

«Wir brauchen keine Gaukler, die bei der ersten ernsthaften Belastung kneifen oder zusammenbrechen.»

Trotz «Stützpunkt-Training» vor Ort für alle DFB-Auswahlspieler konzentrieren sich die Talente immer stärker und immer früher bei den Vereinen der 1. und 2. Bundesliga.[6] Vereine wie der VfB Stuttgart oder Bayer 04 Leverkusen kaufen bundesweit alles auf, was nach gutem «Spielermaterial» aussieht, und treiben damit die Preisspirale (incl. Job für Vati und vielem, was es nach hehrer DFB-Moral eigentlich gar nicht geben dürfte) so unverblümt nach oben, daß sogar der moderate Jugendausschußvorsitzende Scheuerl öffentlich vor dem «Scheckbuchfußball» der Bundesligavereine warnte. Bayer-Manager Rainer Calmund konterte trocken: «Wir bei Bayer Leverkusen sind für eine vernünftige Konzentration. Wir holen unsere Talente von überallher. Nichts spricht dagegen. Leistungsdruck und Nervenbelastung wollen früh bemerkt und ausgehalten werden. Wir brauchen keine Gaukler, die bei der ersten ernsthaften Belastung kneifen oder zusammenbrechen.»[7]

Mehr als drei Millionen Mark investieren die achtzehn Clubs jede Saison in ihre Jugendabteilungen – Spitzenreiter Borussia Dortmund allein DM 650000,–. Davon profitieren bundesweit etwa 4500 Spieler in 250 Mannschaften. Breitensportangebote für andere Jugendliche, eine kontinuierliche Talentsichtung und -förderung betreiben gerade mal drei Bundesligisten. Den Nachwuchs holt man sich eben, wenn Not am Mann ist, beim kleinen Nachbarn. «Viele Jugendmannschaften mußten vor Beginn der Spielrunde zurückgezogen werden, da finanzkräftige Vereine, die keine oder wenig Jugendarbeit betreiben, sich bei kleineren Vereinen bedienten», klagte der Fußballverband Rheinland beim Bundesjugendtag 1989 und forderte verschärfte Schutzbestimmungen gegen die Lizenzspielerkraken. «Viele Jugendleiter sind nicht mehr gewillt, quasi weitere Jugendarbeit für größere Vereine zu leisten.» Jugend im Aus. Zwischen allen Stühlen. Wenn das Ruder nicht mit Schwung herumgerissen wird, gehört die Zukunft dem Tennis.

«Okay, der begnadete Fußballer war ich nicht»

Ein Gespräch mit DFB-Trainer Berti Vogts

«Man muß die Kader zu hegen verstehen. Die Sorge um die Kader umschließt folgende Maßregeln: erstens, sie anleiten. Das heißt, man läßt ihnen freie Hand, damit sie Mut zur Verantwortung haben; zugleich aber gibt man ihnen auch rechtzeitig Hinweise, damit sie ihre schöpferischen Fähigkeiten entfalten können. Zweitens, ihr Niveau heben. Das heißt, man gibt ihnen die Möglichkeit zu lernen und erzieht sie, damit sie ihr theoretisches Wissen vermehren und ihre Leistungsfähigkeit steigern. Drittens, man kontrolliert ihre Arbeit und hilft ihnen ihre Erfahrungen zusammenfassen, ihre Erfolge vergrößern und ihre Fehler korrigieren. Viertens, man wendet jenen gegenüber, die Fehler begangen haben, in der Regel die Methode der Überzeugung an und hilft ihnen bei der Korrektur der Fehler. Die Methode des Kampfes ist nur gegenüber Leuten anzuwenden, die ernste Fehler begangen haben und sich nicht anleiten lassen wollen. Hier ist Geduld nötig; es wäre falsch, Menschen leichthin als ‹Opportunisten› abzustempeln. Fünftens, man kümmert sich fürsorglich um ihre Nöte. Das sind die Maßnahmen der Sorge für die Kader.» [1]

Hans-Hubert Vogts, 43 Jahre, gelernter Werkzeugmacher aus Büttgen / Nordrhein-Westfalen. Fußballer des Jahres 1971 und 1979, sechsundneunzigfacher Nationalspieler, zuletzt unglücklicher Kapitän der bundesdeutschen WM-Truppe in Argentinien. Nach dem Jet-Set-Kaiser aus Bayern nun ein Proletarierkind, das noch heute bei DFB-offiziellen Empfängen im kleinkarierten Sakko eher komisch wirkt. Ein bodenständiger Typ, vierzehn Jahre bei einem einzigen Verein und politisch ein Verfechter gestriger Werte wie CDU, Todesstrafe und Deutschland. «Ausgerechnet jetzt, da dem deutschen Fußball in Gestalt von jugendlichen Ballkünstlern wie Andreas Möller oder Thomas Häßler nach langen Jahren der Dämmerung wieder technische Spielkunst zuwächst, kommt Berti – das Sinnbild des blutgrätschenden Simpels... ein braver, ehrgeiziger, nichtssagender Anpasser», erschreckte sich *Der Spiegel*, und der Hamburger *Millerntor Roar!* stöhnte auf: «Obwohl extreme Spätentwickler äußerst selten sind, wird in der letzten Zeit häufig geäußert, Hans-Hubert habe sich geändert. Er sei kritisch mit sich selbst und auch im DFB zum Querdenker geworden. Macht Euch keine falschen Hoffnungen! Der Berti ist voll der Alte geblieben... Ein deutscher Fußballer, der stolz darauf ist, ein Deutscher zu sein, und als deutscher Trainer nur deutsche Jugendliche trainiert...»[2]

Hans-Hubert Vogts
Verteidiger; geb. 30. 12. 1946. Früher VfR Büttgen. Als junger Amateur erkämpfte er sich einen Stammplatz. Berechtigt zu schönen Hoffnungen.

Wir lassen ihn selbst zu Wort kommen – über den Bereich, den er zehn Jahre lang als DFB-Jugendtrainer verantwortet und geprägt hat und auch in Zukunft «beaufsichtigen» wird.

Allerorten Lob für den scheidenden Jugendtrainer Berti Vogts und dessen «besondere Arbeitsweise». Wie sieht die aus?
Berti Vogts: «Ich glaube, daß ich die Spieler sehr viele Freiheiten gebe, daß bei mir im Endeffekt der Spieler selber an seiner eigenen Entwicklung zu arbeiten hat. Die Spieler, die ich betreue, sind zwischen 18 und 21, also junge Erwachsene. Da muß man halt das Gespräch suchen und, was viel wichtiger ist, man muß zuhören können. Denn unsere jungen Spieler haben sehr, sehr viele Probleme – im privaten Bereich, in ihrem Beruf, in ihrem allgemeinen Umfeld – zusätzlich zu den rein fußballerischen Problemen: Auf welcher Position spiele ich zukünftig? Wie kann ich einen Stammplatz in der Mannschaft bekommen? Bei welchem Verein in der Bundesliga komme ich am besten zur Geltung?

usw. In jeder Fußballmannschaft gibt es eine Hackordnung, da muß ich als Trainer die Spieler auch vor der großen Enttäuschung warnen, die sie mit Sicherheit in den ersten zwei Jahren, ganz unten in der Hackordnung, erleben werden.»

Sind die jungen Spieler heute im Vergleich zu Ihrer aktiven Zeit andere Typen – in ihrer Einstellung zum Fußball, in ihrem Selbstverständnis?
«Man kann sowieso nicht 1960 mit 1990 vergleichen. Früher haben die Jungs mehr Eigeninitiative gehabt, heute muß man alles organisieren. Gerade unsere jungen Spieler, die Fünfzehn-, Sechzehnjährigen, haben auch nicht mehr die Freiräume, die wir noch hatten. Sie müssen heute zum Beispiel in der Schule wesentlich mehr lernen. Also muß auch das Training umorganisiert werden, man muß immer neue Reize setzen. Wir haben uns früher noch selbständig viel beigebracht. Das machen die Jugendlichen heute nicht mehr. Wo auch? Suchen Sie mal in unseren Großstädten heute eine Freifläche, wo Kinder bolzen können, ohne vom Auto überfahren zu werden. Wir müssen daraus die Konsequenz ziehen und zum Beispiel das Kindertraining umgestalten und die Übungen, die sich die Jungs früher beim Straßenfußball beigebracht haben, beim Training zeigen, ihnen vor allem aber Möglichkeiten bieten, zu spielen. Denn dies ist eigentlich die Wurzel der heutigen Probleme im Fußball: Wir können gar nicht bessere Fußballer bekommen, wenn wir ihnen nicht die Möglichkeit geben, viele Ballkontakte im Spiel zu haben. Eigentlich müßte bei Spielern bis zu zwölf Jahren das Großfeld ganz verboten werden, damit die Spieler viel mehr Zweikämpfe bekommen. Eigentlich sind die Voraussetzungen heute günstiger als früher. Heute gehen die Kinder schon mit vier, fünf, sechs Jahren zum Club, früher gingen wir erst mit acht, neun, zehn Jahren zum Club.»

«Ich glaube, daß ich die Spieler sehr viele Freiheiten gebe.»

Viele gehen aber auch wieder, wenn sie merken, daß nicht die Freude am Spiel im Vordergrund steht, sondern ein überzogenes Erfolgsdenken mit all den Nachteilen, die Leistungssport gerade für Jüngere mit sich bringt – abgesehen davon, daß die Schwächeren nach einer kur-

zen Testphase überhaupt nicht mehr zum Einsatz kommen. Muß da nicht dringend ein Umdenken der Vereine einsetzen?
«Ja, natürlich. Als Trainer müssen wir vor allem daran arbeiten, daß die Kinder und Jugendlichen mit Freude ins Spiel gehen. Druck bekommen sie in Schule und Beruf ohnehin. Da darf jetzt nicht auch noch der Sport kommen und sie in taktische Zwänge pressen, die jegliche Spiellust abwürgen. Hier müssen wir dringend wegkommen vom Leistungsdenken, das ist ganz klar. Die Trennung zum Profi-Fußball muß deutlich sein.»

Ist das nicht illusorisch, wenn man sieht, daß Vereine wie Bayer Leverkusen oder der VfB Stuttgart heute bereits Sechzehnjährige aus dem gesamten Bundesgebiet einkaufen?
«Ja, natürlich, da läuft einiges schief. Man lobt ja den VfB Stuttgart zurecht für seine große Jugendabteilung, aber die Talentförderung ist nicht optimal. Aus den Mannschaften, die in den letzten zwei Jahren Deutsche Junioren-Meister wurden, hat noch keiner den Sprung in den Profi-Kader geschafft. Das muß eigentlich auch den VfB nachdenklich stimmen. Daß Sechzehnjährige von Berlin nach Leverkusen oder von Schleswig-Holstein nach Bayern geholt werden – das muß nicht sein.

«Suchen Sie mal in unseren Großstädten heute eine Freifläche, wo Kinder bolzen können, ohne vom Auto überfahren zu werden.»

Wenn ein Spieler aus Böblingen zum VfB geht, dann ist das okay. Das sind Jungs aus der Region, mit denen können sich auch die Zuschauer identifizieren. Ich glaube, daß es auch in Bayern genug junge Talente gibt, die brauchten nicht nach Kiel zu fahren, um dort einen aus seiner gewohnten Umgebung – Schule, Familie, Freundeskreis – herauszureißen, der dann bei ihnen als Nummer 14 frustriert auf der Bank sitzt. Hier sollte die Bundesliga umdenken. Heute läuft das sehr brutal ab: Die Vereine kaufen sich sieben, acht Spieler aus dem gesamten Land und hoffen, daß einer durchkommt. Wir versuchen das durch unsere zehn ‹Stützpunkte› abzufangen: Trainingsprogramme vor Ort, mit ehemaligen Nationalspielern wie Uwe Seeler, Wolfgang Overath oder Günter Netzer als ‹Paten›, die den Auswahlspielern auch zu Hause ein gezieltes Training bieten, so daß das Argument der großen Bundesligaclubs, sie könnten ein besseres Training bieten als die kleinen Clubs, nicht mehr zieht. Ich hoffe sehr, daß es uns mit Hilfe der Stützpunkte gelingt, die jungen Spieler länger in den kleinen Clubs zu halten. Denn nur dort können sie ihre Persönlichkeit und ihre individuellen Fähigkeiten optimal entwickeln. Im großen Club sind sie nur noch eine Nummer unter vielen. Sie werden einerseits spielerisch unterfordert, gleichzeitig aber enormem Druck ausgesetzt. Denn so ein junger Spieler kostet ja heute auch schon 40000 Mark, und die will sein neuer Club natürlich wieder einspielen.»

Ihre «Stützpunkte» sind eher eine Notwehrmaßnahme. Sehen Sie eine Chance, das Business strukturell wieder zurückzudrängen?
«Das können wir nicht mehr. Da ist nichts zu machen. Da helfen uns auch keine Gesetze. Der DFB ist ein föderalistischer Verband, da geht nichts gegen die Vereinsinteressen. Wir wollen ja auch nicht Spieler ein Jahr sperren, wenn sie den Club wechseln. Wir sind kein Fußballverhinderungsverband, sondern wir müssen dafür sorgen, daß die Kinder Fußball spielen. Das Kommerzdenken ist da. Die Schraube läßt sich nicht mehr zurückdrehen.»

Mal zwischendurch: Wo haben Sie eigentlich angefangen?
«Beim VfR Büttgen. Mit achtzehn bin ich dann aus der A-Jugend als Profi zu Borussia Mönchengladbach gegangen. Vorher Straße, klar. Aber meine Kumpels wurden dann Mitglied beim VFR, es gab sowieso keine anderen Sportarten, Dutzende Vereine wie heute, sondern wir hatten nur den VfR. Also hat man Fußball gespielt. Mit acht Jahren bin ich Vereinsmitglied geworden.»

Wann fiel die Entscheidung, Profi zu werden?
«Als mehrere Vereine anfragten. Ich hab damals meine Lehre beendet, und dann fiel die Entscheidung: Arbeite ich weiter als Werkzeugmacher oder probier ich es einmal. Dann hab ich in den Vertrag eine Klausel eingearbeitet, daß ich noch ein halbes Jahr als Geselle arbeiten konnte, damit ich, wenn es mit dem Fußball nicht klappen würde, später Werkzeugmachermeister werden könnte. Aber nach dem halben Jahr hab ich mich für Vollprofi entschieden.»

Sie galten früher als angepaßter Typ. Heute liest man immer wieder, der Berti hat sich verändert, er sei selbstbewußter, aufmüpfiger, kritischer geworden. Wie sehen Sie selbst das?

«Na ja, ich komme aus sehr einfachen Verhältnissen. Okay, ich hatte schon Talent, aber so der begnadete Fußballer war ich nicht. Ich mußte alles hart erarbeiten. Und deshalb mußte ich in der Zeit auch so leben. Ich hab eigentlich nach der WM 1978 angefangen umzudenken. Ich hatte nur Sonnenstunden erlebt im Fußball, jetzt kam die schlechte Weltmeisterschaft und mein Beinbruch: das Ende der Karriere stand deutlich bevor. Ich bin in der Situation damals mit meiner Freundin und heutigen Frau drei Wochen nach Irland gefahren, wir haben lange über alles nachgedacht. Und als ich dann Trainer wurde, mußte ich einfach ein anderer Mensch werden.»

Was bedeutet «umdenken»?
«Daß man wirklich seine Meinung vertritt. Daß man auch die Meinung der anderen anerkennt. Daß man auch die jungen Leute zu Wort kommen läßt. Ich hab heute zum Beispiel eine total andere Auffassung über Wehrdienstverweigerer als vor zehn Jahren. Bei mir in der U 21 spielt einer, ein sehr netter junger Mann, und wenn man sich mit dem unterhält, was der auf sich nimmt, ich muß sagen: Hochachtung. Ich bin stolz, daß er in meiner Mannschaft spielt.»

«Und als ich dann Trainer wurde, mußte ich einfach ein anderer Mensch werden.«

Die Zeiten, in denen Sie CDU-Fan waren, sind vorbei?
«Das ist typisch deutsch: Jeder Mensch kann hier seine Meinung sagen. Nur wenn ein Sportler das macht, wird er gleich angegriffen und in eine Schublade gepackt. Wenn ich sage, Bundeskanzler Kohl oder Innenminister Schäuble sind mir sehr sympathisch, muß ich doch trotzdem sehen, daß natürlich auch die Grünen einiges bewirkt haben. Wir waren mit der Jugendauswahl ins Bundeskanzleramt eingeladen. Wenn ein Bundeskanzler sich zwei Stunden Zeit nimmt, nur um sich mit siebzehn-, achtzehnjährigen Fußballern zu unterhalten, dann kann man sagen, daß dieser Mann nicht nur für Fußball, sondern auch für diese Altersklasse etwas übrig hat. Ich persönlich habe auch einen F.D.P.-Politiker zum Jugendlager eingeladen, und der ist nicht erschienen.»

Würden Sie sich als politischen Menschen bezeichnen?
«Als politisch denkender, ja.»

Wem würden Sie denn gerne die Rote Karte zeigen?
«Im Fußball manchen Fans. Man kann nicht den Gegner so behandeln wie das teilweise geschieht in den Stadien. Auch der Gegner hat ein Recht auf Fairness. Da muß der DFB als Dachverband mehr tun, stärker das Gespräch mit Fans suchen. Aber auch die Vereine: die leben schließlich von den Zuschauern. Mönchengladbach hat da ein tolles Beispiel gegeben, als sie bei einem Turnier zwei Fanmannschaften das Vorspiel bestreiten ließen und in jedem Team ein Borusse mitspielte.»

Was würden Sie ändern, wenn Sie ab morgen Ligamanager wären?
«Ich würde versuchen, mehr Komfort in die Stadien zu bringen und vor Bundesligaspielen ein interessantes Vorprogramm zu bieten. Ich würde die Eintrittspreise für Stehplätze reduzieren, natürlich dafür auf der Haupttribüne die Preise anheben, um einen Ausgleich zu schaffen. Da ließe sich sicher auch ein Sponsor finden, damit die Stehplätze statt acht Mark nur drei kosten. Wir dürfen nicht vergessen, daß viele Leute nicht soviel Geld haben. Aber der Zuschauer, der zum Spiel ein Glas Champagner trinken und ein vernünftiges Essen haben will, der soll dementsprechend bezahlen.»

Was reizt Sie heute eigentlich noch am Fußball?
«Das Unvorhersehbare. Man kann alles noch so gut vorbereiten, aber dann geht man ins Spiel, und alles entwickelt sich anders.»

Gegenfrage: Was ärgert Sie am meisten?
«Daß der Fußball zu sehr von Geschäft und Taktik beherrscht wird.»

Von World Cup Willie bis Ciao

Die Maskottchen der Weltmeisterschaften

Mit **World Cup Willie** fing alles an. Die Briten erfanden **1966** den wakker-aufrecht marschierenden Löwen. Pubs wurden damit dekoriert, bevor man sich samt Nationalhymne unter den Tisch soff. «Der Fußball lernt lachen», freute sich die Sportpresse und sorgte für Verbreitung des neuen Symbols. Willie, mit UK-Flagge dekorierter Krieger, wurde so berühmt wie Bobby Charlton und Stan Matthews. Im Finale stehen sich England und Deutschland gegenüber. 106. Minute, Spielstand 2 : 2. Geoffrey Hurst schießt an die Unterkante der Latte, der Ball

«Knapp, Schulz, gaaanz knapp! Wenn der Iwan nicht gewesen wäre, dann wär'n wir jetzt Weltmeister und könnten ohne Paß nach Berlin.»

springt von der Linie zurück ins Feld. Schiedsrichter Gottfried Dienst – ein Schweizer – zögert. Ganz anders Linienrichter Bachramow (UdSSR). Er hebt seine Fahne: Tor! Die völlig entnervten Deutschen verlieren 2 : 4. Ein Russe! Ein Russe hat uns um den verdienten Sieg gebracht. Die geteilte Nation kocht vor Wut, würde den Linienrichter gerne teeren und federn. An den Stammtischen formiert sich der Mob: «Knapp, Schulz, gaaanz knapp! Wenn der Iwan nicht gewesen wäre, dann wär'n wir jetzt Weltmeister und könnten ohne Paß nach Berlin.» Löwe Willie gerät außerhalb des britischen Empires schnell in Vergessenheit.

In Mexiko wachsen Pilze, mit denen man wunderbar halluzinieren kann. Den Deutschen macht dort **1970** eher die Hitze zu schaffen. Und **Juanito** jubelt, weil immer häufiger Verlängerungen für zusätzliche Fußballfreuden sorgen. Juanito ist ein kleiner Junge mit Sombrero, Adidas-Bolzern und Ball. Es gibt ihn auf Wimpeln, als Schlüsselanhänger und von T-Shirts grinsend. Nur Pelé ist beliebter und wird Weltmeister; der Schwede Bo Larsson präsentiert die größten Segelohren aller Zeiten und Jung-Dandy Günter Netzer läßt die Koteletten bedrohlich tief ins Gesicht wachsen. Die Deutschen werden Dritter (1 : 0 über Uruguay, wobei Klein Fritzchen mal wieder ein neues Land aus Südamerikanien kennenlernt), danach sieht man Juanito irgendwo, irgendwie noch Jahre nach dieser für uns schon wieder verlorenen WM.

1974 ist es dann soweit: Wir sind wieder wer! Ein Kaiser steuert jetzt das deutsche Schiff, und **Tip und Tap** machen schon vor dem Start Luftsprünge als Maskottchen-Buben mit Ball. Tip sieht aus, als hätte er das Leder stets auf einen Punkt bekommen, von dem nun der Haarausfall marschiert. Tap wirkt dagegen derb-bajuwarisch, könnte aber auch dem in Colonia Agrippina hausenden Volksstamm der Ubier entsprungen sein. Doch bevor der Weltmeister ermittelt ist, gibt es das denkwürdige Aufeinandertreffen BRD gegen DDR. Beinahe wäre es dem fröhlichen Duo wie

(weiter auf Seite 212)

Sechzehn Nationen schicken im Juli 1966 zusammen mehr als 300 Fußballer nach England. Dort werden von der Vorrunde bis zum Finale im Londoner Wembley-Stadion 32 Spiele ausgetragen.

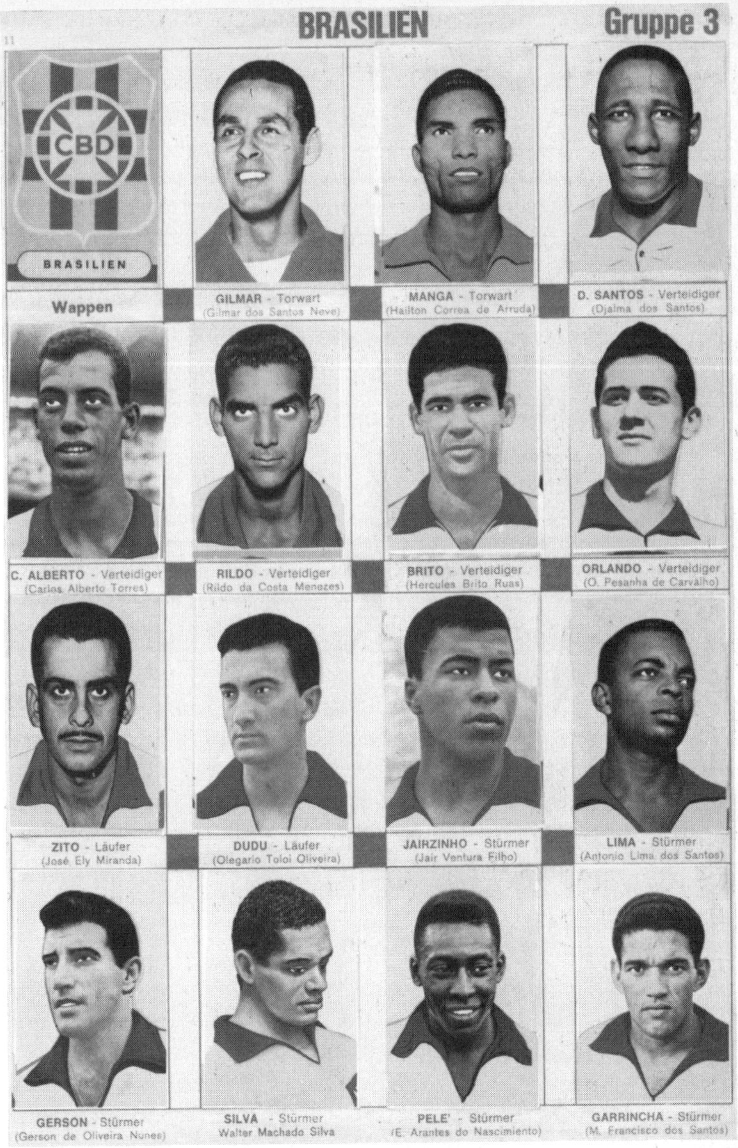

In Deutschland avancieren Fußball-Sammelbilder (s. o.) zur begehrten Devotionalie, prominente Köpfe stecken in Papiertüten; Fans basteln sich ihre Familienalben.

seinen längst recycleten Vorgängern ergangen. Wir sagen nur: Sparwasser! Tip und Tap glotzen dumm aus der Wäsche: Mauer und Stacheldraht siegen mit 1 : 0 und Freiheit durch Marlboro steht völlig blamiert im Abseits. Von Sylt bis Bodensee wird Halbmast geflaggt, die Kinder bekommen schulfrei und schwarze Socken zum Tragen. Nur einer sitzt im Hintergrund, lacht sich in sämtliche Fäustchen und denkt: «Ach, was bin ich doch für ein Schelm...!» Nein, nicht Heinz Erhardt.[1] Neuberger heißt der Mann. Hermann Neuberger. Kommt wie Honecker aus dem Saarland, ist aber nicht vom Volk abzuwählen. Bei der WM in Rest-Deutschland zeigt er allen, wie man Maskottchen richtig vermarktet. Tip und Tap kommen überall drauf – der DFB-Chef kassiert mit. Selbst beim Schotten-Slip, auf dem Tip und Tap samt Dudelsack aus der Tiefe des Raumes vorstoßen, von dort, wo Männer gerne jubilieren. Deutschland wird mit 2 : 1 gegen Holland Weltmeister. Die Torschützen Gerd Müller und Paul Breitner baden nackt im Sekt – erst da wird's dem DFB zu unsittlich.

«Ach, was bin ich doch für ein Schelm...!»

Argentina **1978**. Ein Skandal. Schlimmer als ein Erdbeben. Deutschland scheidet bereits in der Zwischenrunde mit 2 : 3 gegen Österreich vorzeitig aus. Der frisch gekürte Kapitän der deutschen Elf, Berti Vogts, hatte sein erstes WM-Tor geschossen – für Österreich. Derweil läuft Kaiser Franz zu den Amis über, bei Cosmos New York kommt Freude auf, während hierzulande der DFB-Boss mit Blick auf «seine» Nationalmannschaft ruft: «Ausländer raus!» Ein Teamchef wird zum Opfer. Günter Netzer will seine Ex-Kameraden trösten, darf aber nicht in die Kabine. Selbst *Bild* hat sich in diesen grauen Tagen nun angeblich noch nie für Fußball interessiert.

Gauchito heißt das aktuelle Maskottchen. Ein eitler Gockel mit durchgedrücktem Kreuz und Reitpeitsche. Er bringt uns kein Glück. Bundestrainer Helmut Schön wird unehrenhaft aus der Nationaltruppe entlassen. Argentinien hat einen Trainer namens Luis Cesar Menotti und wird am Ende aller Heimspiele verdient Weltmeister. Staatsterrorist Videla muß bei der Pokalübergabe auf den Händedruck verzichten. «Der Fußballsport gehört dem einfachen Volk», reicht Menotti als verbale Ohrfeige noch hinterher: «Denn aus ihm ist er hervorgegangen.»

Das war bitter. Bei der 66er WM im Londoner Wembleystadion verläßt hier nach dem umstrittenen dritten Tor Uwe Seeler tief enttäuscht das Spielfeld.

Schwimmunterricht für Helmut Schön, nasse Späße während der WM 1970 in Mexiko, erst später ging auch die Nationalelf baden.

1982. Eine kleine Katastrophe für die Menschheit, eine große für Deutschland. Nein, nicht das Maskottchen. Einen Jupp Derwall würde sich schließlich keiner an den Haustürschlüssel hängen. Das Maskottchen der Spanier heißt **Naranjito**, der Kapitän der Deutschen Karl-Heinz Rummenigge und ihr in dieser Zeit unbeliebtester Landsmann wird Häuptling Silberlocke genannt. Schwamm drüber. Nach fruchtlosem Ballgeschiebe gibt's gegen Österreich ein allseits bemitleidetes 1 : 0; Nervenkitzel gegen Frankreich – gegen Frankreich! – bei einem 8 : 7, das durch Elfmeterschießen zustande kommt. Man spricht nun von der «Gurkentruppe» und rätselt, wie denn solch ein Lauverein ins Endspiel gelangen konnte. Italien beendet das Drama mit 3 : 1, und Helmut Kohl wird Nationalcoach.

«Träumt er? Spinnt er? Wird er geschickt?»

1986 drückt **Pique** die Daumen. Man ist schon wieder wer in Mexiko. Als Salatchef des Gurkenensembles fungiert jetzt Franz Beckenbauer, weil man Derwall in die Wüste des osmanischen Reiches geschickt hat. Beckenbauer serviert gleich zu Beginn einen knackfrischen Skandal à la Teutonia auf einer Sauce Malheur. Dem Mexikaner und Journalisten Miguel Hirsch wird speiübel. Kaiser Franz im ZDF-Sportstudio: «Dieser kleine Mexikaner, den sieht man ja gar nicht, weil er so klein ist. Ich weiß nicht, was in diesem Menschen vorgeht. Träumt er? Spinnt er? Wird er geschickt?» Moderator Dieter Kürten fragt keck, warum er den Hirsch nicht selber getroffen und befragt habe. Darauf der deutsche Kaiser: «Aber dann wäre er jetzt schon tot. Da braucht man nur kurz zuzudrücken, dann gibt es ihn nicht mehr.» Alle sind bestürzt. Miguel Hirsch arbeitet weiter an seiner Geschichte über «Herrenmenschen».[2] Und Beckenbauer raunzt im Vorbeischlurfen einigen Journalisten ins Mikro: «Ein bißchen Schaum vorm Mund würde euch gut stehen.» Auch Ersatzbankwart Uli Stein rastet aus und verkracht sich mit Gott, der Welt, Kaiser Franz, der Presse und Toni Schumacher. Elf Gurken schleichen sich ins Endspiel, das bereits am nächsten Tag jeder anständige Deutsche längst vergessen hat. Mit 3 : 2 gewinnt Argentinien. Pique läßt das alles ziemlich kalt, und er sieht weiterhin ziemlich bescheuert aus. Wie eine Kreuzung aus Pillhuhn und Schlumpf.

1990. Beckenbauer und seine grünen Jungs rücken wieder an. Ersterer zum letztenmal. Die Italiener spinnen. Sie hatten die Gelegenheit. Die Gelegenheit auszuwählen und die verlorene Ehre der Maskottchen zu retten, endlich mal wieder ein wahres Symbol für die graue Welt zu präsentieren. Sie wählten zwischen fünf Namen: Amico, Beniamino, Bimbo, Dribbly und Ciao. Monatelang waren diese Namen auf den Toto-Zetteln nach dem Prinzip «jeder gegen jeden» angetreten. Mit rund 7,2 Millionen Stimmen kommt **Ciao** auf Platz eins. Hat man von den Alpen bis nach Sizilien denn zuviel Grappa getrunken? Okay, Ciao kann man sowohl zur Begrüßung als auch beim Davonlaufen rufen, aber mußte es denn auch noch aussehen wie eine aus dem Scanner gepellte DNS? Soll dies ein Symbol dafür sein, daß da keine Menschen mehr hinterm Ball herlaufen, sondern hochgezüchtete Robotniks, die im Spiegelbild nach ihrer Persönlichkeit fahnden? Ciao. Das Symbol nimmt seinen Lauf...

Trostwort für deutsche Nationalmannschaften

«... fürchterliche, um und um verzierte Gebilde aus Silber, kein leerer Fleck ist an ihnen; wo der Fuß sein sollte, krümmt sich eine getretene Nymphe, hakenförmige Gebilde umringeln das Ganze, und obendrauf hat der Ornamenten-Vogel noch eins hingeklackst. Das muß so sein, sonst ist es kein richtiger Preis.

Wer stellt wohl so etwas her? Es müssen Leute sein mit einer gestörten Verdauung und keinem guten Gewissen, böse Menschen, die sich voll Zorn an ihre Arbeit begeben und unter leichten Koliken dergleichen entwerfen. Anders ist das nicht zu erklären.

Vielleicht ist es besonders vornehm, einem Preisträger allemal etwas zu schenken, was er bestimmt nicht gebrauchen kann – das ist eben das Feine daran, würde Andersen sagen. Aber ihm zuzumuten, sich seine Zimmer mit Pokalen vollzustellen, aus denen nur Gespenster trinken können, und auch die nur, wenn sie sich den Hals ausrenken... das ist doch reichlich viel fürs Geld.

Sportpreise ändern ihr Aussehen nicht. Blättere in alten Zeitschriften, und du wirst da genau dieselben Silbereimer, Pokale, Tafelaufsätze und Schalen sehen... ich glaube, es sind auch immer dieselben Stücke; wahrscheinlich verkaufen die Gewinner sie heimlich, und dann bekommt sie der nächste. Silber ist geduldig.»

Kurt Tucholsky[1]

Fans, Gangs, Hooligans

Die schönste Nebensache der Welt

Sie sind ein Teil der Show, die Geheimwaffe der Mannschaft, der zwölfte Mann. Ohne sie läuft nichts. Sie sind es, die ihre Elf auf dem Rasen zu Höchstleistungen aufputschen. Chemiefrei: Eine gute Kurve ersetzt das Captagon für die eigene Mannschaft, während der Gegner mit subversiven Schmährufen entnervt wird.

«Ein Wiener Club hat das rhythmische Klatschen sogar zu einer traditionellen Institution erhoben: Fünfzehn Minuten vor dem Ende des Spiels klatschen die Zuschauer die Rapidviertelstunde ein. Dieses Klatschen ist eine Aufforderung, ein Zeichen für die Spieler, noch nicht aufzugeben oder sich noch zu steigern. Es ist ein Ansporn, mit dem dem erschöpften Pferd noch einmal die Sporen gegeben werden. Dieses Einklatschen der letzten Viertelstunde ist schon fast mythisch geworden. Setzt es ein, geht gleichsam ein Raunen durch die Reihen der Nichtanhänger, und die Gegenspieler auf dem Feld scheinen für kurze Zeit vor dem Ball zu scheuen.»[1]

Ein Zuschauer geht ins Stadion (natürlich nur zu Heimspielen), um als Kunde auf Zeit eine spannende Show präsentiert zu bekommen. Ein Fan geht als Mitwirkender zum Spiel (zu jedem natürlich: Wer mehrfach fehlt, braucht schon bessere Ausreden als einen gebrochenen Arm oder «Am Wochenende gehört der Vati uns»). Fans wollen die Arena nach neunzig Minuten Kampf als Sieger verlassen.

«Die Zuschauer spielen nicht mit, sie gehen mit. Sie knirschen mit den Zähnen, sie trampeln, sie schwenken Transparente, sie blasen in Trompeten, sie läuten mit Kuhglocken, sie werfen Kleidungsstücke in die Luft, sie hadern mit dem Schicksal, sie jubeln, sie weinen, sie brechen mit einem Herzschlag zusammen, sie schreien sich die Kehle heiser, sie schreien sich die Seelen aus dem Leib, sie geraten außer sich: wenn der Ball lebendig wird, werden auch sie lebendig.»[2]

Für die Anwohner der Stadiongegend sind Fußballfans ein ewig wiederkehrender Alptraum, die europäische Variante der Heuschreckenplage: ein grölender Mob besoffener Krawallisten, die alle vierzehn Tage an den heruntergelassenen Rolläden rütteln, in Springbrunnen pinkeln, unfeine Gesänge anstimmen, McDonald's plündern und schließlich zum Beweis, daß der Spuk wirklich stattgefunden hat, zerlegte Straßenbahnen und «Tod dem...»-Parolen hinterlassen.

Fans schaffen Arbeitsplätze: Überschreitet die Randale eine gewisse Schmerzgrenze, öffnen schlagzeilenverschreckte Stadtväter ihr Säkkel und geben einem oder auch mal zwei arbeitslosen Sozialpädagogen Brot und Titel. Als «Fan-Projekt» dürfen sie fortan deeskalieren, die positiven Seiten des Fandaseins stärken. Und die Verantwortlichen für den Frust vieler Fans aus der Verantwortung entlassen. Denn für Vereine und DFB ist klar: Nur friedliche Fans sind wahre Fans. Kommt es doch einmal zum Dialog der Babylonier, wendet sich das Objekt der Begierde mit Grausen ab: «Der Vertreter des DFB redete zwar stundenlang, schaffte es aber dabei, fast nichts zu sagen. Er wäre besser Politiker geworden.

Der Schatzmeister von Borussia Dortmund stellte die Wichtigkeit der Fans für die BL-Vereine sehr schön dar, reiste aber am ersten Tagungsabend schon wieder ab.

Die anwesenden Sozialpädagogen und Wissenschaftler waren sehr gebildete Leute. Zumindest beherrschten sie dutzendweise Begriffe, die ein normal Sterblicher nicht kennen, geschweige denn begreifen kann. Aber nach ewig langen Monologen ließen sie sich ab und zu herab, ihre Vorträge mit Beispielen zu erläutern. Sehr interessante Beispiele übrigens: Wildwasserfahren, Bergsteigen und durch den Wald streifen als Vorschläge zur Lösung der Fanproblematik!

Das Vorstandsmitglied des Deutschen Bundesjugendringes war da schon besser zu verstehen. Er sagte (wenigstens ehrlich), man habe bislang noch nichts für Fans getan und werde dies von sich aus auch nicht tun.

«Die europäische Variante der Heuschreckenplage: ein grölender Mob besoffener Krawallisten.»

Nichts Falsches gaben die Vertreter der Kommunen von sich; sie waren gar nicht anwesend.»[3]

Anjo, 26, ist in der Fanszene bekannt wie ein bunter Hund. Wer bei der Erwähnung seines Namens nur ahnungslos mit den Schultern zuckt, gehört nicht dazu. Der gelernte Gärtner, zur Zeit Zivildienstleistender in einem Altenheim, «sammelt Stadien». In zwölf Jahren hat er weit über eintausend Spiele gesehen, allein in der letzten Saison 142. Per Tramperticket verbringt Anjo monatlich gut 6000 km auf den Schienen. Seine Mannschaft ist allerdings die heimische Frankfurter Eintracht. «Wenn die ein Pflichtspiel hat, sei's gegen TuS Paderborn-Neuhaus, bin ich da, und wenn nebenan Real Madrid gegen FC Barcelona spielt.» Er blieb sogar Eintracht-Fan, als der Verein am Boden lag und nur durch sein Mißmanagement und Betrugsaffären für Schlagzeilen sorgte. «Da haben dich die Leute an jedem Montag ausgelacht, weil du immer noch zur Eintracht gehalten hast. Das ging mir schon ziemlich gegen den Strich. Ich bin dann gerade im Trikot zur Arbeit gegangen. Und wenn ich mich total zum Hanswurst gemacht hab, aber ich mußte es den Leuten einfach zeigen.»

Warum mußte es ausgerechnet die Eintracht sein? «Da wächst du so rein. Ich glaub, du bleibst bei dem Verein, den du zuerst gesehen hast. Mich hat das damals voll fasziniert, alles voll mit Fahnen und Konfetti und alle haben wie toll geschrien... Ich war total begeistert und wußte, da willst du dazugehören. Damals gab's noch diese Hierarchie im Fanblock, wo ich als Kleiner mit meinem kleinen Fähnchen erst einmal unten am Zaun stand und mich dann im wahrsten Sinne des Wortes Stufe für Stufe nach oben arbeiten mußte...» Im Frühjahr 1989 wählten ihn die Eintracht-Fanclubs zu ihrem gemeinsamen Sprecher.

«Nichts Falsches gaben die Vertreter der Kommunen von sich; sie waren gar nicht anwesend.»

Fans sind treu. Johann, 24, Schalke-Fan seit '81, fährt seit fünf Jahren regelmäßig in die Ruhrmetropole. Die Reise dauert 24 Stunden und kostet ihn jedesmal knapp 400 Mark. Johann wohnt in Wien.

Strohhalm wurde durch seinen Vater zum Fan. Der nahm ihn als Pimpf mit ins Stuttgarter Neckarstadion. Mit dreizehn wurde es «ernst». Zum erstenmal allein im Stadion, ohne Vater und von Kopf bis Fuß in Blau-Weiß. Denn da war Strohhalm schon zu Schalke 04 übergelaufen. Schalke gegen Nürnberg in der Lebkuchenstadt: Auf dem Rückweg zur Bahn fliegen dem schmächtigen Brillenkind plötzlich Schneebälle um die Ohren. Ein Dutzend Nürnberger kreist ihn ein und legt ihm nahe, die Fahne «freiwillig» zu übergeben. Ein prägendes Erlebnis. Zwölf Jahre später initiiert Strohhalm mit einem Kumpel den «1. FC Nürnberg – FC Schalke 04 Fanclub United», der die heute legendäre Freundschaft zwischen Nürnbergern und Schalkern begründete und inzwischen unter seinen 50 Mitgliedern Fans von sieben Bundesligaclubs vernetzt.

Strohhalm hat einen Traum: ein eigener Verlag von Fans für Fans. Seit fünf Jahren investiert der Neunundzwanzigjährige, auch im Hauptberuf Angestellter eines wissenschaftlichen Verlages, jede Minute seiner Freizeit, jede Mark und die Geduld seiner Freundin in dieses Unternehmen. Vor zwei Jahren verschaffte er sich mit dem «Fanbuch» den Ruf eines Wahnsinnigen. Auf 830 Seiten ließ er 340 AutorInnen über ihr Fußball-Leben erzählen: In Reiseberichten und Tagebuchauszügen, Gedichten und Liedern, Fotos, Zeichnungen und sogar Theaterstücken über Fanfreund- und feindschaften gestattet das gesamte Spektrum vom «Bahnbullen klatschenden» Hooligan bis zum biederen Fanclubpräsidenten einen Einblick in das Innenleben dieser Szene. Alkohol, Gewalt, Rassismus, Probleme mit fußballabstinenten FreundInnen, euphorische Siegesfeiern und internationale Solidarität, Liebesgeschichten und Haßgesänge aus der Fankurve – nichts wird ausgespart oder wegzensiert. Stellungnahmen von Wissenschaftlern, Parteien, Clubs und Presseausschnitte runden das Drei-Pfund-Paket ab. Für die Produktion der ersten 2000 Stück dieses Mammutwerkes nahm Strohhalm sogar einen Kredit auf: 50 000 Mark – mehr als er durch den Verkauf wieder hereinbekommen kann. 1992 will er schuldenfrei sein ... und zwischenzeitlich acht neue Bücher herausbringen, Fernziel: jedem Bundesligaverein seinen eigenen Saisonband.

Und dann wäre da noch die zu gründende Fan-Stiftung. «Einige halten dieses Projekt für größenwahnsinnig, aber trotzdem werden wir es versuchen und es auch schaffen!» heißt es in Strohhalms Gründungsaufruf. «In spätestens einem Jahr wollen wir zumindest bereits einen Zuschuß zum nächsten Fanzinemacher-Treffen mit den Zinsen vom dann angesammelten Kapital gewähren. Und nach einiger Zeit – Ihr werdet sehen! – werden wir Fanprojekte, Fanbeauftragte, Fanclubs finanziell unterstützen können, ja – in möglichst vielen Bundesligastädten *Fanhäuser* (u. a. zum Treffen der Fans vor und nach den Spielen) anmieten können ...» Das Startkapital will Strohhalm durch seinen Verlag (eine Mark Spende pro verkauftem Buch), durch Mitgliedsbeiträge und Souvenirverkäufe, Benefizaktionen von Fanclubs und Sponsoren hereinbekommen. Verrückt, und doch: Wenn jeder Fan einmalig auf ein warmes Bier verzichtet und das Geld aufs Spendenkonto überweist, verfügt die Stiftung über ein Stammkapital von 500 000 Mark.[4]

V.F.L. FANCLUB
LORELEY '78
BORUSSIA
FANCLUB
FLOSS/BAY.
VFL FOR EVER
Hannen
Alt
FAN
CUSTODES
Bor. M'Gladbach
Fan Club
Dreiländereck-Süd
VFL BORUSSIA
Schwarze Adler

Brigitte, 32, ist Borussia-Mönchengladbach-Fan seit 1974. Sie ist verheiratet, hat aber keine Kinder, weil die sie um ihre Freizeit bringen könnten. Denn die gehört dem Sport. «Anrufe am Wochenende sind zwecklos», teilt sie vorsorglich den Lesern ihres Fanzines mit. Da ist sie im Stadion. Aber auch während der Woche lebt sie vom Fußball: Halbtags jobbt sie in einem Sportgeschäft, anschließend produziert sie Aufnäher, Fahnen und andere Accessoires für Fanclubs.

«Man konnte mit der Kutte überall hinkommen, egal in welchem Stadion, man kriegte keins auf die Fresse.»

Zwölf Jahre lang konnte Brigitte die Spiele der Borussen, die sie verpaßt hatte, an ihren Händen abzählen. «Vor allem bis 80/81 war's doch 'ne sehr schöne Zeit. Man hat viele Leute kennengelernt, man kam auch mal rum in Deutschland. Man konnte mit der Kutte überall hinkommen, egal in welchem Stadion, man kriegte keins auf die Fresse, weder von anderen Fans noch von den Bullen.»

Inzwischen hat sich ihre Leidenschaft – unabhängig vom aktuellen Tabellenstand der Fohlen – abgekühlt. Vor zwei Jahren tauschte sie sogar ihre Gladbach-Dauerkarte gegen eine der DEG. Bei den Düsseldorfer Eishockeyheroen findet Brigitte heute das, was sie im Fußball vermißt: Atmosphäre und Leistung. «Ich hab noch mitgekriegt, wie wir dreimal hintereinander Deutscher Meister wurden. Das warn einfach tolle Zeiten. Aber

«Irgendwie denk ich immer, ich hab dem seinen dicken BMW finanziert, und der hält mich noch für blöd.»

wenn ich mir heute das lahmarschige Gekicke am Bökelberg anguck, das kotzt einen echt an. Früher spielten wir noch offensiv, da ging's über die Flügel raus, da war noch Begeisterung, das machte echt Spaß zuzugucken. Aber heute, diese jungen Kerle haben doch keinen Ehrgeiz. Die gucken doch nur noch auf die Knete. Also für mich ist das kein Verein mehr, wo man sich eigentlich noch mit identifizieren könnte. Die ganze Atmosphäre ist unpersönlich geworden. Die Manager, die jonglieren da mit Millionen herum, die Spieler werden verkauft wie 'ne Handelsware. Wenn ich jetzt hör, die Spieler kriegen zwischen 100000 und 700000 Mark Jahresgehalt, da darf ich gar nicht dran denken, was ich da an Geld hingeschleppt habe. Irgendwie denk ich immer, mein Gott, ich hab dem seinen dicken BMW finanziert, und der hält mich noch für blöd.» Brigitte ist herb enttäuscht.

Saisonende 1989. Borussia Mönchengladbachs Torhüter Uwe Kamps und das Maskottchen des Vereins, der unermüdliche Trommler Manolo, feiern den Sieg im DFB-Pokal über Nürnberg. Der Stimmungsmacher aus der Nordkurve hatte so manchen Ball ins gegnerische Tor getrommelt.

«Ich hab den Fußball satt!» Und doch: Zumindest beim nächsten Heimspiel steht sie wieder in der Nordkurve. Auch wenn sie das «Gekicke» auf dem Rasen nicht mehr so interessiert. Denn wie den meisten Fans ist Brigitte das Drumherum wichtiger: nette Leute treffen, Bierchen schlucken, feiern.

Fußballfans kennen viele nette Leute, auch unter den Anhängern gegnerischer Vereine, mindestens einen in jeder potentiellen Bundesligastadt. Bei jedem Spiel werden fleißig Adressen und Telefonnummern ausgetauscht, und das ist gleichbedeutend mit einer Einladung zum Besuch oder zumindest der Start einer intensiven Brieffreundschaft. Fußballfans, die allwöchentlich mit einem Dutzend Gleichgesinnter ihre Wochenendberichte austauschen, sind keine Ausnahme. Fans, die mehr als ein

Dutzend Brieffreunde haben, starten ein Fanzine.

Sie heißen *Alk-Echo, Bierfaß, Berliner Beule, Bockenheimer Bembel* oder *Eifelpower, Haß & Gewalt, Rülps, Rüpel, Saarterror* oder *Wellenbrecher.* Etwa 80 bis 100 erscheinen regelmäßig vier- bis achtmal pro Saison, mit einer Auflage zwischen 50 und 3000 Exemplaren. In ihrer Aufmachung gleichen sie Schülerzeitungen: Zwanzig bis 60 Seiten, DIN-A-5-Format, Schreibmaschinensatz, mit eigenen oder geklauten Karikaturen und ungerasterten Fotos illustriert. Vertrieben werden sie zum Selbstkostenpreis (50 Pfennig bis drei Mark, je nach Anzeigenlage oder Vereinszuschuß), per Handverkauf in der eigenen Fanszene und im Postversand an andere Fanzinemacher und sonstige Aktivisten des Fandoms. Die inhaltliche Spannbreite reicht vom Hooligan-Randaleblatt bis zur biederen Vereinschronik. Im Mittelpunkt der Berichterstattung steht nicht das Geschehen auf dem Rasen, sondern die *action* davor und danach: An- und Abreisen, Feten, Treffen mit gegnerischen und befreundeten Fangruppen. Dazu kommen Selbstporträts einzelner Fanclubs, Souvenirtauschanzeigen, Berichte über Auseinandersetzungen mit der Polizei, faksimilierte Artikel aus der Lokalpresse, vorzugsweise über Ausschreitungen und Fanturniere, sowie erstaunlich viele Leserreaktionen. Politik findet so gut wie nie statt, Kritik am Verein oder DFB selten.

Die Kommunikation unter den Machern, die nur in wenigen Fällen auch -innen sind, ist eng. Seit Juli '88 setzt man sich ein- bis zweimal jährlich ein spielfreies Wochenende lang bundesweit zusammen, um Formen der Kooperation zu entwickeln: gemeinsame Kleinanzeigenseiten, Artikelaustausch, eine überregionale Anzeigenvermittlung.[5] Als Nebeneffekt dieser konzertierten Aktion versuchen die Fanzineredakteure, einem cleveren Geschäftsmann aus Sandhausen das Wasser abzugraben, der Mitte der 80er Jahre den riesigen Markt der Fanszene erkannt hat und seitdem recht erfolgreich mit Hooligan-Sweatshirts, Jogginghosen, Aufnähern und anderen Souvenirs abgrast. Zur Werbung für seine Produkte und den hauseigenen Buchvertrieb dient ihm ein eigenes, bundesweit an Bahnhöfen und Fanartikelkiosken vertriebenes Magazin: der *Fan-Treff.* Nach dem Unglück im Brüsseler Heysel-Stadion als «Zeitschrift für faire Fans» gestartet und unbeachtet geblieben, reagierte der Herausgeber, der selbst nicht aus der Fanszene stammt, blitzschnell und wendete das Image des maroden Blattes um 180 Grad. Die begonnene «Fair-Fan»-Kampagne landete im Müll und wurde durch einen Wettstreit darüber ersetzt, wo denn die härte-

«Grüße an alle K-Town-Hools, speziell an Norman, Gandhi und Stalin. An alle MAer: zieht euch warm an und trennt euch endlich von den MG-Lauftruppen. Echt lächerlich sich mit solchen zu verbünden. Ein K-Town-Hool.»

«Hallo Sascha! Konnten leider nicht nach Kassel fahren, da Pavi an Dünnschiß erkrankt ist. Fahren aber nach Stuttgart. Bis bald! Die Darmstädter.»

«Hallo Regenschirme in K-Town gibt's ein Wiedersehen. Viele Grüße an die Anal-Front, Solinger und die ganze Riot Patrol. Gruß Gandhi (Anti-Waldhof-Crew).»

«Suche Bayernaufnäher, Stadionzeitungen von Auswärtsspielen und Weizengläser. Gebe spottbillig ab, wegen Umstieg auf CD: Heavy-Metal-Platten von Accept bis ZZ Top.»

«Terror-Waffa grüßt alle FCS-Fans, bes. Michi, Reimar, Ben, Peter-Penis, Patti und Hellas und den Rest vom Fan-Club Powerplay. Keine Grüße an: HOM 08, BW 90, SGW, SGE und Schalke.»

«Achtung! Fan-Club-Gründung «THE FAT'S OF K-TOWN». Voraussetzung: mindestens 16 Jahre, 20 kg Übergewicht.

«Grüße an die Schalker Hools für das geile Match, und an den wahnsinnigen Karate-Kämpfer, der drei von uns in ambulante Behandlung schickte. Ein Duisburg-Hool.»

sten Randalisten im Lande säßen. Inzwischen ist das einstige «Sprachrohr der Fans» die *Bildzeitung* für Möchtegern-Hooligans – mit großer Sympathie für rechtsradikale Sprüche und Gruppierungen. Zwei Drittel des Blattes nehmen blumige Schilderungen hollywoodreifer Schlachtszenen zwischen kruppstählernen Hooligantruppen ein, die fast immer infantile Gegendarstellungen in der nächsten Ausgabe provozieren. «Was ihr teilweise für einen Unsinn veröffentlicht, läßt alle Fans, die seit Jahren in der Fanszene ihr Dasein fristen, vor Lachen unter die Theke rutschen», kommentierte Hornsby, Szenepromi aus Bremen und selbst Herausgeber eines Fanzines, kopfschüttelnd die monatliche Fantasy-Orgie. «Absolut gewaltpotenzierend», beschreibt dagegen Peter Bode, Fanbeauftragter von Bayer 04 Leverkusen, die Wirkung des Blattes wesentlich ernster. «Es wird hauptsächlich von jüngeren Hooligan-Mitläufern gelesen, die dadurch erst recht animiert werden. Gewalttäter und politisch aktive Rechtsradikale finden über den *Fan-Treff* für ihre Meinung und Tätigkeiten noch ein großes Publikum.» Peter Bode, selbst Redakteur eines Bayer-Fanzines, initiierte gemeinsam mit seinem Mönchengladbacher Kollegen Theo Weiß einen Boykottaufruf gegen den *Fan-Treff*, dem sich inzwischen über zwanzig Fanzines angeschlossen haben. Einige spielen darüber hinaus mit dem Gedanken, eine Alternative zum *Fan-Treff* als bisher einzigem bundesweiten Magazin aufzubauen: antifaschistisch und nichtkommerziell.

Der Herausgeber konterte nicht zimperlich. Den Boykotteuren drohte er mit dem Anwalt, der «United-Faire-Fans»-Konkurrenz, die ihn als Ex-Zuhälter bezeichnet

«Was ihr für einen Unsinn veröffentlicht, läßt alle Fans vor Lachen unter die Theke rutschen.»

hatte, schrieb er zusätzlich noch einen offenen Brief: «‹Linke Schweine› und Denunzianten (Verräter) habe ich in meinem bisherigen Leben reichlich kennengelernt, und solche sind es meiner Meinung nach nicht wert, weiter zu existieren, und sollten sich lieber totsaufen, aber schneller geht's durch aufhängen.»[6]

Randale in Braunschweig

«Als wir ankamen, ging der größte Teil von uns gleich ins Stadion. 30 Mann stürmten davon, da sie an einer nahegelegenen Tankstelle einige B'schweiger entdeckt hatten. Nur die Fensterscheiben der Tankstelle mußten dran glauben.

Die O'bacher kamen zurück ins Stadion, da die Cops an der Tankstelle eintrafen. Wir sammelten uns und liefen sofort in die B'schweiger Kurve. Dort wurde dann alles umgeboxt, was herumlief (die BS Hools waren bis dahin jedoch noch nicht anwesend). Einige Ordner wollten uns aufhalten, bekamen daraufhin aber die Welle. Nach dieser Aktion sprintete ein Bulle in unseren Mob und wollte einen ASFler verhaften, dabei er jedoch zu Boden stürzte. Danach kamen eine Menge Cops angerannt, und wir mußten erst mal den Rückzug in unseren Block antreten. Während des Spiels kam es noch zu einem kleinen Gefecht zwischen zehn O'bachern und den BS Hools, jedoch kamen gleich die Bullen und jagten beide Gruppen auseinander. Was aber im Verlauf des Spiels viel geiler war, war die Randale im Offenbacher Block. Der Zaun wurde eingerissen, woraufhin es zu geilen Klatschereien zwischen OF Hools, Assis, Kutten und den Bullen kam. Diese wurden dabei mit Gashupen, Sandbechern und Regenschirmen bombardiert. Als das 2 : 2 fiel und der OFC somit wieder den Klassenerhalt erreichen konnte, sprang der ganze Pöbel an den Zaun und riß ihn endgültig um. Daraufhin wurde von Bullenseite wieder reichlich gesprüht. Nach dem Abpfiff wurden die Spieler kurz gefeiert, dann ging's gleich raus, wo schon ca. 50 B'schweiger auf uns warteten.

Die teilweise vermummten BS Hools bewarfen uns sofort mit Steinen und Flaschen und gingen mit Holzlatten auf uns los. Wir bewaffneten uns teilweise auch und stürmten entgegen. Es gab eine totale Fetzerei, bevor die B'schweiger, bei denen einige Hamburger waren, laufen mußten. Gelegentlich blieben ein paar Gute stehen, um sich einem Fight zu stellen. Es knallte ca. zehn Min., bis die ersten Cops kamen. Einige wurden verhaftet. Nach etwa 45 Minuten wurden wir zu den Bussen getrieben. Dort wurde man dann noch bis 18.30 Uhr festgehalten, da sie etwas Raststättenmaterial bei uns fanden; außerdem dauerte es noch eine Weile, bis unsere Leute aus dem Knast entlassen wurden. Durch Seitenstraßen wurden unsere zwei Busse dann auf die Autobahn geleitet. Im Bus erfuhr man von weiteren Aktionen; so stürmten beispielsweise unsere Kutten einen Stadtbus, der mit B'schweigern und anderen besetzt war. Auf der Raststätte Kassel führten wir noch eine Inventur durch, danach ging's endlich nach Hause.

Fazit: Eines der geilsten Spiele vom OFC, die ich je mitgemacht habe. Selten hat es so geil geknallt. Die BS Hools müßten eigentlich zugeben, daß sie an diesem Tag klar unterlegen waren; über eine

Stellungnahme würde ich mich freuen.»
Eddi, ASF[7]

«Wir sind keine Assis, wir können uns benehmen», erklärt Olli, 25, seit 1986 «ein Guter». Nike-Schuhe, Boss-Sweatshirt («von *Hugo* Boss»), Beastie Boys-Button, keine Vereinsfarben. Von montags bis freitags sitzt Olli am Schalter einer Bank. Am Wochenende ist *action* angesagt. Räuber & Gendarm mit wechselnden Rollen. Ein schnelles Spiel. Das bedeutet für Olli: «Drei, vier Bierchen, das war's.» Alkohol und schnelle Sprints schließen sich aus. Wer jederzeit «in Aktion treten» will, muß reaktionsstark bleiben.

Bevorzugte Mitspieler sind andere Hooligans, ersatzweise aber auch Punks, Skins und Kuttenträger; «Assis», die man gerne mit auserwähltem Snobgehabe reizt. Doch Vorsicht! riet ein Bremer Hooligan-Fanzine. Nicht übertreiben: «Du sollst darauf achten, daß der Wert deiner Oberbekleidung nebst Schuhen 500 DM nicht überschreitet, das weckt den Neid der Besitzlosen. Schon mancher ist barfuß und den Oberkörper frei nach Hause gekommen, weil einem gegnerischen Fußball-Prolo seine Nike-Schuhe und das Boss-Sweatshirt so ausnehmend gut gefielen.»

Als Angestellter verdient Olli nicht schlecht, wie die Mehrheit seiner Clique: «Bei uns gibt es nur einen einzigen ohne Job und eine Umschülerin.» Doch das, was er am Körper trägt, übersteigt auch Ollis Möglichkeiten, «weil man ja öfter was Neues braucht nach so 'nem Fight». So hat Olli die Schuhe «getauscht». Aus alt mach neu. Ein Schuhladen in M. hat nun eine Secondhand-Abteilung.

Beliebt ist auch die hoolinterne Tauschbörse am Wochenende. Vom letzten Besuch in Nürnberg brachten Olli und seine Gang «Jakken so bestimmt für 2000–3000 Mark Ladenpreis mit nach Hause» – von anderen Hooligans. Zu Anzeigen kommt es nur selten. Auch frierende Hools fordern von der Polizei, «daß die sich da raushalten. Das regeln wir schon selbst untereinander. In der Rückrunde holen wir uns die Klamotten zurück.»

Wie einst die Mods der 60er Jahre riskieren Hooligans gerne ihre Kleidung in Straßenschlachten. Warum auch immer: Sie mögen diesen Widerspruch zwischen schicken Markenklamotten und Proloprügeleien. «Die ganze Woche bist du eingezwängt, da muß am Wochenende einfach was abgehen», meint Olli. «Und auf Bodybuilding und so steh ich nicht. Da bist du wieder nur Solokünstler, und es passiert ja eigentlich auch nichts. Aber auf der Straße, in der Gruppe, du weißt nie, wie es weitergeht, jeden Moment können von rechts oder von hinten die anderen heranstürmen, und du mußt innerhalb von fünf Sekunden erkennen und entscheiden, ob du gegenhalten kannst oder laufen mußt... Da stehst du total unter Strom, das ist besser als früher der schärfste Trip.»

«Wir sind keine Assis, wir können uns benehmen.»

Olli spielt selbst Fußball, nicht im Verein («das ist mir zu stressig, ich spiel aus Spaß und nicht, um Profi zu werden»), sondern in einer Hooliganmannschaft. «Einer von uns ist bei der Stadt, und der hat das geregelt, daß wir zweimal im Monat einen Platz kriegen.» Natürlich ist Olli auch Fan. Was ihn eigentlich so fasziniert und zu jedem Heimspiel und in der Regel auch auswärts ins Stadion zieht, sind die Aktionen drumherum. Doch wenn parallel zum Spiel seiner Elf in der Nähe ein Match stattfindet, wo mehr Zoff zu erwarten ist, wenn er sich entscheiden muß «zwischen einer guten Jagd und der Unterstützung des Vereins, komm ich nicht in Gewissensnöte. Der Verein geht vor. Sonst würd ich denen ja nicht 500 km hinterherreisen und einfach bei Auswärtsspielen in ein anderes Stadion gehen.»

Wildwest in Sandhausen

«Schon um 12.00 Uhr trafen wir in Sandhausen ein. Am Stadion holten wir uns zuerst unsere Eintrittskarten, bevor wir in das Kaff zogen. Hier wurde ausgiebig herumgebrüllt, und die Bauern guckten ziemlich doof. Von Cops war weit und breit noch nichts zu sehen. Einige wurden jetzt mutig und versuchten, Rolladen, die die Ureinwohner aus Vorsicht hinuntergelassen hatten, wieder hochzuschieben. Die Bauern veranstalteten ein wahnsinniges Gekreische und Gezeter. Dieses ebbte aber ab, als zwei halbvolle Bierdosen durch die Fenster katapultiert wurden. Wir setzten uns nun zu acht vom Hauptpöbel ab und gingen Griechisch essen. Nachdem uns der Wirt nach dem Essen freundlicherweise noch eine Runde Ouso spendiert hatte, zogen wir um 14.00 Uhr zum ‹Dorfplatz›, wo erst einmal eine Überschwemmung verursacht wurde, indem man am Springbrunnen den Abfluß verstopfte. Danach zogen wir zum Stadion. Dort war schon alles in Hessenhand. Wegen der Cops war in der ersten Halbzeit nichts Besonderes los. Während der Halbzeit schlichen Offenbachs Regenschirme und Popper zusammen mit den Karlsruhern (‹Destroyers›) in die Nähe des Sandhausener Blocks. Die Cops merk-

ten nichts davon. Als die Kickers immer schlechter spielten und eine Niederlage drohte, ging es plötzlich los – Leuchtkugeln flogen in die Mannheimer, und man sah jede Menge Schirme durch die Luft schwingen und sich auf die Affenköpfe senken. In Panik trampelten und stolperten ca. 200 Leute den Block herunter, durchbrachen die Seitenumrandung und waren im Nu mitten auf dem Spielfeld. Die Cops, ganz verwirrt, rannten jetzt quer übers Spielfeld auf die andere Seite, und auch 300 Offenbacher nutzten die Verwirrung und stürmten hinterher. Es befanden sich zeitweise an die 500 Personen auf dem Spielfeld. Das Spiel war unterbrochen worden, man sah Sanitäter mit Tragbahren hin und her flitzen, und erst nach mehreren Schlagstockeinsätzen der Cops konnte mit sieben Minuten Verspätung wieder angepfiffen werden. Während des ganzen Durcheinanders auf dem Platz wurde ein ‹Wolverine› aus unserem Bus von einem OFC-Fan mit einer Kuhglocke traktiert, was eine erhebliche Platzwunde hervorrief. Nach dem Spielschluß (2 : 1 für Sandhausen) war die Enttäuschung der Kicker-Fans riesengroß. Wieder mußten wir eine Niederlage hinnehmen, und es brodelte an allen Ecken und Enden. Sandhausen war zu einem Pulverfaß geworden. Gerade hatten wir den Hauptbahnhof erblickt, als wir aus einiger Entfernung beobachteten, wie ca. 25 bis 30 Popper ein Auto stürmten. Wir dachten sofort an unsere ‹Bombertruppe›; aber als wir näher kamen, erkannten wir, daß es ein Offenbacher Auto war, das von den Poppern traktiert wurde. Die Popper erblickten inzwischen unseren Bus und kamen auf uns zugerannt. In diesem Moment krachte es auch schon. Aus allen Ecken flogen Pflastersteine, Eisenstangen und Leuchtkugeln auf unseren Bus. Da hatte es auch schon geklirrt, eine Seitenscheibe war vollkommen beschädigt, und gleich darauf sauste auch schon eine Leuchtkugel in den Bus. So ziemlich alle waren im ersten Moment in Deckung gesprungen, aber gleich wieder auf den Beinen. Jetzt hörte man auch das Gekreische der Angreifer: «SVW, SVW, SVW!» Es waren also Mannheimer! Wir forderten den Busfahrer auf, anzuhalten und uns hinauszulassen. Dieser jedoch, voll in Panik geraten, gab Gas und jagte weiter, überfuhr zwei rote Ampeln, was fast zu einem Frontalzusammenstoß mit einer Straßenbahn und einem Mercedes geführt hätte, der Bus kam erst 500 Meter weiter an einer Brücke zu stehen. Während der Busfahrer durch einen vorbeifahrenden Krankenwagen die Cops anforderte, sprinteten 25 Insassen unseres Busses zurück zum Bahnhof, um die Mannheimer Lutscher zu klatschen. Doch die *waren wie vom Erdboden verschluckt. In diesem Moment jagten die Cops in den Bahnhof und knüppelten auf alle Offenbacher ein, in der Meinung, die hätten den Bus angegriffen. Wie lächerlich! Fünfzehn Mann wurden festgenommen, die anderen zehn flüchteten und liefen einzeln zum Bus zurück. Hier hatten uns die Cops inzwischen total eingekesselt. Nach 30 Minuten fuhren wir mit ‹Geleitschutz› weiter auf einen Parkplatz. Hier kam dann die Kripo und kapierte es endlich, daß es unsere Leute waren, die eingebunkert worden waren. Jetzt mußten der Busfahrer und Udo von den «Red-White-Lions» mit auf das Revier fahren, um unsere Leute zu identifizieren, weil angeblich auch Mannheimer festgenommen worden waren. Während die beiden fort waren, hörte man den Polizeifunk mit und erfuhr dadurch, daß in der Heidelberger Altstadt eine Straßenschlacht zwischen den OF-Poppern, den ‹Destroyers› und den Mannheimern stattfand. Auch hier wurden wieder mindestens zwanzig Fans eingesackt. So verging die Zeit, und wir standen vier Stunden auf dem Parkplatz herum. Um 23.00 Uhr waren endlich alle an Bord, und wir fuhren mit dem immer noch zitternden Busfahrer in die Heimat. Die Popperbande und die Karlsruher, die noch nicht festgenommen worden waren, fuhren noch nach Mannheim, wo es noch spät in der Nacht rund gegangen sein soll und noch einmal fünfzehn Mann festgenommen worden sein sollen. Wir kamen um 1 Uhr 30 in Gelnhausen an, der hintere Teil des Busses war durch das fehlende Fenster halb erfroren.»*

Michael, Offenbacher Kickers-Fanclub «Gelnhausen»[8]

Gaststätte Schwarzer Kater, Berlin-Charlottenburg, Sonntag vormittag, noch nicht 11 Uhr. Vorne im Gastraum diverse Opas und Endvierziger, zwei Wirtinnen. Aus der Musikbox dröhnen beinahe übergangslos Rod Stewart und Roland Kaiser. Im Hinterzimmer, «rechts an den Toiletten vorbei, junger Mann», tagt der Deutsche Fußball-Fanclub-Verband.

1977 in Köln gegründet, sammelt der DFFV in seinen Reihen bundesweit jene Fanclubs, «für die der Fairplay-Gedanke an erster Stelle steht. Fußballrowdys, Chaoten und ähnliches Gesindel haben keine Chance im DFFV. Diese gilt es, mit allen legalen Mitteln zu bekämpfen.» In einem solchen Verband muß es natürlich ordentlich zugehen. «Deshalb gibt es für den DFFV auch eine Satzung und Ordnungen, an die sich alle Mitglieder halten müssen. Diese Regelwerke sind sicher sehr umfangreich und nicht gleich für jeden übersichtlich. Aber was sein muß, muß sein, und der DFFV ist stets gern bereit, diese

Werke ausführlich zu erläutern und zu erklären.» In der jüngeren Fanszene wird der DFFV, soweit er überhaupt bekannt ist, als «Rentnerclub» oder «DFB auf Fanebene» verspottet. Daß sich ihm dennoch immer wieder Fanclubs anschließen, verdankt er vor allem den diversen, von ihm organisierten Turnieren bis hin zur Deutschen Fußball-Fanclub-Meisterschaft, der einzigen Möglichkeit für aktiv kikkende Fans, ihrer Leidenschaft im nationalen Rahmen zu frönen.

«Fußballrowdies, Chaoten und ähnliches Gesindel haben keine Chance im DFFV.»

«Jedesmal wenn wir ein Jahr älter werden, werden es die anderen – zum Glück – auch», verkündet eine Tafel an der Wand. Das Durchschnittsalter der darunter Versammelten liegt heute morgen so um die vierzig. Arbeiter, mittlere Angestellte, Kioskbetreiber, drei Frauen. Bayern, Schwaben, Hessen, Berliner. Apfelkorntrinker. Einer schläft. Oktoberfestgeschädigt, gestern gab's «det Jemütliche», erklärt ein gewichtiger Urberliner, während er freizügig Korn und Kugelschreiber verteilt. Lutz Bartels ist der Präsident eines der ältesten deutschen Fanclubs, der laut Satzung ausdrücklich «die Anhänger *aller* Berliner Bundesligavereine vereinen» will. Ein Fanclub, wie ihn sich Vereinsbosse nur wünschen können: Clubbälle mit Willem und Drehorgelspielern, Tombola und Buffet, Kosmetikpräsente für die Damen und Goldene Ehrennadeln für verdiente Aktivisten; Skat-, Rommé-, Kegel- und Minigolfturniere füllen das Jahr aus, und natürlich Aktivfußball, sogar recht erfolgreich in der Berliner Freizeitliga. Rolf Kramell, pensionierter Polizeibeamter und Sicherheitshardliner von Hertha BSC, ist Ehrenmitglied des Fanclub Berlin e. V., andere Mitglieder sorgen als VTF-(Vertrauens-Truppe-Fans-) Ordner stolz und ehrenamtlich «für mehr Ruhe im Stadion».

DFFV-Präsident Bernd Ehring, Besitzer eines kleinen Reisebüros und Mitglied in einem Dutzend Fanclubs («Aber nur aus Geselligkeit, Anhänger bin ich nur von 1860 München»), eröffnet den Verbandstag und entschuldigt seinen abwesenden Stellvertreter. Der Hauptkommissar aus Dachau hat Wochenendeinsatz im Stadion. Auch nur zwölf der 38 stimmberechtigten Mitglieder sind heute angereist («beim letztenmal waren es noch 24»), die Gäste halten eine knappe Mehrheit. Gelbe Stimmkarten und weiße Stimmzettel werden verteilt, die Tagesordnung umfaßt 23 Punkte. Kein Zweifel: ein deutscher Verein.

Top 03: Verlesen des Protokolls des vorangegangenen Verbands-

Es ist u.a. verboten
Spray
S04
ein Metall
Bier
Stadionordnung beachten !

tages. Bernd Ehring verliest: «...es wurden Fragen gestellt und beantwortet...» *Top 04: Vorlage der Aufnahmeanträge zum DFFV und Diskussion darüber.* Ein Aufnahmewunsch aus Bayern liegt vor,

Bayern, Schwaben, Hessen, Berliner. Apfelkorntrinker.

der Fanclub ist «selbstverständlich heute hier» und stellt sich vor: «Wir sind im Juni 1988 vom FC Bayern anerkannt worden.» Er wird (Top 05) aufgenommen. Das gibt eine neue Runde, diesmal Kirschlikör. Fünf Clubs werden dagegen (Top 06) ausgeschlossen – wegen viermaliger Abwesenheit auf Verbandstagen. So sieht es die Satzung vor.

Top 07: Bericht des Präsidiums. Der Verband liege darnieder, erklärt Bernd Ehring. «Maximal 20 Prozent der Mitglieder nehmen überhaupt noch am Verbandsleben teil.» Selbst Reiseangebote stießen in der letzten Saison auf keinerlei Resonanz; ein einziges Mal meldeten sich zwei Fans – vom 1860-Fanclub Die Unternehmungslustigen. «Wie sollte es auch anders sein, wenn Clubvorstände ihre Mitglieder nicht über die DFFV-Angebote informieren.» Der Präsi hat nach zehnjähriger Vorstandsarbeit kapituliert: «Schluß! Aus und vorbei! Der nächste Präsident wird nicht mehr Bernd Ehring heißen.» Im dreizehnten Jahr seiner Existenz steckt der Verband offensichtlich in einer tiefen Krise – und das trotz seines ausgefeilten Punktesystems zur Belohnung von Mitgliederaktivitäten: Wer dem Präsidium eine Ansichtskarte schickt («aus einem Ort mindestens 250 km vom Heimatort»), erhält einen Punkt, fünf gibt's für einen Leserbrief an die Verbandszeitschrift, acht für einen nicht näher definierten «Verbesserungsvorschlag», und gleich 40, die höchste Punktzahl, darf der kassieren, der ein neues Mitglied wirbt. Einsamer Sieger der letzten Saison wurde der Fanclub TSV Ampfing mit 141 Punkten. Neun Punkte mehr, und es wäre «eine Wochenendreise nach Berlin für eine Person» geworden. So reichte es nur für zwei neue Knobelbretter. *Top 10,* nach dem Schnitzel: *Bericht des Verbandsgerichtes.* Das hat glücklicherweise nicht viel zu berichten. Im abgelaufenen Geschäftsjahr mußte es nur ein einziges Mal ernsthaft in Aktion treten: Angetrunkene Arminia-Bielefeld-Fans pinkelten während eines Turniers aufs Spielfeld. 500 Mark Geldstrafe und eine Turniersperre für den Fanclub bis zum 31. Mai 1991. «Die Urteile sind rechtskräftig.»[9]

Erbse, 39, ist kein typischer Fan. Denn er hat die Fronten gewechselt, seinen alten Verein verraten.

So sehen es zumindest die anderen. Und wenn es etwas gibt, was ein Fan dem anderen nie verzeiht, dann ist das Untreue.

Dabei war Erbse früher einer der Treuesten. Morgens, wenn die Borussen-Elf Aufwärmrunden lief, drehte sich Erbse in seiner schwarzgelb gemusterten Vereinsbettwäsche noch einmal auf die andere Seite und träumte von Siegen. Borussen-Fußball war sein Leben. Er trug stolz sein gelb-schwarzes Satin-Hemd mit der breiten Krawatte in gelben Vereinsfarben und aufgesticktem BVB-Emblem.

Erbse saß schon im Stadion, als er kaum richtig laufen konnte. Stolze Zeiten für Borussia Dortmund und besonders für Erbse. Denn zwei Erdmanns, sein Vater und sein Onkel, hatten zum Ruhm nicht unwesentlich beigetragen. Ältere schwärmen bisweilen immer noch von der «Hitzeschlacht von Stuttgart», bei der «Hebbert» Erdmann im ausverkauften Neckarstadion bei 40 Grad im Schatten der Borussia mit zwei Toren beinahe zur ersten Deutschen Meisterschaft verholfen hätte. Später traf man sich nach jedem Heimspiel in Erbses Kneipe «Zum Kügelchen», direkt am alten Borsigplatz in Dortmunds traditionsreichem Arbeiterviertel. Nicht selten tauchte auch der eine oder andere Spieler auf, um mit den Fans, die überwiegend selbst bei den Dortmunder Amateuren oder in der Jugend kickten, ein wenig zu fachsimpeln, während aus der Musikbox ein vom Wirt in Eigenproduktion aufgenommener Walzer ertönte: «Ist die Meisterschaft geschafft / ziehn wir hin zum Borsigplatz / und dann feiern wir die Nacht / in schwarz-gelber Farbenpracht...»

Die Idylle endete am 30. Juni 1982 mit einem Überfall der soeben gegründeten «Borussen-Front». Peter Erdmann: «Mit acht Mann kamen sie innerhalb von einer Minute in drei Gruppen ins Lokal rein, richtig generalstabsmäßig: Die Telefonschnur wurde aus der Wand gerissen, ich wurde zusammengeschlagen und später mit Magendurchbruch ins Krankenhaus eingeliefert; meine Mutter, die mir zu Hilfe kommen wollte, bekam Schläge ins Gesicht, mein Vater erhielt Tritte gegen das Schienbein, die nie mehr heilten. Der ist dann Ende März im Krankenhaus gestorben.»

Die Trauerfeier fand nach telefonisch angekündigten «Störaktionen» unter Polizeischutz statt, und Stammgäste des «Kügelchen» wurden auf der Straße angemacht, sie sollten sich besser ein anderes Lokal suchen. Die «Front»-Kneipe «Zum Grobschmied», Wirt Leo Rydzinsky war gleichzeitig Kassenwart und «Pressesprecher» der «Front», lag nur zwei Minuten entfernt. Der Terror der Neonazis rund um den Borsigplatz verschärfte sich: Überfälle auf ein «Ausländi-

sches Kulturzentrum» und eine türkische Imbißbude erregten zwar Aufsehen, aber kaum Gegenwehr. Erbse wurde noch mehrmals angegriffen, schließlich mußten er und seine Kneipe sogar unter Polizeischutzt gestellt werden.
Im Sommer 1983 gab Erbse auf. Über 60 Prozent schwerbehindert lebt er, seitdem arbeitslos, von 400 Mark Sozialhilfe. «‹Erbse fühlt sich im Stich gelassen› – auch von seinem Verein. ‹Die wollten sich um eine neue Arbeitsstelle für mich bemühen›, klagt er. Seitdem hat er jedoch nichts mehr von ihnen gehört. Erdmann: ‹Ich bin furchtbar enttäuscht.›»[10]

Erbse gehört heute zur Anti-Randale-Front der Fanszene. Im Juni 1988 rief er gemeinsam mit Brigitte zur Gründung einer Aktion «United Faire Fans» auf. «Unsere Ziele: Freundschaften zu allen friedlichen Fans und Fanclubs pflegen und ausbauen, egal welchem Verein sie angehören! Gemeinsamer Besuch zu Heim- und Auswärtsspielen, Feten, Turniere, feuchtfröhliche Fan-Treffs und gegenseitige Besuche mit Meinungsaustausch. Herausgabe einer überregionalen Fan-Zeitschrift nur für friedliche Fans (besonders Kuttenfans). Förderung und Ausbau des Freundschaftsverhältnisses aller fairen, friedlichen Fans sowie Unterbindung jeglicher Randale und Schlägereien! Eine bessere Unterstützung und Anerkennung durch die Vereine. Schaffung von kostenlosen Übernachtungsmöglichkeiten bei weiten Auswärtsspielen unter dem Motto: Faire Fans beherbergen faire Fans.» Brigitte: «Die ewigen Schlägereien und Anpöbeleien kotzen einen doch wirklich an! Es wäre einfach zu begrüßen, wenn die kleine Minderheit, die sich Hooligans nennt, uns friedliche Kuttenfans in Ruhe ließe. Die Hooligans sollen ihre ‹Arbeit› machen und wir machen unsere: feiern, singen, saufen usw.»[11]

In Anjos Post stapeln sich Einladungen zu Spielen und Feten quer durch die Republik und unabhängig von allen Feindschaften, vom Mannheimer Fanclub «Fairplay» bis zur Frankfurter «Adlerfront». Nicht wenige der freundlichen Einladungen tragen Unterschriften, die bundesweit Ehrfurcht (oder Abscheu, je nach Position) erregen. Obwohl Anjo selbst sich eher zurückhält, wenn Hooligans auf Treibjagd gehen, wird er doch akzeptiert. «Viele kommen ja selbst aus Fanclubs und standen vor fünf Jahren noch mit der Kutte im Block.» Heute ist das Verhältnis zwischen «Kuttenaffen» und «Poppern» eher zwiespältig. Für die Harten sind der Rest der Fankurve «Lutscher». Hooligans genießen in der Szene zwar einen Heldenstatus, aber man will auch nicht zuviel mit ihnen zu tun haben, «man distanziert sich schon ein bißchen». Bei der Eintracht schätzt Anjo den «harten Kern» der Hooligans auf «30 bis 40 Leute, die immer da sind. Hinzu kommt ein stark wechselndes Umfeld aus Mitläufern; das sind seit einiger Zeit weniger Leute aus der Kurve, sondern Außenstehende, die mitgekriegt haben, da geht was ab, und eine Zeitlang mitmachen.» Auch Anjo faszinieren diese Szenen. «Wahrscheinlich aus dem gleichen Grund, warum die Leute auf der Autobahn langsam fahren, wenn ein Unfall passiert ist, damit sie jede Einzelheit mitkriegen. Sensationsgeil, klar.» In richtig üble Situationen ist Anjo bis heute nicht geraten. Mittlerweile glaubt er, brenzlige Entwicklungen vorab zu erkennen, «und dann kannst du dich absetzen oder entsprechend reagieren. Wenn zum Beispiel zwei Gruppen aufeinander zukommen und die eine rennt weg, dann stürmt die andere natürlich hinterher. Und wenn du mitrennst, dann hauen die dir eben auch einen auf die Fresse. Wenn du einfach cool stehen bleibst oder normal weitergehst, rennen die an dir vorbei.» Seiner Meinung nach werden die Hooligans «völlig überbewertet und von den Medien künstlich hochgepuscht. Das ist doch nichts Neues. Vor zehn Jahren wurden wir in Dortmund mit Fahrradketten angegriffen. Heute sind es eben Baseballschläger und Tränengas. Ich erinnere mich noch, als ich so acht, neun Jahre alt war, daß wir auch immer gegen die Kinder einer anderen Straße gekämpft haben. Wir haben uns durch die Hinterhöfe gejagt und mit Dreck beschmissen. Oder die Ringkämpfe in der Schule, Klasse gegen Klasse, das war völlig üblich, und in der Pause auf dem Schulhof stand alles drumherum. Die Hooligans kommen zu 90 Prozent aus Großstädten, wo du diese Möglichkeiten der körperlichen Auseinandersetzung heute überhaupt nicht mehr hast. Aber der Drang danach ist einfach da. Nicht umsonst schießen ja überall diese Kickboxstudios und Karateschulen wie Pilze aus dem Boden.»

Anjo plädiert dafür, die Hools «machen zu lassen. Die gehen ja nur gegeneinander los.» Hooligans suchen Gegner, nicht Opfer. «Wenn sich Hools schon mal an irgendwelchen Kutten schadlos gehalten haben, dann waren das Mitläufer. Der harte Kern hat feste Rituale, die so was ausschließen. Die kennen sich persönlich, haben voneinander die Telefonnummern und rufen sich vor dem Spiel an, wir kommen mit soundsoviel Leuten, wie sieht's denn aus, machen wir was aus, treffen wir uns da und da, ja natürlich, ohne Waffen … und nachher haben sie doch alle einen Koffer voll Baseballschläger dabei.» Doch das Spannende sei nicht die Schlägerei, meint Anjo, sondern das Aufspüren und Jagen des Sparringpartners: «Ich denke, die meisten haben sogar Angst vor einer harten körperlichen Auseinandersetzung, weil du nie weißt, was dich erwartet, und man will ja auch niemanden ernsthaft verletzen. Deshalb ist die Polizei ein wichtiger Bestandteil des Spiels. Man trifft sich ja gerade nicht irgendwo abseits, sondern ganz gezielt in der City, wo man sicher sein kann, daß es nur wenige Minuten dauert, bis die Polizei auftaucht. So hält man sich eine Rückzugsmöglichkeit offen. Es ist immer besser, wenn man hinterher sagen kann: Dann kamen die Bullen und haben uns getrennt.»

«Wenn Hooligans sich heute Steine an die Köpfe schmeißen und mit Leuchtkugeln aufeinander schießen, dann ist das eine direkte Folge der polizeilichen Strategie, die Fans im Stadion immer stärker zu überwachen und voneinander zu trennen», meint Theo Weiß (28), Fanbeauftragter des VfL Borussia Mönchengladbach. «Vor wenigen Jahren noch war es völlig verpönt, mit irgendwelchen Waffen aufeinander loszugehen. Dann begann die Polizei massiv, den direkten Kontakt zwischen den Fangruppen abzubrechen. Die Fans stellten ihn wieder her, indem sie ‹Fernwaffen› mitbrachten.» Die polizeiliche Aufrüstung in den Stadien seit Beginn der 80er Jahre habe die Gewalt nicht verringert, sondern nur verlagert, kritisiert auch der Hannoveraner Sportsoziologe Dr. Gunter Pilz: «Die Auseinandersetzungen haben sich ins Stadionumfeld, in polizeifernere Bereiche verlagert, und sie werden härter, brutaler, ungeregelter. Mit anderen Worten, die qualitativ und quantitativ gewandelten Polizeieinsätze haben nicht zur erhofften Befriedigung der Fanszene beigetragen, sondern führen nur zu einer Eskalation der Gewalttätigkeiten.» [12]

Die Gewalttäter paßten sich den Gegebenheiten schnell an. Anjo: «Auf Grund der massiven Verfolgung durch die Cops änderten auch die Hooligans die Vorgehensweisen. Man stürmte nicht mehr einfach wie früher die gegnerische Kurve, sondern schickte Unterhändler los, die dann einen Treff aushandelten. Die Cops reagierten hilflos, nahmen wahllos Leute fest oder leiteten ganze Busladungen auf dem Weg ins Stadion zwecks erkennungsdienstlicher Behandlung zum Polizeirevier um. Mit dem Erfolg, daß die Cops selbst vom Schiedsrichter zur Zielscheibe wurden und sich die Kutten mit den Hools solidarisierten, denn die sind ja auch von den verschärften Maßnahmen betroffen.» Anjos Fazit: «Die Eskalation war vorhersehbar. Gewalt erzeugt Gegengewalt. Die Hooliganszene hat sich nicht radikalisiert, sie wurde radikalisiert.»

Die letzten krankenhauslosen Minuten im Leben des Sportsfreundes Hansi F.

«Die Bullen machen viel kaputt in der Beziehung», meint Uli, Eintracht-Frankfurt-Supporter und mit zehn Jahren Randaleerfahrung ein (selbst)kritischer Experte in Sachen Abenteuerfußball. «Daß es da ab und zu mal kraß abgeht, daß einer lebensgefährlich verletzt wird oder so, das ist Scheiße. Und dann ist da der Trend, daß immer mehr Waffen ins Spiel kommen. Ich bin da jetzt so lange drin, gell. Am Anfang, da waren das Fäuste und Schlagringe, Steuerketten. Irgendwann kamen dann Gaspistolen, Leuchtstifte und so. Jetzt ist das schon ziemlich extrem. Die Bereitschaft zur Gewalt wird immer größer. Früher war das auch so gewesen, wenn einer auf dem Boden gelegen hat, dann war Ruh gewesen. Laß ihn liegen! Heute mußt du damit rechnen, daß dir noch fünf Leute auf dem Kopf rumtreten, aus Haß.»[13] Zu den blauen Augen kommen heute gebrochene Knochen und Verletzungen durch angespitzte Regenschirme. Im Darmstädter Stadion am Böllenfalltor machten sich Hooligans einen Spaß daraus, mit Glasscherben gefüllte Plastikbeutel in den gegnerischen Fanblock zu werfen. Wer so ein Geschoß auffing, zerschnitt sich die Hände.

Abrüstung tut not, kann sich aber nur aus der Szene heraus entwickeln. Und diese Szene ist klein. Selbst die Hardliner der Polizei gehen von 50 bis 70 kontinuierlichen Gewalttätern pro Verein aus, die bei Spitzenspielen ein Potential bis zu 800 Menschen aktivieren können – also etwa zwei bis vier Prozent der Fankurve. Konzertveranstalter im Umfeld amerikanischer Kasernen würden bei diesen Zahlen Freudentänze aufführen. Experten raten also zu «mehr Gelassenheit», zumal alle aktuellen Datensammlungen darauf hindeuten, daß die Krawallistenszene quantitativ ihren Zenit überschritten hat. Die *riots* der 90er Jahre verlagern sich immer mehr unabhängig von Großereignissen in die Stadtteile. Die sicherheitspolitische Strategie, den Randalisten ein staatliches Heer gegenüberzustellen, hat lediglich dazu geführt, daß die eingesetzten Beamten allwöchentlich in sinnlosen Schlachten «verheizt» werden: Für Hooligans stellen sie beliebte Ersatzgegner dar, alle anderen Fans entwickeln einen zunehmenden Haß auf die Polizei. Denn während die prügelnden Knaben ihre Kämpfe längst außerhalb des Stadions in der City austragen, leiden alle Zuschauer unter immer drakonischeren Ordnungsmaßnahmen.

«Schläger, Rocker, Terroristen – oder waren's Polizisten?»

Wenn martialisch aufgerüstete Einsatztruppen den Fanblock präventiv «sichern», reagieren auch die friedlichsten Zuschauer aggressiv. «Als in Berlin beim Pokalendspiel ein paar Adlerfrontler am Zaun standen und mit ihren Fahnen wedelten, stürmte sofort ein bestimmt dreißigköpfiges Kommando mit Schutzhelmen und Schlagstöcken hin und verbreitete im ganzen Block eine total gereizte Stimmung, die dann auch zwangsläufig zu Randale führte», berichtet Strohhalm von seinen Erfahrungen mit der Polizei. «Als der VfB Stuttgart in Offenbach spielte und eine Gruppe Stuttgarter mit ‹Sieg heil!› grüßte, da ging der Einsatzleiter zu denen hin und sagte: ‹Jungs, wenn ihr die Arme nicht sofort runternehmt, muß ich euch leider verhaften lassen›. Das war korrekt.» Strohhalm hat wie die meisten Fans eigentlich nichts gegen Polizei in bundesdeutschen Stadien, «aber kompetente, normal uniformierte Beamte, mit denen man auch vernünftig reden kann und die uns nicht als Asoziale behandeln», sollten es sein.

Es sind immer die gleichen Erfahrungen, die gerade friedliche Fans von Bayern bis Hamburg in ohnmächtige Wut versetzen.

Brigitte: «Da kommt man nach dem Spiel aus dem Stadion, will zum Parkplatz gehen, da stürzt eine Truppe Polizisten auf uns zu und drängt alle Borussen zum Bahnhof. Zwei Kilometer! Ich hab dauernd versucht, mich zu beschweren und denen zu sagen, daß ich gar nicht mit dem Zug gekommen bin und genau in die andere Richtung zu meinem Auto muß. Die haben gar nicht hingehört und nur blöd gegrinst. Nur weil ich 'ne Kutte anhatte.» Strohhalm: «Wir stiegen nach dem Spiel in den Sonderbus, der uns wieder zum Hauptbahnhof bringen sollte. Statt dessen leitete die Polizei uns einfach zu einem ganz anderen Bahnhof um, wo ein Sonderzug nach Gelsenkirchen wartete. Die waren einfach davon ausgegangen, daß alle Schalke-Fans aus Gelsenkirchen kamen, und hatten sich klug ausgedacht, wie sie die schnell abschieben konnten. Wir Frankfurter mußten dann mit der S-Bahn zum Hauptbahnhof zurückfahren und verpaßten natürlich unseren Zug.» Hornsby: «Im Verlauf des Spiels entstand eine handgreifliche Auseinandersetzung zwischen zwei älteren Stadionbesuchern und einem jüngeren, zivil gekleideten Bayer-04-Fan. Der Streit und die ersten Handgreiflichkeiten gingen dabei eindeutig von den beiden älteren Zuschauern aus. Der bereits beendete Zwist war Anlaß für etwa fünf Polizeibeamte, sich auf den jüngeren Fan zu stürzen, ihn mit körperlicher Gewalt ca. fünfzehn Stufen herunterzustoßen und unten körperlich zu ‹maßregeln›. Als ein paar Freunde des Fans die Beamten nach dem Sinn der Festnahme fragten, wurden auch sie sofort brutal angegangen. Aus einer Entfernung von etwa 15 Metern wollte ich Beweisfotos machen, um sie in einer möglichen späteren Verhandlung zur Verfügung zu stellen. Daraufhin wurde ich von einem Polizeibeamten erst in den Rücken geschlagen, dann mit den Worten ‹Verpiß dich, sonst gehste auch inne Kiste!› ohne erkennbaren Grund beleidigt. Ich wies den Polizisten darauf hin, mich bitte nicht mit dem Wort ‹du› zu beleidigen, woraufhin er mich erst auslachte und dann brutal gegen ein Trenngeländer stieß. Ich fragte den Beamten nun nach seinem Namen und seiner Personenkennziffer, die er mir verweigerte. Seine konkreten Äußerungen: ‹Noch 'n Wort und du bist weg!› und: ‹In Bochum gibt's so was nicht!›»

Entgegen den Erkenntnissen, daß nur eine verschwindende Minderheit der Zuschauer zu Krawallen neigt, führt die pauschale Trennung der Fangruppen dazu, daß auch freundschaftliche Begegnungen – ein zentrales Moment für Fans – erschwert werden. Strohhalm: «Ich kann mich während des Spiels nicht einmal mit den Mitgliedern meines eigenen Fanclubs treffen, obwohl doch jeder weiß, daß Nürnberger und Schalker eng befreundet sind, das steht sogar schon in den offiziellen Stadionzeitungen. Nur die Polizei verhält sich oft so, als hätten sie davon noch nie was gehört. Dadurch wirst du gezwungen, ohne Kutte oder Trikot zu erscheinen und deinen Verein zu verleugnen, damit du eine geringe Chance hast, deine Freunde im anderen Block zu begrüßen.»

Wissenschaftler und Fansprecher setzen auf die «Selbstregulierungskräfte» der Fankurve bei gleichzeitiger, behutsamer Rückführung der Polizeipräsenz: weniger Kontrollen, Wiederzulassung von Konfetti und Fahnen, Abbau der Videoüberwachung und der Sperrzäune innerhalb der Fanblocks («Affenkäfige»), den Fans namentlich bekannte und ansprechbare, möglichst ältere Kontaktbeamte statt datenschutzrechtlich äußerst brisante Fandateien.[14] «Es sollte möglich sein, daß Fans ihre Begeisterung zeigen können, ohne gleich polizeilich gemaßregelt zu werden. Schreien, Konfetti, Fahnen, auch Bier, das gehört eben alles dazu, ebenso, daß sie friedlich ins Stadion gelangen können, ohne wie Schwerverbrecher vom Bahnhof ab schon eskortiert und vier-, fünfmal durchsucht zu werden», meint Peter Bode. Der dreißigjährige Politikstudent, Bayer-04-Fan seit 1968, ist nicht nur der offizielle Fanbeauftragte des Vereins, sondern auch der Sprecher der 54 Fanclubs. Er wehrt sich vehement gegen eine «Spaltung in gute und schlechte Fans. Erst die Ausgrenzung seitens des Vereins, der Sicherheitsorgane und auch der Kampfberichterstattung in den Medien, die sie natürlich erst recht zu Helden stilisiert und zu neuen Taten ansporn, schafft künstliche Trennungen. Aber wenn ich als Fanbeauftragter ein Fußballturnier oder eine Auswärtsfahrt organisiere, machen die genauso begeistert mit wie die Kuttenfans.»[15]

«Schreien, Konfetti, Fahnen, Bier; das gehört eben alles dazu.»

«Man zeige nicht mit dem Finger auf die bösen Buben in der Fankurve. Die jungen Helden unten auf dem Rasen schlagen nicht weniger heftig zu – zweimal elf Gewalttäter mit einer nicht unerheblichen kriminellen Energie.»[16] Auch wenn die Vereine es nicht wahrhaben wollen: Der Kampfsport Fußball überträgt seine Ideale auch auf die Zuschauer. «Die Brutalität, mit der Fußballprofis miteinander umgehen, ist vorbildlich für Hooligans.»[17] Ein Münchner Amtsrichter setzte eine Haftstrafe gegen einen Stuttgarter Fan mit Hinweis auf den Bayern-Manager zur Bewährung aus: «Wenn ein Herr Hoeneß von ‹abfieseln› redet, führt das zu Aggressionen, die man hinterher nicht nur den Fans anlasten kann.»

«Die Brutalität, mit der Fußballprofis miteinander umgehen, ist vorbildlich für Hooligans.»

«Wer nicht politisch zu denken gelernt hat und die ganze Woche den Torturen der Arbeit, der Preise, des Nummer-Seins ausgesetzt ist, wird zu einer potentiellen menschlichen Bombe. Die Presse hat ihn scharfgemacht, er hat sich selbst scharfgemacht, beim Debattieren, beim Wetten, mit seinem Tippschein, beim Zahlen eines gepfefferten Preises für seine Eintrittskarte. Und wenn dann seine Mannschaft auch noch verliert oder schlecht spielt oder der Schiedsrichter sich irgendein Ding ausdenkt, dann wird der Fan gefährlich. Aus politischer Unreife und weil er kein Sportsmann ist. Und er ist kein Sportsmann, weil er nie Sport getrieben hat. Und er hat nie Sport getrieben, weil man es ihm nicht gestattet hat, weil man ihm nicht die Einrichtungen gebaut hat, weil er kein Champion ist. Sehen wir uns doch mal um: Die Kinder müssen mitten zwischen Au-

tos spielen, auf dem Asphalt laufen; wenn sie schwimmen wollen, müssen sie in die Kanäle springen. Und reden wir nicht von den Erwachsenen: Die wenigen, die noch Lust dazu haben, müssen sich damit begnügen, am Abend die Straßen entlangzulaufen, Auspuffgase einzuatmen und in Gefahr zu geraten... So ist der einzige wirkliche ‹Massensport› nach wie vor die Sportbegeisterung, der Sportfanatismus, und die Leute strömen herbei, um den einzigen Teil des Stadions zu benutzen, der ihnen offensteht, die Zuschauerreihen. Mit den Resultaten, die wir kennen.» [18]

Neu sind diese Konflikte nicht. Die Vereinsnachrichten des SV Werder Bremen beklagten schon im September 1960, «daß einige wenige junge Burschen, die sich unter Zuhilfenahme geistiger Getränke wie Pfingstochsen gebärdeten, genügten, um die ordentlichen Schlachtenbummler durch die Bank in Mißkredit zu bringen. Der Verein mag sich von diesen Kerlen auch noch so distanzieren – er hat mit ihnen auch gar nichts zu tun, denn meistens sind solche Burschen überhaupt kein Vereinsmitglied – es bleibt immer etwas an dem Verein hängen.»[19]

Neu ist allerdings die Rigidität, mit der Vereine und DFB versuchen, sich der mißliebigen und kommerziell längst nicht mehr so attraktiven Fans zu entledigen. Hermann Neuberger: «Wer glaubt, daß er ohne die Kurve nicht auskommen kann, der irrt.»[20] Schon zur EURO '88 hatte der DFB-Boss die Parole «Wenn die Hooligans kommen, dann muß der Knüppel raus» vorgegeben. Als bundesdeutsche Fans und Fan-Projekte statt dessen ein freundschaftsverbindendes Begleitprogramm forderten, offenbarte der DFB-Sicherheitsbeauftragte Wilhelm Hennes auf einer Pressekonferenz in Bremen sehr plastisch das Fanbild des DFB: «Gut erzogene Menschen brauchen kein Kultur- und Betreuungsprogramm und auch kein Zeltlager zur kostenlosen Übernachtung. Die stellen sich ihr Kulturprogramm selbst zusammen und buchen ihr Hotel vor der Abreise.»

«Hooligans sind nicht bestimmte Menschen, Hooligans sind ein Trend», meint der Soziologe Dieter Bott, von 1984 bis 87 Mitarbeiter des Frankfurter Fan-Projektes, seit 1990 in Düsseldorf. «Die Behauptung, daß Hooligans nur wegen der Gewalt ins Stadion kommen, ist Augenwischerei. Wenn ein Journalist sie fragt, sagen sie natürlich: Randale ist geil, und Fußball interessiert mich nicht. Aber das ist nichts als Selbstschutz. Hooligans sind im Grunde enttäuschte Fans. Die Vereine kommerzialisieren sich immer weiter, die Zuschauereinnahmen werden durch Fernsehverträge und Sponsoren ersetzt. Die Fans werden immer unwichtiger – und das spüren sie. Hooligans reagieren darauf, indem sie nicht mehr die Farben des Vereins tragen und die traditionellen Fanclubs durch vereinsfernere, lose Wochenendcliquen ersetzen.»

«Hooligans sind nicht bestimmte Menschen, Hooligans sind ein Trend.»

Beziehungskisten

«Die Bremer und Lauterer Trennung ist schon Geschichte. Während die Bremer sich derzeit zu den Berlinern hingezogen fühlen, tat man sich auf Lauterer Seite mit den Düsseldorfern zusammen. Diese Freundschaft wackelt zwischenzeitlich, da es des öfteren Unstimmigkeiten gab. Das Aufeinandertreffen beim Bundesligaduell wird wohl letztlich den Ausschlag geben. Derweil kursiert seit der Hool-Party in Kaiserslautern das Gerücht, daß sich zwischen den Stuttgartern und Lauterern was anbahnt für den Fall, daß es zwischen Düsseldorf und Lautern kracht. Stuttgart / Karlsruhe war ebenfalls nur von kurzer Dauer. Der Aufstieg der Düsseldorfer in die erste BL sowie der der Duisburger in die zweite BL könnte neue Erkenntnisse größeren Ausmaßes bringen, während sich durch den Aufstieg von Kassel **(Freundschaft mit Homburg) und Münster (Dortmunder / Ahlener helfen öfters aus) wenig bewegt. Die Offenbacher werden sich wohl weiterhin mit Leverkusenern und Stuttgartern die Zeit vertreiben. Die Ehe Hamburg / Dortmund liegt weiterhin brach. Die Hamburger gehen oft mit Braunschweigern einen gemeinsamen Weg, während sich wohl aus den Kontakten der Dortmunder zu den Saarbrückern nichts Festes entwickeln wird...»**[22]

«Was heute in den Stadien abgeht, passiert morgen in den Stadtteilen», meint auch Helmut Heitmann vom Berliner Fan-Projekt. Nicht nur Hooligans lösen sich vom Verein. Der Fan als solcher wird immer mehr zum Fußballsaurier. Fanclubs lösen sich zugunsten informeller Cliquen auf, viele wandern zum Eishockey ab oder suchen ihre Abenteuer in außersportlichen Bereichen. Fußballfreundschaften werden kurzlebiger. Thomas Gehrmann: «Die Unbeständigkeit der Beziehungen ist aktuell wohl die vorherrschende Tendenz. Die scheinbar festen Ordnungen, auf wen man baut und wen man haut, die den Fußballfans auch immer das Gefühl vermittelt hatten, daß die Dinge so sind, wie sie sein müssen oder jedenfalls seit Urzeiten immer schon waren, diese scheinbar soliden Systeme bröckeln.»[23] Die Auswirkungen spüren inzwischen auch die großen Bundesligavereine. Denn fehlen die Fans, bleiben nur die Zuschauerkonsumenten – und die sind wählerisch. «Seit dem höchsten Besuch pro Spiel der Bundesliga in der Saison 1977/78 von 25 122 Kaufkartenzuschauern ist der Schnitt auf 17 631 Zuschauer pro Spiel – dies entspricht etwa 30 Prozent – zurückgegangen. Hinzu kommt, daß die einzelnen Zuschauerzahlen pro Spiel stärker als früher vom jeweiligen Durchschnittswert abweichen, was auf die verstärkte Selektierung des potentiellen Zuschauers, welches Spiel er besucht, hinweist. Die Bereitschaft, mehr als zwei bis drei Spiele zu besuchen, ist nicht mehr vorhanden.»[24] Dieter Bott: «Würden die Vereine eine offensive Fanarbeit betreiben, durch die Einstellung von Fanbeauftragten, durch Patenschaften von Spielern zu Fanclubs, durch sportliche Angebote, die nicht so leistungsorientiert sind, usw., könnten sie die Hooligans und viele andere als engagierte Fans zurückholen.» Das setzt allerdings Glaubwürdigkeit voraus. Fans sind leicht zufriedenzustellen – von einem Spielerbesuch beim Fanclubtreffen schwärmen sie noch monatelang. Doch hehre Worte ohne Taten fördern eher die Distanz. So warten Bayern-Fans immer noch vergeblich auf die Einlösung eines Versprechens ihres Managers Uli Hoeneß aus der Saison 1984/85: «Wir wollen ein Experiment riskieren, das bislang ohne Beispiel ist. In der nächsten Saison sollen verletzte oder nicht nominierte Spieler, aber auch mal der Präsident oder ich selbst, mit den Fans in den Sonderzügen zu den Auswärtsspielen fahren. Auswüchse gibt's ja vorwiegend auf den Fahrten. Wenn wir Freitag nacht mit in den Zug steigen, müßte das eine positive Wirkung haben.»[25] Fans registrieren recht sensibel den Unterschied zwischen Realität und Versprechen: «... Kurz nachdem wir die Grenze erreicht hatten, kam hinter uns der Bayern-Bus mit Polizeieskorte an. Der Bus konnte direkt durchfahren, nur Ekström wurde kontrolliert. Fünf Minuten später nahm dann Vlibel die Verfolgung auf, als hinge sein ganzes Lebensglück davon ab, den Bus einzuholen. Vollkommen in Ekstase geriet er, als er den Bus überholte und Hörwick winkte. Schließlich bog der Bus in Richtung Flughafen ab; denn den ‹Herren Stars› ist eine 400 km lange Busreise nicht zuzumuten. Wenn die wüßten, was wir teilweise für Fahrten auf uns nehmen ...»[26] Enttäuschung und Resignation – nicht selten von Spielern und Clubs verursacht.

«Was heute in den Stadien abgeht, passiert morgen in den Stadtteilen.»

Dringend notwendig wäre eine

selbstkritische Ursachenforschung der Vereine, die bisher eher zur einfachen Lösung neigen und die Störenfriede nach dem Motto «Das sind gar nicht unsere Fans» aus ihrem Verantwortungsbereich wegzudefinieren versuchen: «Jene 10 Prozent, die ihren Genuß am Fußballspiel nur benebelt und randalierend empfinden, gehören nicht zur Szene. Im Grunde sind sie – sozialhygienisch betrachtet – krank. Wenn es eine Methode gäbe, ihnen bewußt zu machen, daß sie krank sind, und zwar im Kopfe, dann ließe sich sagen: sie sind auf dem Wege zur Besserung.»[27] Für den Fan-Projektler Dieter Bott steht seine Klientel der 90er Jahre fest: «Nicht die Fans, sondern die Vereinsmanager und Präsidenten, die Spieler und Trainer brauchen dringend sozialpädagogische Beratung.»

Wer ins Stadion geht, um sich mit dem gegnerischen Mob zu messen, der bringt nicht seinen Sozialarbeiter mit.

Wenn die «Gelsen-Szene» sich auf dem Berliner Kurfürstendamm Straßenkämpfe mit türkischen Kids liefert oder St. Paulis «Schwarzer Block» Münchener «Popper» verprügelt, klingeln bei ihnen die Telefone heiß: *taz* und *Bild* wollen wissen: Ist eine neue Eskalation der Gewalt zu erwarten? Sind das Rechtsradikale? Was läßt sich tun?

Fan-Projekte sind die soziale Feuerwehr der Fußballgemeinde, eine zumeist ABM-verunsicherte, sozialpädagogische Eingreiftruppe nicht nur am Wochenende, wenn sie aktuelle Konfliktsituationen deeskalieren, indem sie «ihre» Fans begleiten, Vermittlungsgespräche mit der Polizei führen, Treffen zwischen den Anhängern der Rasengegner organisieren. Ihre Klientel ist selten der harte Kern der gewaltbereiten Hools. Wer ins Stadion geht, um sich mit dem gegnerischen Mob zu messen, der bringt nicht seinen Sozialarbeiter mit. Fan-Projekte erreichen die Mitläufer, die zwar anfällig sind für Prügeleien, auf Provokationen gerne offensiv reagieren, aber ihre Abenteuerlust doch vor allem mit dem Anfeuern der eigenen Mannschaft befriedigen. Beste Kontakte, auch während der Woche, haben sie zu den klassischen Fans, den Kuttenträgern, den noch in Fanclubs Organisierten, denen Saufen, Feiern, Lachen wichtiger ist als das «Klatschen» gegnerischer Fantruppen. Dennoch: kein leichter Job.

«Über mich stürzte eine Flut von Lärm, Sauferei, Aggressivität und Schmutz», beschreibt Thomas Gehrmann seinen ersten Arbeitstag als Fan-Projektler beim Rüsselsheimer «Randalisten»-Fanclub «Presswerk». «Ich hatte die Vorstellung, als der Sozialknecht erst zum Bierholen kommandiert, später zum Feudeln zurückgelassen und zwischendrin verhöhnt zu werden... Nach der ersten gemeinsamen Woche war ich nicht nur entnervt und entmutigt, es hatte sich auch ein Schema der gegenseitigen Wahrnehmung etabliert. Grob gesagt: Sie mochten mich nicht, ich mochte sie nicht.»

Auch die Presswerker blieben auf Distanz. «Ja, vielleicht ein Betreuer. Aber net fest. So, daß er ab und zu mal vorbeikommt und mit uns babbelt. Aber net jeden Tag.» – «Er wär ein Vertreter gegenüber der Stadt, der unsere Interessen vielleicht eher durchsetzen könnte als wir selbst.»[28] Berührungsängste auf seiten des Sozialarbeiters, Skepsis auf seiten der Randalisten. Denn die Interessenlage der Geldgeber – letztendlich immer der Staat – ist klar: Ruhe und Ordnung. Fan-Projekte und Polizei sind zwei Seiten einer Medaille. Fan-Projekte sollen als Vorstufe zur Polizei das Kräfteverhältnis zwischen den Militärblöcken zugunsten der grünen Staatstruppen verändern, indem sie dem Gegner die Leute abspenstig machen. Zuckerbrot & Peitsche. «Fan-Projekte gehen einen eigenen Weg der Einflußnahme auf die Fußballfans und ihr Umfeld. Sie lassen sich auf die Lebenswelt der Jugendlichen ein und schließen an deren produktive Seiten an, an die Bedürfnisse der Jugendlichen nach Solidarität, Anerkennung, Mitgestaltung, sinnvolle Aktivität, körperliche Bewegung, Spaß, Erlebnis und Entspannung.»[29] Die Fan-Projektler verstehen sich selbst als «kritische Lobby» ihrer Klientel. Neben der Einzelfallberatung engagieren sie sich vor allem für eine Förderung und Stabilisierung der gewachsenen Fanstrukturen, der Clubs, Cliquen, Fanzines und «Fanhaus»-Initiativen. Sie unterstützen Fans im Umgang mit Behörden und Vereinsoffiziellen, organisieren Zeltlager und Freundschaftsturniere, Filmabende und Rahmenprogramme für Auswärtsfahrten; sie geben gemeinsam mit Fans eigene Zeitungen heraus und schreiben Leserbriefe, wenn die Lokalpresse mal wieder ungeprüft Polizeiberichte über «randalierende Fußballfans» kolportierte.

Fan-Projekte wehren sich gegen allzu simple Erklärungen (etwa: Arbeitslosigkeit + Alkohol = Randale). Alle empirischen Untersuchungen der 80er Jahre bestätigten: Fußballfans kommen aus sämtlichen sozialen Schichten; sie sind nicht überproportional arbeitslos, oft Gymnasiasten, Angestellte, Beamte. Sie sind genauso perspektiv- und identitätslos wie ein Großteil der Gleichaltrigen. Nur: Sie zeigen es, sie leben es – zumindest am Wochenende – kräftig aus.

Who's who? Der Ethnologe und Fan-Projektler Thomas Gehrmann inmitten der Rüsselsheimer «Presswerk»-Gang bei Erfüllung eines Auftrags von DFB-Boß Hermann Neuberger: «Knüppel raus!»

Es gibt nichts zu tun in der toten Stadt.
Leere Fabriken, wo keiner Arbeit hat.
Der Hafen ist verlassen – hoffnungslos.
Er dreht hier noch durch: Was mach ich bloß?!

Er hängt den ganzen Tag rum, gehört nirgendwo hin.
Eins ist ihm klar: Alles läuft ohne ihn.
Da will er wenigstens Fan sein vom Fußballverein,
wenigstens stolz darauf, ein Deutscher zu sein.

Und gegen Ausländer sein, ist auch schon mal was.
Endlich weiß er, wohin mit all seinem Haß.
Zuerst zog er bloß mit der Flagge zum Spiel,
bis er irgendwann zuschlug – das war wie 'n Ventil.

Fans handeln «unpolitisch». Sie taktieren nicht, sie schreien es heraus. «Jude, Jude», «Asylanten», «SS, SA, Borussia», «Schiri nach Auschwitz», «Ich bin stolz, ein Deutscher zu sein»... Die massiven Rekrutierungsversuche der Neonazis um Michael Kühnen Anfang der 80er Jahre, der Überfall auf die Frankfurter Erste-Mai-Kundgebung des DGB vor dem DFB-Pokalendspiel 1982, die spektakulären Auftritte der Dortmunder «Borussen-Front», die neonazistische Mobilisierung nach Berlin «zum Kampf gegen die Kanacken» anläßlich des Länderspiels BRD – Türkei im Oktober 1983, die Überfälle von Hooligans und Fußballskins auf Hausbesetzer in Gießen oder Ost-Berlin oder die «Anarchoschweine» in der Hamburger Hafenstraße 1988, die «Republikaner»-Chöre im Berliner Olympiastadion 1990... haben den Ruf der Fans als rechtsradikales Potential gefestigt. Wissenschaftliche Untersuchungen scheinen das zu bestätigen: 68 Prozent der Fans sind der Meinung, deutsche Ausbildungsplätze sollten nur deutschen Jugendlichen vorbehalten sein, 65,5 Prozent plädieren für die Wiedereinführung der Todesstrafe, 43 Prozent unterstützen die Parole «Ausländer raus», und jeder fünfte Fan fühlt sich bei den Rechtsextremen parteipolitisch zu Hause.[30]

Wenig im Kopf – und nix in der Hand.
so bleibt er ein Fremder im eigenen Land.
Dann brüllt er: Scheißkanacken, das ist** mein **Deutschland!
Und schmiert Hakenkreuze an die Ghettowand.

Ihn zu kriegen, dazu gehört nicht viel.
Wenn einer kommt und verspricht ihm ein Ziel,
irgendein krankes Ziel, nur für 'n Tag oder zwei,
oder tausend Jahre – dann ist er dabei.

«Die Fanszene ist ein absolutes Spiegelbild der Gesellschaft», hält Theo Weiß dagegen. «Natürlich macht sich dort der allgemeine Rechtsruck und Rassismus bemerkbar. Nur regt sich die Öffentlichkeit viel schneller darüber auf, wenn aus der Fankurve rassistische Sprüche kommen, als wenn Sinus feststellt, daß 13 Prozent der Deutschen extrem rechtslastig sind. Vor ein paar Jahren hörte man in vielen Fankurven RAF-Parolen. Aber es kam keine Reaktion: keine Empörung, keine Schlagzeilen; also ging man wieder zu den mit höherem Provokationsgehalt besetzten rechtsextremen Parolen über, zumal inzwischen auch eine Stigmatisierung eingesetzt hatte: Jahrelang wurde immer und überall beklagt, wie rechtsextrem Fußballfans seien. Und plötzlich war es für die Nachwachsenden völlig normal, daß man als Fan eben rechts ist.» Diese Einschätzung teilt auch Peter Bode: «Viele, die in den Fanblocks als Anführer gelten, krönen ihre provokativen Aktionen mit Neonazisprüchen, grölen ‹Adolf Hitler hat uns gesandt›. Viele jüngere Fans machen es dann ihren Vorbildern nach und brüllen mit. Von Ideologie keine Spur. Die meisten sind entweder zu jung oder schlichtweg zu dämlich, um die Bedeutung solcher Sprüche und Gesänge zu begreifen.»[31]

Vom Opfer zum Täter ist's 'n kleiner Schritt.
Noch gestern ein Nichts und heut marschierst du mit.
Bist 'n armes Kind – bist 'n dummes Kind.
Jetzt stolperst du mit im braunen Wind.
Alte Hetzparolen und jetzt grölst du mit.
Vom Opfer zum Täter ist es ein kleiner Schritt.

Komm doch besser auf unsre Seite …[32]

Zum Höhepunkt der neonazistischen Rekrutierungsversuche 1983–85 starteten Theo Weiß, Peter Bode und einige andere Gegenkampagnen: Aufkleber und aufklärende Artikel in Fanzines, Diskussionsrunden und – in Mönchengladbach – eine spektakuläre Un-

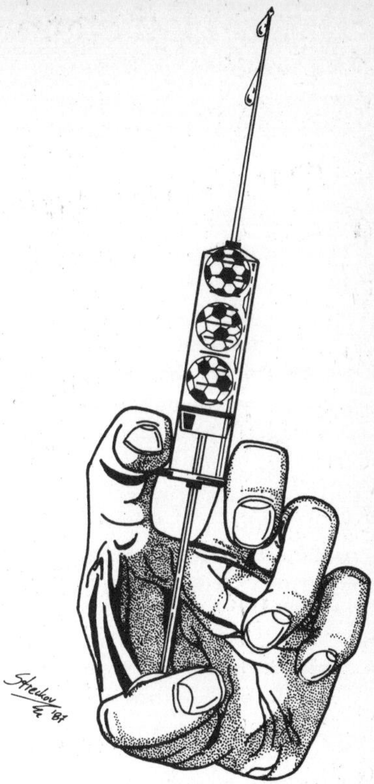

terschriftenkampagne, bei der Spieler wie Lothar Matthäus und Ewald Lienen sich gemeinsam mit fast allen Gladbach-Fanclubs von den Nazis distanzierten. Das Engagement der Fans dabei war weniger eine Konsequenz antifaschistischen Bewußtseins als eine Abwehrreaktion gegen Kurvenfremde, die von außen Gewalt ins Stadion brachten und im übrigen «mit ihrem Flugblatt-Politgeschwätz einfach nervten».

Die erste große Offensive der Neonazis ist gescheitert. Zurück blieben nationalistische und rassistische Sprüche, Schlachtgesänge, Aufnäher und vereinzelte Neonazis in einer Fanszene, die in ihrer großen Mehrheit so unpolitisch die Gesellschaft reflektiert, daß sie auch antifaschistisches Engagement schwer akzeptiert. Fast entschuldigend erklärt die Redaktion des Mönchengladbacher Fanzines *Nordkurve* den Lesern ihre Position: «Bekanntlich hat es in der Vergangenheit mehrmals Kontroversen um die ‹Nazis raus›-Haltung der *Nordkurve* gegeben. Dazu eine Klarstellung: Unser Fanprojekt will die Entpolitisierung der Fanszene erreichen. Das gilt natürlich für beide Seiten des politischen Extremismus ...»[33]

«Zwei Menschen möchte ich nie wieder im Stadion sehen.»

Schwierige Bedingungen für neonazistische Talentscouts, aber ein fruchtbarer Boden für dumpfe Gesinnungen, die sich «nur» in Sprüchen, Symbolen und individuellen Ausbrüchen darstellen und deshalb in der Regel ignoriert werden. Eine Ausnahme sind St. Paulis Piraten. Die linke Avantgarde der Fanszene entdeckt auch in ihren Reihen immer wieder Rechtsausleger. Doch sie reagiert offensiv: «Dank des Superbilligangebots (Bahnfahrt und Eintrittskarte für 15 DM) setzte sich Sonnabend mittag ein riesiger braun-weißer Mob in Richtung Bremen in Bewegung. Pünktlich um 12.30 Uhr startete der Sonderzug. Während er sich aus dem Bahnhof quälte, sprangen die Zuspätgekommenen in waghalsigen Manövern noch auf den Zug auf. Die S-Bahn-Surfer lassen grüßen. Für viele Leute war es die erste, aber hoffentlich nicht die letzte Auswärtsfahrt. Halt, das muß ich einschränken. Zwei Menschen möchte ich nie wieder im Stadion sehen. Und zwar die beiden Nazi-Glatzköpfe aus der DDR. Ihr blödes juden-, türken- und frauenfeindliches Gestammel unterschied sich in keinster Weise von dem ihrer bundesdeutschen Gesinnungskameraden. Obwohl wir zunächst in Erwägung zogen, die zwei auf einem einsamen Dorfbahnhof auszusetzen, einigten wir uns doch darauf, ihnen verbal klarzumachen, was wir von ihnen halten. Das geschah dann auf der Rückfahrt ... In Bremen angekommen, zog die gewaltige St. Pauli-Karawane durchs Osterviertel an der Weser entlang zum Stadion. Auf dem Weg dorthin gab's auch noch einen peinlichen Zwischenfall. Als wir an einer türkischen Kindergartengruppe vorbeikamen, fühlten sich einige ‹Fans› animiert, sich vor den Sechs- bis Siebenjährigen aufzubauen und ihnen ein bescheuertes ‹wir sind deutsch und ihr nicht› entgegenzugrölen. Dafür wurden die Schwachköpfe von uns disqualifiziert.»[34]

Betr.: Polizisten, Randalisten, Neonazis

Anfrage an die Innenminister der Länder

Im Sommer 1989 fragten wir sämtliche Innenministerien der Länder: Gibt es Erkenntnisse, daß rechtsextreme / neonazistische Gruppierungen derzeit versuchen, Einfluß auf Fußballfans zu gewinnen? Die Antwort von Bayern bis Berlin: zur Zeit keine Erkenntnisse.

Wie viele Polizeibeamte wurden in der Saison 1988/89 in Ihrem Land eingesetzt?

Bayern: Zur Betreuung der Fußballspiele der ersten Bundesliga (München und Nürnberg) wurden generell ca. 300 Polizeibeamte je Spiel eingesetzt. Diese Zahl wurde bei entsprechend störungsträchtigen Spielen auf ca. 500 Polizeibeamte erhöht bzw. auf ca. 200 Polizeibeamte verringert, wenn ein störungsfreier Einsatzverlauf zu erwarten war. Ergänzend ist darauf hinzuweisen, daß 1988 auch zwei Spiele der Fußball-Europameisterschaft in München stattgefunden haben, nämlich die Begegnung Deutschland–Spanien am 17.6.1988 und das Endspiel Deutschland–Holland am 25.6.1988. Insgesamt wurden dabei in Bayern 6332 Beamte (davon 1350 BGS-Beamte) eingesetzt, allein beim Endspiel 3799 Beamte. Daneben verrichteten 150 Beamte und 16 Diensthundeführer der Bahnpolizei am Hauptbahnhof München und auf den S-Bahnstrecken im Großraum München Dienst.

Baden-Württemberg: Heilbronn: 274; Stuttgart: 5515; Karlsruhe: 3455; Freiburg: 877; gesamt: 10121.

Saarland: Homburg: 1300; Saarbrücken: 817.

Hessen: Bundesligaspiele der SG Eintracht Frankfurt: 2974.

Nordrhein-Westfalen: Die Zahl ist hier nicht bekannt.

Niedersachsen: Hannover: 3154; Braunschweig: 1814; Osnabrück: 1117; Meppen: 1435; gesamt: 7520.

Bremen: In der Spielsaison 1988/89 fanden im Bremer Weserstadion siebzehn Bundesligaspiele, drei DFB-Pokalspiele, drei UEFA-

Cupspiele, ein Länderspiel und ein Benefizspiel statt. Pro Fußballspiel wurden im Durchschnitt ca. 160 Beamte (einschließlich Verkehrsmaßnahmen) eingesetzt. Im Ergebnis waren daher bei 25 Fußballspielen 4000 Beamte erforderlich.

Hamburg: Die von Ihnen per Telefax vom 31.7.1989 an uns übermittelten Fragen sind so umfassend, daß wir angesichts der personellen Ausstattung mit einer Beantwortung überlastet wären. Wir bitten deshalb um Verständnis, daß wir von einer Beantwortung absehen. Mit freundlichen Grüßen – *Günter Krebs*

Schleswig-Holstein: Zunächst darf ich voranstellen, daß es in Schleswig-Holstein bislang nicht zu größeren Ausschreitungen im Zusammenhang mit Fußballspielen gekommen ist. Dies ist sicherlich auch durch die in Schleswig-Holstein fehlenden Vereine und Mannschaften begründet, die in der ersten und zweiten Bundesliga spielen. Polizeikräfte werden regelmäßig nur bei den Spielen des VFB Lübeck, des TuS Hoisdorf und des KSV Holstein Kiel eingesetzt. Die regelmäßige Polizeistärke beträgt drei bis vier Beamte, teilweise mit Diensthunden. Für Spiele des VFB Lübeck werden zehn Beamte eingesetzt. Bei besonderen Spielen (z. B. Pokalspielen) wird der Kräfteeinsatz anlaßbezogen erhöht.

Berlin: In Berlin wurden anläßlich von Fußballspielen der zweiten Bundesliga und des DFB-Vereinspokals ingesamt 6567 Polizeibeamte und -beamtinnen eingesetzt.

Welche Entwicklung nahm die Polizeistärke seit 1980?

Bayern: Die Anzahl der eingesetzten Polizeibeamten im Zusammenhang mit Bundesliga-Fußballspielen hat sich seit 1980 nahezu verdoppelt.

Baden-Württemberg: Statistiken liegen nicht vor.

Saarland: Zweifellos ist seit dem Jahre 1980 eine Veränderung im Fanverhalten feststellbar. Dabei ist augenfällig, daß zu den verkehrspolitischen Maßnahmen umfangreiche sicherheitspolitische Maßnahmen getroffen werden müssen, um beim An-/Abmarsch der Fangruppen sowie während des Spieles die öffentliche Sicherheit und Ordnung aufrechtzuerhalten. Aufgrund des zunehmend aggressiver werdenden Fanverhaltens war es deshalb erforderlich, im Bereich der sicherheitspolizeilichen Maßnahmen die Einsatzstärke zu erhöhen. Zahlen, die diese Entwicklung detailliert belegen, liegen nicht vor.

Nordrhein-Westfalen: Die Personalstärke hat sich seit 1980 nicht wesentlich geändert.

Niedersachsen: Die Zahl der aus Anlaß von Fußballspielen eingesetzten Polizeibeamten hat sich erheblich erhöht. Statistiken werden nicht geführt.

Bremen: Die Anzahl der eingesetzten Polizeibeamten nahm in der Zeit von 1980 bis 1985 kontinuierlich zu. Die Heftigkeit der Ausschreitungen erreichte in der Saison 1984/85 in Bremen ihren Höhepunkt. Seit der Spielzeit 1987/88 ist ein Abnehmen der Ausschreitungen feststellbar. Die polizeilichen Maßnahmen orientierten sich an dieser Tendenz mit einer Reduzierung der eingesetzten Beamten.

«Die Anzahl der eingesetzten Polizeibeamten im Zusammenhang mit Bundesliga-Fußballspielen hat sich seit 1980 nahezu verdoppelt.»

Gibt es landesweite, einheitliche Konzepte für den Einsatz der Polizei gegenüber Fußballfans und Gewalttätern im Umfeld von Fußballveranstaltungen? Gab es seit 1980 Strategieänderungen bzw. eine Umverteilung polizeilicher Mittel?

Bayern: Maßgebend für den polizeilichen Einsatz bei Fußballspielen sind folgende politische Leitlinien:

– Sicherheit- und Ordnungsstörungen sind mit *niedrigster Einschreitschwelle* zu verhüten und zu unterbinden. Dabei schreitet die Polizei konsequent und sofort ein. In Bayern gibt es keine rechtsfreien Räume.

– Randalierer, Krawallmacher, Hooligans und Rowdies werden schon im zeitlichen und räumlichen Vorfeld aus dem Verkehr gezogen. Die Bayerische Polizei tritt der Entstehung selbst kleinerer Ordnungsstörungen durch erhöhte Grenzkontrollen, Abfahrtskontrollen und starken Raumschutz entgegen.

– *Ausländische* Störer werden durch die bayerischen Ausländerbehörden in engem Zusammenwirken mit der Polizei unverzüglich abgewiesen – möglichst schon an der Grenze – bzw. die sofortige Abschiebung wird eingeleitet.

– Der *Ordnungsdienst* des Veranstalters wird durch ein entsprechendes Kräfteaufgebot der Polizei im Stadion unterstützt. Auf dieser

Grundlage ergreift die Bayerische Polizei die erforderlichen taktischen Maßnahmen, die auch Lageveränderungen berücksichtigen.

Ferner gibt es auch im Rahmen der Europäischen Zusammenarbeit auf dem Gebiet der Inneren Sicherheit Treffen von ständigen Korrespondenten zum Thema «Rowdytum bei Fußballspielen». Ziel dieser Treffen ist die Intensivierung des Informationsaustausches über Ausschreitungen bei Fußballspielen sowie der Zusammenarbeit bei der Bekämpfung des Rowdytums.

Im Rahmen der Europameisterschaft 1988 wurde auch das Bayerische Konzept des Appells an die Friedfertigen und der Warnung an die Krawallmacher, das damals speziell unter dem Motto «Fair Play» lief und auch heute im Grundsatz fortgeführt wird, sehr deutlich. Diese Aktion schloß neben Pressekonferenzen und Informationsständen im zeitlichen und örtlichen Vorfeld der Spiele auch spezielles, z. T. auf die Landessprachen der zu erwartenden Fangruppen abgestelltes Informationsmaterial (Stadionzeitung, Flugblätter, Sticker, Plakate u. a. in den öffentlichen Verkehrsmitteln etc.) ein.

Baden-Württemberg: In Baden-Württemberg ist keine landesweit einheitliche Einsatzkonzeption bei Fußballspielen im strengen Wortsinne eingeführt worden. Dennoch gleichen sich die Einsatzkonzeptionen an den einzelnen Spielorten weitgehend, weil

1. die PDV 100 «Führung und Einsatz der Polizei», Nr. 3, Grundsätze für eine Einsatzkonzeption festlegt,
2. Erfahrungen aus vorhergegangenen Einsätzen sowie aktuelle Informationen aus einem seit Jahren bundesweit betriebenen Informationsaustausch nach besonderen Vorkommnissen bei Fußballspielen bei der Vorbereitung des Einsatzes mit berücksichtigt werden,
3. landes- und bundesweit Erfahrungen und Einsatzkonzeptionen zwischen den leitenden Polizeiführern bei Besprechungen, in Seminaren und anderen Fortbildungsveranstaltungen diskutiert und ausgetauscht,
4. eine Arbeitsgruppe «Gewalt in Fußballstadien» besondere, mit Gewalt verbundene Vorkommnisse untersucht, analysiert und polizeitaktische Schlußfolgerungen vorgeschlagen hat, die inzwischen auch bei anderen Sportveranstaltungen berücksichtigt werden.

Lokale Besonderheiten, Kenntnisse über Fangruppen und potentielle Störer sowie die Attraktivität (Tabellenstand) der Mannschaften beeinflussen die Einsatzkonzeption im Einzelfalle ebenfalls.

Eine generelle Änderung der Einsatzkonzeption ist nicht erfolgt; sie ist auch nicht erforderlich. Entscheidend ist, daß Einsatzkonzeptionen stets neuen Erkenntnissen angepaßt werden.

Hessen: Es gibt eine seit Jahren bewährte Grundkonzeption für den Einsatz der Vollzugspolizei aus Anlaß von Fußballspielen. Im übrigen werden vom Polizeipräsidium Frankfurt am Main bei Spielen der Frankfurter Eintracht regelmäßig zwei Kontaktbeamte zu den Fangruppen eingesetzt, was sich gut bewährt hat. Die Grundkonzeption wird je nach vorliegenden Erkenntnissen über beabsichtigte Störungen modifiziert.

«Ausländische Störer werden durch die bayerischen Ausländerbehörden in engem Zusammenwirken mit der Polizei unverzüglich abgewiesen.»

Nordrhein-Westfalen: Für den Einsatz der Polizei des Landes Nordrhein-Westfalen bei Fußballspielen gibt es seit Jahren ein Grundkonzept, das lageangepaßt aufgrund der örtlichen Gegebenheiten und der jeweiligen Erkenntnisse modifiziert wird. Es wird von zwei Grundgedanken getragen, und zwar

– gezielter Einsatz von konfliktmindernden und gewaltdämpfenden Maßnahmen

– konsequentes Einschreiten gegen Gewalt.

Niedersachsen: Ein landesweit einheitliches Einsatzkonzept bei Fußballspielen im engen Sinne der Fragestellung gibt es in Niedersachsen nicht. Vielmehr orientieren sich die erforderlichen polizeilichen Maßnahmen an den Grundsätzen der PDV 100 «Führung und Einsatz der Polizei». Darüber hinaus werden in einem bundesweiten Informationsaustausch zwischen den jeweiligen Polizeibehörden der betreffenden Bundesligastädte

– Erkenntnisse über Fan- bzw. Störerverhalten und -taktiken,

– entstandene Personen- und Sachschäden,

– die getroffenen polizeilichen Maßnahmen,

– insbesondere evtl. geänderte Polizeitaktiken und Bewertungen mitgeteilt.

Dieser Informationsaustausch hat sich bewährt und umfaßt nun auch alle vergleichbaren Sportveranstaltungen.

Bei Fußballveranstaltungen waren etwa bis zum Jahre 1980 fast ausschließlich verkehrspolizeiliche Maßnahmen erforderlich. Mit der Bildung von sog. «Fan-Clubs» waren zunehmend Ausschreitungen festzustellen, die am Fan-Verhalten orientierte Änderungen der Einsatzkonzeptionen und -taktiken erforderten (z. B. vermehrter Einsatz von Beamten in Zivil, speziellen Beamten zur Fan-Betreuung).

Bremen: Mit Zunahme der veranstaltungsbedingten Ausschreitungen war es notwendig, die polizeilichen Maßnahmen weiter in das Umfeld des Stadions zu verlegen (Vorkontrollen). Auch mußten Kräfte während des Spiels außerhalb des Stadions bereitgehalten werden, um Ausschreitungen zu verhindern.

Berlin: Erhebliche bzw. einschneidende Konzeptionsänderungen erfolgten in den letzten Jahren nicht. Selbstverständlich werden aber in regelmäßigen Abständen, insbesondere vor Beginn einer neuen Bundesligasaison, intensive Gespräche mit allen beteiligten Institutionen wie den Vereinen, Stadionsverwaltungen, Ordnerdiensten und weiteren Behörden geführt, in denen gezielt das Auftreten gewalttätiger Fan-Gruppen analysiert wird, denn die Polizeibehörden können mit den ihnen zur Verfügung stehenden Mitteln und ihrem gesetzlichen Auftrag dieses Problem *nicht alleine* lösen. Die Ergebnisse dieser Besprechungen fließen dann auch in die Planung des einzelnen konkreten Einsatzes ein. Wobei sich die polizeilichen Maßnahmen in jedem Einzelfall an den zu erwartenden Zuschaueraufkommen, dem Tabellenstand des ansässigen Vereins, der Attraktivität der Gastmannschaft und den Erkenntnissen über anreisende und heimische Fangruppen zu orientieren haben... Zumindest läßt sich für die Verhältnisse in Berlin feststellen, daß seit dem Abstieg der hier vertretenen Fußballvereine aus der ersten Bundesliga der Mitteleinsatz geringer geworden ist.

Gegen wie viele Gewalttäter wurden im Zusammenhang mit Fußballspielen Ermittlungen eingeleitet, wie viele wurden angeklagt, wie viele wurden verurteilt?

Bayern: Im Zusammenhang mit Fußballspielen der 1. Bundesliga wurden gegen insgesamt 247 Personen Ermittlungen eingeleitet. Über den Ausgang dieser Ermittlungen liegen noch keine Erkenntnisse vor.

Baden-Württemberg: Spielort Freiburg: Es wurden vierzehn Ermittlungsverfahren eingeleitet. Da der Zeitpunkt der Anzeigeerstattung erst kurze Zeit zurückliegt, kam es bis jetzt noch nicht zu Ankla-

STADT KARLSRUHE PB 3. POSTF. 6260 **Bußgeldbescheid**

Herrn, Frau, Firma

[redacted]

Sehr geehrte Dame, sehr geehrter Herr,

IHNEN WIRD ZUR LAST GELEGT, FOLGENDE ORDNUNGSWIDRIGKEIT(EN) BEGANGEN ZU HABEN:

SIE HABEN [redacted] IN KARLSRUHE
EINE GROB UNGEHÖRIGE HANDLUNG VORGENOMMEN, DIE GEEIGNET IST, DIE ALLGEMEINHEIT ZU GEFÄHRDEN UND DIE ÖFFENTLICHE ORDNUNG ZU BEEINTRÄCHTIGEN.
§ 118 ORDNUNGSWIDRIGKEITENGESTZ.

DURCH PROVOZIERENDES, AGGRESSIVES VERHALTEN; AUSSERDEM GEHOERTEN SIE DEN KONFLIKT- UND GEWALTBEREITEN "FRANKFURTER FUSSBALLANHAENGER" AN.

Wegen dieser Ordnungswidrigkeit(en) wird gegen Sie:

1. eine **Geldbuße** festgesetzt (§ 17 OWiG) in Höhe von				300,00 DM
2. ein **Fahrverbot** angeordnet (§ 25 StVG) auf die Dauer von	–	Monat(en)		
3. Außerdem haben Sie die Kosten des Verfahrens zu tragen:			Gebühr	20,00 DM
(§§ 105, 107 OWiG) in Verbindung mit §§ 464 (1), 465 StPO)			Auslagen der Verw.	6,00 DM
4. Vorgesehene Bewertung nach dem Punktsystem mit	–	Punkt(en)	Auslagen der Polizei	0,00 DM
			Zusammen	326,00 DM

Mit freundlichen Grüßen

7500 KARLSRUHE 1 [redacted] [redacted]

gen und zu Verurteilungen. Spielort Karlsruhe: Es wurden in 53 Fällen Ermittlungsverfahren eingeleitet. In 30 Fällen wurde Anklage erhoben und es kam zu 20 Verurteilungen. In acht Fällen wurden die Verfahren eingestellt; in den anderen Fällen sind die Verfahren noch nicht abgeschlossen. Spielort Stuttgart: Es wurden 125 Ermittlungsverfahren eingeleitet. Bisher sind jedoch noch keine Anklagen erhoben worden, zu Verurteilungen ist es ebenfalls noch nicht gekommen. Unter der Berücksichtigung der Erfahrungen der vergangenen Jahre kann jedoch davon ausgegangen werden, daß es in etwa 85 Prozent der eingeleiteten Ermittlungsverfahren auch zu Verurteilungen kommen wird.

Saarland: In der Saison 1988/89 wurden anläßlich von Bundesligaspielen in Homburg und in Saarbrücken 27 Straf- und 13 Ordnungswidrigkeitenanzeigen gefertigt.

Niedersachsen: Im Zusammenhang mit Fußballspielen wurden in Niedersachsen insgesamt gegen 245 Beschuldigte Ermittlungsverfahren eingeleitet. In Hannover sind im Zeitraum vom 1.4.1985 bis 14.7.1989 insgesamt 272 Ermittlungsverfahren gegen 376 Beschuldigte eingeleitet worden.

Schleswig-Holstein: In Einzelfällen wurden Personen nach Gewalttätigkeiten bei Fußballspielen, insbesondere Körperverletzungsdelikten, Sachbeschädigungen und Verstößen gegen das Waffengesetz vorläufig festgenommen. Bei der überwiegenden Anzahl der Delikte standen die Betroffenen unter Alkoholeinfluß.

Berlin: In der vergangenen Saison wurden gegen 122 Personen von der Polizei Strafermittlungsverfahren eingeleitet.

Gegen wie viele Polizeibeamte wurden im Zusammenhang mit Fußballeinsätzen juristische oder polizeiinterne Disziplinarverfahren eingeleitet? Wie viele Polizeibeamte wurden in diesem Zusammenhang verurteilt?

Bayern: Im Zusammenhang mit Fußballspielen ist kein Fall der Einleitung eines staatsanwaltschaftlichen oder disziplinarrechtlichen Verfahrens gegen einen Polizeibeamten bekannt.

Baden-Württemberg: In einem Falle wurde gegen einen leitenden Polizeibeamten Anzeige wegen Nötigung und Freiheitsberaubung erstattet. Aufgrund der Sachlage ist jedoch mit einer Einstellungsverfügung der zuständigen Staatsanwaltschaft zu rechnen. Disziplinarmaßnahmen wurden in keinem Falle eingeleitet.

Saarland: Keine.

Niedersachsen: Keine.

Bremen: Keine.

Berlin: Keine.

Gibt es Erkenntnisse, daß rechtsextreme/neonazistische Gruppierungen derzeit versuchen, Einfluß auf Fußballfans zu gewinnen, in

den Stadien Anhänger für sich zu rekrutieren? Mit welchem Erfolg? Mit welcher Tendenz seit 1980?

Bayern: Vorab ist auf die Ausführungen im Verfassungsschutzbericht Bayern 1988 über Einflußversuche der «Jungen Nationaldemokraten» auf Anhänger des FC Bayern München und des TSV 1860 bei Beginn der Bundes- und Bayernliga-Saison 1988 sowie über Auftritte teilweise neonazistisch geprägter Skinhead-Fußballfans hinzuweisen. Bei den bisher eingeleiteten Strafverfahren gegen Fußballanhänger nach § 86a StGB handelt es sich um organisatorisch ungesteuertes Verhalten einzelner.[1]

Baden-Württemberg: Einschlägige Erkenntnisse wurden nur anfangs der 80er Jahre gewonnen. Seinerzeit versuchten Angehörige der inzwischen verbotenen «ANS / NA» unter den Fußball-Fans Sympathisanten zu rekrutieren. Diese Absicht wurde dann jedoch wegen des mangelnden Interesses der angesprochenen Fan-Gruppen wieder aufgegeben. Derzeit gibt es keine Erkenntnisse im Sinne Ihrer Fragestellung.

Saarland: Konkrete Erkenntnisse liegen nicht vor.

Hessen: Erkenntnisse liegen nicht vor.

Niedersachsen: Konkrete Erkenntnisse liegen derzeit nicht vor. Anfang der 80er Jahre versuchte nachgewiesenermaßen die inzwischen verbotene «ANS / NA» Fußballfans als sog. «Schlägertrupps» zu gewinnen. Dies gelang ihr jedoch nicht. Aufmachung und Auftreten der «Fußballfans» lassen zwar vielfach eine Nähe zu rechtsextremen Gruppierungen vermuten – hier vor allem der harte Fan-Kern (Hooligans) –, eine Einbindung in rechtsextreme / neonazistische Organisationen sind nach hiesigen Erkenntnissen jedoch nur in wenigen Fällen feststellbar. So sind einige wenige Sympathisanten der neonazistischen freiheitlichen deutschen Arbeiterpartei (FAP) im Zeitraum 1985 – 1986 gleichzeitig auch als Fußballfans aufgetreten, und seit Jahren werden bei einem Teil der Fußballfans Aufkleber der FAP und NSDAP / AO gefunden. In diesem Zusammenhang weise ich auf Untersuchungen der Uni Hannover hin.[2]

Bremen: Aktuell sind keine Unterwanderungsversuche rechtsradikaler Gruppierungen festzustellen. In der Vergangenheit – mit Höhepunkt 1985 / 86 – waren jedoch mit sichtbarem Erfolg intensive Bemühungen entsprechender politischer Richtungen nicht zu übersehen. Im wesentlichen erschöpften sich diese Erfolge in sog. faschistoiden Gebaren mit starken Tendenzen zur Ausländerfeindlichkeit. Es wurden Embleme und T-Shirts mit entsprechenden Aufschriften getragen. Seit 1987 ist ein deutlicher Rückgang dieser sichtbaren Verhaltensweisen zu erkennen.

Berlin: Konkrete Erkenntnisse liegen in Berlin nicht vor. Zwar sind von dem gewaltbereiten Potential insbesondere solche Störungen und Straftaten zu erwarten, die auch von rechtsradikalen Organisationen begangen werden (Verwenden von Kennzeichen verfassungswidriger Organisationen und Beschimpfungen / Angriffe auf ausländische Mitbürger und Mitbürgerinnen), jedoch fehlt bei der überwiegenden Mehrheit der Täter der damit verbundene politische Hintergrund. Sie versuchen oftmals mit ihren Ausrufen, Handlungen und Erscheinungsbild ihre Art der Protesthaltung zu bekunden. Dabei kann allerdings nicht gänzlich ausgeschlossen werden, daß sich vereinzelt auch Mitglieder neonazistischer Organisationen unter die Fan-Gruppen mischen.

Gibt es ähnliche Erkenntnisse über linksextreme Gruppierungen?
Bayern / Baden-Württemberg / Saarland / Hessen / Niedersachsen / Bremen / Berlin:

Nein. Keine Erkenntnisse.

Wie viele Festnahmen u. a. polizeiliche Maßnahmen / Ermittlungen / Anklagen und Verurteilungen gab es in der Saison 1988/89 auf Grund der Verbreitung von nationalsozialistischer Propaganda (Lieder, Rufe, Symbole, Hitler-Gruß, Abzeichen, Schriften etc.) bzw. Volksverhetzung?

Bayern: Eine exakte Aufschlüsselung wird wegen des außer Verhältnis stehenden Aufwandes nicht vorgenommen. Erfahrungsgemäß ist die Anzahl der Ermittlungsverfahren jedoch äußerst gering.

Baden-Württemberg: Vier Personen wurden wegen Verstoßes gegen § 86a StGB angezeigt. Eine Person wurde zu einer Geldstrafe verurteilt. In einem Falle wurde Anklage erhoben. In einem weiteren Fall wurde ein beschuldigter Jugendlicher vom Jugendgericht ermahnt. Er mußte außerdem einen dreiseitigen Aufsatz schreiben. Ein Verfahren wurde eingestellt.

Saarland: Keine.

Niedersachsen: In der Saison 1988/89 sind lediglich in Hannover acht Ermittlungsverfahren gem. § 86 a StGB eingeleitet worden. Dabei sind insgesamt zwölf Personenfeststellungen, fünf Durchsuchungen, zwei Sicherstellungen, eine Beschlagnahme, fünf Alco-Tests und zwei Blutentnahmen durchgeführt worden. Soweit hier bekannt, sind davon

- ein Verfahren eingestellt,
- ein Verfahren gegen Zahlung von 750 DM eingestellt und
- eine Jugendstrafe von 1 Jahr und 10 Monaten (auf Bewährung)

ausgesprochen worden.

Bremen: Keine.

Berlin: Wegen Verstoßes gegen § 86 a StGB wurden insgesamt 26 Personen vorläufig festgenommen und ebenso viele Verfahren eingeleitet.

«Unter den Fußballanhängern bayerischer Fußballvereine sind keine ‹Hooligans› zu verzeichnen.»

Welche Bedeutung haben bzgl. polizeilicher Maßnahmen Mitglieder von Gruppierungen, die sich selbst als «Hooligans» oder «Skinheads» bezeichnen?

Bayern: Unter den Fußballanhängern bayerischer Fußballvereine sind keine «Hooligans» zu verzeichnen. «Skinheads» treten bei Fußballspielen nur vereinzelt auf, so daß sie für die polizeilichen Maßnahmen keine Rolle spielen.

Günter Schuster, Pressesprecher des Bayerischen Staatsministeriums des Innern

Baden-Württemberg: Zu erwartendes, gewalttätiges Störerpotential wie «Hooligans» und «Skinheads» sowie die Beziehungen dieser Gruppierungen untereinander haben unmittelbare Bedeutung für die Beurteilung der Lage und damit für die Festlegung der Einsatzstärken und der Ausstattung der Polizei.

Schürholz, Innenministerium Baden-Württemberg, Abteilung 3, Landespolizeipräsidium

Saarland: Hooligans sind nicht immer als solche sofort zu erkennen. Erkannte Mitglieder beider Gruppierungen werden von besonders eingesetzten Beamten observiert und begleitet.

Norbert Schmitt, Pressereferent des Ministers des Innern

Hessen: Die Vollzugspolizei stellt sich im Rahmen ihrer Einsatzkonzeption je nach den im Einzelfall vorliegenden Erkenntnissen auf derartige zu erwartende Störungen ein, und zwar auch außerhalb des Stadions auf den An- und Abmarschwegen.

Siegbert Seitz, Leiter des Ministerbüros, Hessisches Ministerium des Innern

Nordrhein-Westfalen: Die Begriffe «Hooligans» und «Skinheads» sind bei Fußballeinsätzen in bezug auf die Gewaltbereitschaft nicht zu definieren. Soweit es sich um gewaltbereite Gruppen handelt, sieht das taktische Konzept in der Regel offene Begleitung dieser Gruppen vor, während und nach einem Spiel vor.

Rainer Nestler, Der Innenminister des Landes Nordrhein-Westfalen, Pressereferat

Niedersachsen: Bei den Mitgliedern der Gruppierungen «Hooligans»/«Skinheads» ist die Gewaltbereitschaft erfahrungsgemäß relativ hoch. Große Teile dieser Gruppen nehmen Fußballveranstaltungen offensichtlich ausschließlich zum Anlaß, «Krawall» zu machen. Um Straftaten, die von diesen Personengruppen begangen werden (z. B. Sachbeschädigungen, Körperverletzungen), zu verhindern bzw. aufzuklären, sind u. a. folgende polizeiliche Maßnahmen erforderlich:

- Kontrollen auf den Anmarschwegen,
- polizeiliche Begleitung vor, während und nach den Veranstaltungen,
- Einsatz von speziellen Beamten als Fan-Betreuer,
- Trennung rivalisierender Fan-Gruppierungen,
- vermehrter Einsatz von Beamten in Zivil.

Das Verhalten dieser Gruppierungen hat natürlich auch unmittelbaren Einfluß auf den Kräfteansatz der Polizei.

Benke, Der Niedersächsische Minister des Innern, Referat für Presse- und Öffentlichkeitsarbeit

Bremen: Die sog. Hooligans und Skinheads fallen regelmäßig im Zusammenhang mit Körperverletzungen und Sachbeschädigungen bei allen größeren Veranstaltungen (Diskotheken, Schützen- und Stadtteilfesten) auf, so auch im Umfeld von Fußballspielen. Die Mitglieder dieser Gruppen suchen die Auseinandersetzung und sind auch für flankierende Betreuungsbemühungen (Fan-Projekt) nicht erreichbar.

Kluge, Der Senator für Inneres

Schleswig-Holstein: Der Fanclub des VFB Lübeck verfügt über ca. 100 bis 150 feste Mitglieder. Eine weitere ständige Besuchergruppe der Spiele des Vereins sind ca. 15 bis 30 «Alt-Skins». Diese ehemaligen VFB-Fans sind in die Skinhead-Szene abgewandert. Teilweise sind diese Personen aber auch vom äußeren Erscheinungsbild her nicht mehr als Skinheads erkennbar, denn sie tragen bürgerliche Kleidung und einen «normalen» Haarschnitt. Zu diesem Personenkreis, der dennoch als durchaus gewaltbereit einzustufen ist, können ca. 10 bis 15 Personen, die als «Hooligans» im eigentlichen Sinne anzusehen sind, hinzugerechnet werden. Bei diesen Personen ist die Gewaltbereitschaft extrem ausgeprägt.

Bernd Käding, Der Innenminister des Landes Schleswig-Holstein

Berlin: Aus den Kreisen der Fan-Szene des Vereins Hertha BSC war anläßlich der letzten Heimspiele eine zunehmende und bisher nicht gekannte Gewaltbereitschaft zu erkennen. Dabei geht die Polizei von einem Potential von bis zu 300 Personen aus. Darunter befinden sich auch Skinheads. Diese Personengruppe, die sich selbst als «Hooligans» bezeichnet, sucht *in jedem Fall* die Auseinandersetzung mit irgendeinem imaginären «Gegner». Dabei spielt es keine Rolle, ob die Fan-Gruppen der Gastmannschaften angegriffen werden oder aber eingesetzte Polizeibeamte. Die Erfahrungen haben gezeigt, daß die Ausschreitungen sowohl im Nahbereich des Stadions als auch nach dem geschlossenen Abstrom im Innenstadtbereich begangen werden. Die Polizei muß sich daher auch auf Störungen außerhalb des Stadions, auf den Anmarschwegen, in den öffentlichen Personennahverkehrseinrichtungen und im Bereich der Innenstadt gemäß ihrem gesetzlichen Auftrag vorbereiten.

Schremm, Senatsverwaltung für Inneres[3]

«Ganz so pingelig sollte man nicht sein»

Ein Gespräch mit Dr. Inge Schwanecke (40), Fußballstaatsanwältin des Landgerichtsbezirks Hannover

Sie bearbeiten sämtliche Straftaten in Sachen Fußball, die in Hannover und Umgebung anfallen – vom prügelnden Schiedsrichter bis zum Fandiebstahl. Wer sind Ihre schwierigsten ‹Kunden›?

Dr. Inge Schwanecke: «Am problematischsten sind sicher die Fälle, wo der Schiedsrichter nicht prügelt, sondern verprügelt wird, und das von zahlreichen Mitgliedern der einen Mannschaft, die daraufhin von zahlreichen Mitgliedern der anderen Mannschaft verprügelt werden, so daß letztendlich zwanzig Leute als Täter und Geschädigte beteiligt sind.»

Solche Fälle gibt es häufiger?

«Ja. Im Amateurfußball kommt das mehr als einmal im Jahr vor.»

Sind Ihnen Fälle bekannt, wo Trainer zu Gewalt, zu Fouls aufforderten?

«Nein. Natürlich sind mir Fälle bekannt, wo dann, wenn das Ganze in eine allgemeine Schlägerei ausartete, auch die Trainer mitgemischt haben bzw. mir ist sogar kein einziger Fall bekannt, wo bei einer allgemeinen Schlägerei der Trainer dastand und währenddessen eine Zigarette geraucht hat. Wir sprechen jetzt natürlich vom Amateurfußball auf dem Land.»

Wie viele Ermittlungsverfahren mußten Sie in der letzten Saison einleiten? Wie viele davon richteten sich gegen Zuschauer, Spieler, Trainer und Schiedsrichter?

«Ca. 100 Verfahren, davon Vorkommnisse rund ums Niedersachsen-Stadion, dort in der Regel gegen Zuschauer, und Vorkommnisse auf dem Land, in Nicht-Bundesliga-Orten, im Verhältnis etwa ein Drittel zu zwei Drittel.»

Dr. Inge Schwanecke (40), Fußballstaatsanwältin des Landgerichtsbezirks Hannover. Seit 1982 beobachtet sie die Fanszene. Ihr Fazit: Sie ist besser als ihr Image. Mehr Toleranz wäre angebracht.

Sie beobachten das nun schon in der 8. Saison. Hat sich in der Zeit qualitativ und quantitativ etwas geändert?
«Quantitativ nicht. Qualitativ meinte ich so vor drei Jahren eine Intensivierung der Gewalt festgestellt zu haben. Heute habe ich das Gefühl, daß es wieder zurückgegangen ist. Warum das so ist, kann ich nicht sagen. Ich glaube nicht, daß es einfache Formeln dafür gibt. Ich bin überzeugt davon, es stimmt einfach nicht, wenn man sagt, je mehr Polizei da ist, desto weniger passiert an Gewalttätigkeiten im und um das Stadion. Ich glaube auch nicht, daß die Vermutung stimmt, je mehr Polizei da ist, desto mehr passiert. Je mehr Polizei da ist, desto mehr wird von dem, was eh passiert, bemerkt und zur Anzeige gebracht.»

Der DFB vertritt die Position, die Gewalttäter seien gar keine Fußballfans, die mißbrauchten nur das Angebot des Sports, die Gesellschaft sei verantwortlich...

«Sicherlich sind der Fußball und seine Zuschauer ein Teil der Gesellschaft. Das ist ja wohl eine absolut triviale Aussage. Wie der DFB als einziger genau sagen kann, wer sich nicht für Fußball interessiert, wie der DFB als einziger die ‹Problematischen› auszählen und in seine Schublade packen kann, das finde ich wirklich beeindruckend.»

Entwickeln sich Gewalttaten überhaupt aus der Fankurve heraus?
«Im Stadion selbst passiert ja kaum was. Es passiert vor und nach dem Spiel außerhalb des Stadions. Ich kann also nicht sagen, wo einer gesessen oder gestanden hat. Ich gehe einfach davon aus: wenn der Täter 35, 40 Jahre alt ist, normal gekleidet, dann halte ich es eher für wahrscheinlich, daß der nicht in der Fankurve gestanden, sondern irgendwo gesessen hat. Und es ist keinesfalls so, wie es oft wirkt, daß 98 Prozent derjenigen, die in Verdacht geraten, zwischen 16 und 21 sind, sondern durchaus einige sind älter.»

Dennoch richten sich fast alle repressiven Maßnahmen – und auch die Empörung der Öffentlichkeit, der Medien – gegen die Fankurve. Wäre da nicht ein wenig Laissez-faire angesagt?
«Wissen Sie, ich bin eigentlich ein Gegner derer, die sagen, es muß alles ganz ruhig und friedlich ablaufen, und alle müssen möglichst da in Zweierreihen einmarschieren. Das ist doch albern. Man hält es mir immer wieder vor, wenn ich sage: ‹Schalke machen wir nieder!› Ich steh dazu, was soll das! Fans rufen und grölen – also ich bitte Sie: ja und? Wem das zu unfein ist, der ist ja nicht gezwungen, da zuzuhören. Ich glaube, man sollte die Grenze dessen, was nicht behagt, nicht so verflixt niedrig ansetzen, sondern auch mal ein bißchen Luft lassen für die Beteiligten. Natürlich rede ich hier nicht einer Gewalt das Wort, die in erheblichem Maße gegen den Körper geht. Natürlich sollen die sich nicht halb totschlagen. Aber ganz so pingelig sollte man doch auch nicht sein. Und wenn ich dann wieder so eine Anzeige eines Polizeibeamten auf den Tisch kriege, der sich beleidigt fühlt, weil jemand zu ihm ‹Gipskopf› gesagt hat... Das kann ich nun wieder überhaupt nicht nachvollziehen. Aber trotzdem geht das, sobald es auf meinem Schreibtisch landet, als strafrechtlich relevantes Verhalten von Fußballfans in meine Zahlen ein. Also hinter all diesen Statistiken steckt auch nicht immer diese Großartigkeit an krimineller Energie, wie es nach außen des öfteren dargestellt wird.»

Was ließe sich in Ihrem Bereich der Staatsanwaltschaft ändern, um Situationen zu deeskalieren und auch bundeseinheitlich Ungerechtigkeiten und überzogene Reaktionen zu vermeiden?
«Ich glaube, ein wenig würde man dadurch erreichen, daß diese Fälle immer jemand in die Hand bekommt, der eine Ader für Fußball hat und damit auch bereit ist, zumindest so viel Verständnis zu zeigen, daß er Handlungen von Personen nicht losgelöst aus der Gesamtsituation beurteilt. Noch besteht die Möglichkeit, daß der Wurf mit einer leeren Bierflasche aus einer Gruppe von Fußballzuschauern heraus in irgendeiner Stadt 100 Mark Geldbuße kostet und in einer anderen zu einem Jahr Freiheitsstrafe führt. Das sind Unterschiede, die nur zum Teil aus der Situation heraus gerechtfertigt sein dürften.»

Von «Sauerland Powerland» bis «Goldstadt-Panik»

Die Fanclubs

Wie viele es eigentlich gibt, weiß keiner so genau. Insiderschätzungen liegen zwischen 1500 und 2500 Fanclubs für die beiden Bundesligen. Sie reichen vom Fünfer-Stammtisch bis zum 250 Mitglieder starken FC Schalke 04-Fanclub-Kleve. Häufige Neugründungen, Umbenennungen und Auflösungen erschweren den Statistikern das Leben. Eigentlich eine klassische Einrichtung der siebziger Jahre und tendenziell vom Aussterben bedroht, sind sie immer noch für viele Fans der Mittelpunkt intensiven Fußballdaseins, die Organisationszentrale für Auswärtsfahrten und Fanturniere, Bowlingabende und Fanzines. Die wenigsten Fanclubs bestehen länger als fünf Jahre (die als e. V. organisierten Ausnahmen schon eher), mit dem Ausstieg der älter gewordenen Gründer bricht die Organisation zusammen. Nebenbei: Unterliege niemand dem Irrtum, Fanclubs einer Mannschaft würden nur in deren Heimatstadt entstehen. So gab es beispielsweise, nachdem die glorreichen siebziger Jahre für Gladbachs Borussen endgültig passé waren, in der Stadt am Niederrhein selbst nur einen einzigen, aber Dutzende Borussen-Fanclubs zwischen Passau und Flensburg.

«Uns Uwe» (Hamburger Sport-Verein) **«Die Elche»** (FC Bayern München) **«Ritterhude»** (SV Werder Bremen) **«Hooli-Girls»** (SG Eintracht Frankfurt) **«United Germany»** (1. FC Köln) **«Die Treuen»** (VfL Bochum und FC Bayern München) **«Service Crew»** (TSV 1860 München) **«Allgäu-Front»** (FC Memmingen) **«Spreeborussen»** (VfL Borussia Mönchengladbach) **«Rössle»** (VfB Stuttgart) **«Black & White»** (SG Eintracht Frankfurt) **«Reichsadler '81»** (SV Waldhof Mannheim) **«Rangers '82»** (1. FC Köln) **«Krefelder Löwen»** (FC Schalke 04) **«Custodes '80»** (VfL Borussia Mönchengladbach) **«MM-Terror»** (FC Memmingen) **«Blue Boys Solms»** (FC Schalke 04) **«Rothosen»** (Hamburger Sport-Verein) **«Blue-Black-Attack»** (SV Waldhof Mannheim) **«Red Tiger»** (Hannover 96) **«Eisern Berlin-Bahnhof Südende '84»** (Hertha BSC Berlin) **«Bayer-treu»** (Bayer 04 Leverkusen) **«Gambrinus Mönche»** (VfL Borussia Mönchengladbach) **«Rot-Weiß Bavaria»** (FC Bayern München) **«Konfetti»** (Hamburger Sport-Verein) **«Loreley '78»** (VfL Borussia Mönchengladbach) **«Ganser Szene»** (Bayer 04 Leverkusen) **«Werder Wölfe»** (SV Werder Bremen) **«Iron Blue»** (FC Schalke 04) **«Old Wattsche Power 1986»** (SG Wattenscheid 09) **«Subway Blues»** (TSV 1860 München) **«MZ-Army»** (1. FSV Mainz 05) **«Supporters»** (Bayer 04 Leverkusen) **«Goldstadt-Panik»** (1. FC Pforzheim) **«Verler Wölfe»** (SC Verl) **«Preußen Power»** (SC Preußen Münster) **«Blue Death»** (TSV 1860 München) **«Ducky Boys»** (Bayer 04 Leverkusen) **«Alte Kameraden»** (Eintracht Braunschweig) **«Samantha Fox»** (FC Jena) **«Münchner Tiger»** (FC Bayern München) **«Berlin Süd-Black Bombers»** (Blau-Weiß 90 Berlin) **«Green-White Angels»** (SV Werder Bremen) **«Schwarze Wölfe»** (Bayer 04 Leverkusen) **«Rheinhessen-Front Mainz»** (1. FSV Mainz 05) **«Schluckspechte»** (Eintracht Braunschweig) **«Letzte Bank»** (FC Bayern München) **«Tatort»** (MSV Duisburg) **«Rote Füchse»** (Kickers Offenbach) **«Neckar Power»** (VfB Stuttgart) **«White Power»** (Eintracht Braunschweig) **«Red Eagles Heidelberg»** (FC Bayern München) **«Fohlen-Power»** (VfL Borussia Mönchengladbach) **«Leonberg '76»** (VfB Stuttgart) **«Erzhammer»** (Gera) **«Phoenix»** (FC Bayern München) **«Fortuna-Treu»** (Fortuna Düsseldorf) **«Blau-Rot»** (Bayer Uerdingen) **«Fairplay»** (SV Waldhof Mannheim) **«Lederhosen-Front»** (FC Bayern München) **«Fohlenblitz»** (VfL Borussia Mönchengladbach) **«Freizeit-Löwen Amicitia»** (TSV 1860 München) **«Aquarium»** (VfB Stuttgart) **«Hessen-Löwen»** (KSV

Hessen) ***«60-Sieg»*** (TSV 1860 München) ***«Alf»*** (FC Carl Zeiss Jena) ***«Klause»*** (SV Waldhof Mannheim) ***«Red & White»*** (Fortuna Düsseldorf) ***«United Koblenz»*** (VfL Borussia Mönchengladbach) ***«Fanclub 2000»*** (FC Augsburg) ***«Die Stuttgarter Treuen»*** (VfB Stuttgart) ***«East Belgium»*** (VfL Borussia Mönchengladbach) ***«Superlilie»*** (SV Darmstadt) ***«Die Unternehmungslustigen»*** (TSV 1860 München) ***«Sauerland Powerland»*** (VfL Borussia Mönchengladbach) ***«First Cream»*** (FC Bayern München) ***«Löwenperle»*** (TSV 1860 München) ***«Die Adler»*** (Preussen Münster) ***«Kap der guten Hoffnung»*** (Hamburger Sport-Verein) ***«Sehnsucht»*** (Borussia Dortmund) ***«Hot Shot»*** (Bayer 04 Leverkusen) ***«Berlin»*** (Hamburger Sport-Verein) ***«Assindian Eagles '86»*** (Rot-Weiß Essen) ***«United 1986»*** (1. FC Nürnberg – FC Schalke 04) ***«Die Seelöwen»*** (Bayer 04 Leverkusen) ***«Ruhrpower '88»*** (FC Schalke 04) ***«United Oberberg»*** (VfL Borussia Mönchengladbach) ***«Blue Rangers»*** (FC Schalke 04 und VfL Bochum) ***«Altmeister»*** (1. FC Nürnberg) ***«Blau-Schwarze Teufel»*** (SV Waldhof Mannheim) ***«Die stolzen Falken»*** (Karlsruher SC) ***«Die Wildschweine»*** (TSV 1860 München) ***«Red-White Grizzlies»*** (FC Bayern München) ***«Blue-White Fighters»*** (FC Schalke 04) ***«Heartbreakers»*** (VfL Borussia Mönchengladbach) ***«Seerose»*** (1. FC Nürnberg) ***«Stromberg»*** (VfB Stuttgart) ***«Rot-Weiße Sorgenkinder»*** (1. FC Union Berlin) ***«Red Devils»*** (1. FC Nürnberg) ***«Sweet Beasts»*** (VfL Borussia Mönchengladbach)

Wilde Akkorde im ungeordneten Angriff

Fußball und Rockmusik

«Mit meinem Talent hätte ich auch ein Fußballstar werden können. Doch da war dieses jeden Morgen früh Aufstehen, diese Regeln im Tagesablauf. Oh, wie habe ich das gehaßt! Aber berühmt werden wollte ich trotzdem. Also blieb nur die Rockmusik. Denn du hast nur zwei Möglichkeiten, von der Straße wegzukommen: Fußball und Rock 'n' Roll.»

Rod Stewart

In den Fankurven dröhnt Heavy Metal. Oder Punk. Manchmal auch nur Mainstreamrock à la Chris Rea, Dire Straits, Supertramp. In den Champagnerlogen darf's auch Michael Jackson sein. Fußball und die populären Sparten der Rockmusik sind jedenfalls untrennbar. Wer auf den FC Liverpool steht, der mag auch die Rolling Stones? Elton John entdeckte einst seine Liebe für den Rasen mit dem Ball obendrauf. Er wurde Vorsitzender des Watford Football Club und setzte sich in Form seines Sangeskollegen Rod Stewart dem Gespött der Showbranche aus: «Ich glaube nicht, daß er zum Rock 'n' Roll-Star geboren ist. Eher ist er geboren, um Vorsitzender des Watford Football Club zu sein, und er beginnt auch schon auszusehen wie der Vorsitzende des Watford Football Club.» Der Angesprochene reagierte stinksauer und konterte: «Ich bin in der Lage, Rock 'n' Roll-Star zu sein und Vorsitzender des Watford Football Club, und ich verkaufe weltweit erheblich mehr Platten als Rod Stewart. Nun, er sollte Leichenbestatter werden, und am besten würde er zuerst seine eigene Leiche bestatten.»[1]

Deutsche Rocker und Popper können's auch nicht lassen. Sie singen dem Rasensport hinterher, gewinnen ihm unterschiedliche Aspekte ab. Udo Lindenberg beklagt im Song «Vom Opfer zum Täter» eine neu heraufziehende Lust an der Gewalt unter dem Banner des braunen Gestern. Ansonsten ist auch der Mann mit dem Bundesverdienstkreuz

Peter Behrens, früher Trommler der Trio-Minimalisten, heute Solist. Mit seinem Song «Das Tor» widmete er sich grundsätzlichen Weisheiten: «Ja wenn ein Tor fällt, ja wenn ein Tor fällt, dann bau'n wir's wieder auf, zuerst den Pfosten links, und dann den Pfosten rechts, und dann den Lattek obendrauf...»

ein Fan von «Bodo Ballermann». Wie auch Peter Behrens, Ex-Trio-Minimaltrommler, der mit Blick auf einen bekannten Kolumnisten kalauerte: «Ja wenn ein Tor fällt, ja wenn ein Tor fällt, dann bau'n wir's wieder auf, zuerst den Pfosten links, und dann den Pfosten rechts, und dann den Lattek obendrauf...» Der Song hieß beziehungsreich «Das Tor».

Heinz Rudolf Kunze setzt sich mit dem runden Thema gleich mehrfach auseinander. Kunze und «Das große geheimnisvolle Ballgefühl»: «Neinnein, ich bleibe am Ball, Abschiede in Fahrstühlen, Gaskammertherapie in den Clubs, urgemütlich!, ich bleibe am Ball, und irgendwann kriegt dann der plötzlich greifbar gewordene Gegner einen beinharten Return, ich lasse die ganze Abwehr stehen, schlenze das runde Ding übers Netz, suche mir am Elfmeterpunkt die Ecke aus, überloppe den Wimbledonsieger und bezwinge den Torwart mit einer Bogenlampe, die ihm beim Nachschauen das Rückgrat bricht. Was ich dann LANGFRISTIG mache, Bundestrainer, Bundeskanzler, Bundesbahnbeamter, weiß ich noch nicht, ich wollte ja nur lernen, was man nicht lernen kann.»[2] In seinem Song «Packt sie und zerhackt sie» geht HRK eher düster zu Werke: «Ich bin 25 oder 50 oder 5, steh in der Kurve, seit ich wimpelschwingen konnt. Ich kämpf mit Fahrradketten, Schraubenschlüsseln, Schlagring oder Dolch gegen Knappen, Frösche und Borussenfront. Mein Zuhause ist ein Strafraum. Auswärts ohne Punktgewinn. Ich hab mein Leben lang nur Gelb und Rot gesehn. Doch der Rasen ist grün, und nach dem Spiel ist immer vor dem nächsten. Wir haben's drauf, wir werden niemals untergehn.»[3]

Die Palette der singenden Kikker ist lang: Petar «Radi» Radenkovic, der als 1860-Keeper sein «Bin I Radi bin I König» zum Wies'n-Hit werden ließ; der für kurze Zeit beim HSV glanzvoll stürmende Frauenliebling Kevin Keegan widmete sich dem Rock 'n' Roll, Willi «The Duck» Lippens zog ins Milieu, als er «An der Kohlenhalde» sang – alles unvergleichlich mit den alle vier Jahre singenden Nationalteams: ob Berti Vogts oder Fritz Walter, Rudi Völler oder Gerd Müller, wenn der Nationalkader ins Studio geht, dann setzen gestandene Tonmixer schalldichtes Ohropax vor die Gehörgänge, nehmen Hund und Katze reißaus, nehmen die Dissonanzen ihren Lauf.

Ganz anders Theo Lingen. Der war nun auch kein begnadeter Sänger. Dennoch stellte er den «Theodor im Fußballtor» dermaßen elegant ab, daß noch Generationen den Song von den Dächern herabpfiffen. Eine Kostprobe aus der guten alten Zeit: «Der Theodor, der Theodor, der steht bei uns im Fußballtor, wie der Ball auch kommt, wie der Schuß auch fällt, der Theodor, der hält! Die Männeraugen werden wach, die Mädchenherzen werden schwach, wie der Ball auch kommt, wie der Schuß auch fällt, der Theodor, der hält!» Jawoll.[4]

Claus «Fabsi» Fabian hat sich bös den Arm gebrochen. «Das war der peinlichste Unfall des Jahrhunderts», grölt er durchs Krankenzimmer.

Der Macher des Bremer Weser-Labels ist allerdings nicht beim Fußball verunglückt. Wirklich peinlich: Beim Konzert der Pogues rutschte er vor der Bühne auf einem Kugelschreiber aus – der Krankenwagen brachte ihn in das entsprechende -haus. Nun aber zur Sache. Im Sommer '82 schlägt der SV Werder Bremen die Borussen aus Gladbach mit 4 : 2. Fabsi ist spontan als Zugereister begeistert, vergleicht den knackfrischen Fußball der Werderelf mit der ehemaligen Faszination der Gladbacher Fohlen. Mit Kumpeln hockt er zusammen. «Und da hatten wir 'ne Band in Bremen, die hieß Slipeinlage, wo ich mit vier Frauen zusammen spielte. Meine Freundin Elli T. Sex und ich hatten dann die Idee, einfach mal 'ne Platte zu machen.» Die Platte heißt «Wir stehen auf SV Werder» (B-Seite: «Immer wieder Werder Bremen»), sie erscheint im Oktober 1982. Erst kurz davor hatten sie sich überlegt, daß für dieses Projekt ein neuer Name her müßte. Nach Batterien von Amstel Pils fällt nachts in Amsterdam der Groschen: Die Mimmi's werden geboren. Bis heute verkaufte die Single ca. 3500 Exemplare. Rockin' Rehagel schlägt ein, die Verkaufszahl ist für die Independentszene eine mittlere Sensation. Gegründet wird nebenher noch ein Mini-Label,

---

«Wie der Ball auch kommt, wie der Schuß auch fällt, der Theodor, der hält!»

---

wobei Fabsi auch hier an den Fußball denkt und sich kurzerhand den Namen des Bremer Stadions abgreift. In den Indi-Charts steht die rotzfreche Single schon kurz darauf auf Platz 3 – der Erfolg ist da. Bis heute gibt's Die Mimmi's, und das Weser-Label ist mit seinem bunten, stets frischen Undergroundangebot nicht mehr wegzudenken aus der hiesigen Szene. Und Bremen steht kopf. Fabsi rast von Radiogeschäften zu Imbissen, zu Kneipen sowieso, nur bis zur Werder-Geschäftsstelle kommt er nicht. Wenn es denn noch eines Beispieles der Totalverspießerung der Bundesliga bedarf, dann nehme man dieses: «Wir hätten sicher noch mehr von der Platte verkaufen können, aber wir waren letztendlich ziemlich verbittert. Die Platte wurde bis heute kein einziges Mal im Weserstadion gespielt, obwohl Norbert Meier mal zu Journalisten gesagt hatte, daß dies seine Lieblingsplatte sei – die hatte doch jeder in Bremen gehört. Statt dessen gab's da nur immer Klaus & Klaus und all den anderen Quatsch. Wir dagegen haben das für die Fans gemacht, das Coverfoto mit der Fankurve entstand bei einem Spiel gegen Kaiserslautern. Das war eine Platte für unsere Freunde und die Fans von Werder Bremen, na ja, der Lemke dreht hier sowieso langsam ein bißchen durch.» Fabsi über den Zusammenhang zwischen Rockmusik und Fußball: «Zwischen einer Rockband und 'nem Verein gibt es keinen Unterschied. Die Halle oder das Stadion müssen gut sein, das Programm muß stimmen. Beispiel Tote Hosen. Bei der Band sind fünf Verrückte auf der Bühne, das Management stimmt, die Fans rasten aus – alles wie beim guten Fußball.

«Und da hatten wir 'ne Band in Bremen, die hieß Slipeinlage.»

Bei Bands spricht man ja auch allgemein heute von der ersten und der zweiten Liga. Die erste Liga ist die der großen, reichen Tonträgerindustrie, die zweite besteht aus den kleinen Indi-Labels, die viel für den Aufbau tun, wo es noch ehrlicher zugeht. In der ersten Liga werden die Superstars herumgereicht, die teilweise keinen Draht mehr zu den Fans haben – nun sag: Das ist doch alles wie beim Fußball!» Londons Starmoderator beim BFBS-Hörfunk, John Peel, dessen Herz auch für kleine deutsche Bands schlägt, erkor die Platte zu seiner «Lieblings-Fußballrock-Platte». Seine Begründung: «Das ist das erste Mal, daß von Fußballfans eine Platte für die Fans gemacht wurde.» Haben Klaus & Klaus dagegen eine Chance? Kaum! Denn auf der A-Seite der Mimmi's fetzt der ultraschnelle Pogo, während auf der Rückseite die Quetschkommode langsam dudelt, trunkene Besinnlichkeit für die Vereinskneipe – was will man mehr? Diese Platte ist wie ein Sechserpack im Lotto.

Trini Trimpop ist der Manager der Toten Hosen. Er sieht aus wie das zerknautschte uneheliche Kind von Elvis Presley. Er vermarktet die Band, konzipiert Verkaufsideen, wie jene, daß man, wenn man «Bommerlunder» singt, dann auch mit dem Fuselhersteller gleich ins (Werbe-)Geschäft kommen kann. Auch Präservative bewirbt man per «Damenwahl». Doch für die große Liebe zum Fußball, insbesondere zu Fortuna Düsseldorf, wird sogar eine Riesenspendenaktion aus der Taufe gehoben.

Die Toten Hosen auf dem grünen Rasen. Sie lassen sich von Bommerlunder sponsorn und helfen selber auch gern. Zum Beispiel der Fortuna aus Düsseldorf. Der schenkten sie gleich zwei Spieler per Sammelaktion, damit's im Sturm wieder gnadenlos druckvoll zugeht. Echte Fans eben.

Bei einem enttäuschenden Spiel der Fortuna reifte der Plan. «Wir saßen im Tourbus und Breiti sagte: ‹So wird das ja nie was mit dem Verein.› Da hab ich geantwortet: ‹Komm, laß uns 'n Spieler kaufen!›» Aus dem Spaß wurde Ernst. Trini kalkulierte, daß man bei einer Tournee runde 100000 Mark sammeln könne, wenn pro Eintrittskarte eine Mark in den Spendentopf käme. Davon sollten ein, zwei Amateure gekauft werden, die von den Toten Hosen dem Verein spendiert würden. Es kamen 150000 Mark bei der Tour zusammen, der Gag verfing, Publikum und Verein durften sich freuen. Die Toten Hosen grasten die Ballszene ab und kauften Oliver Gensch (Jahrgang '69) und die schwarze Perle Anthony Baffoe (Jahrgang '65), beides Mittelfeld- bzw. Angriffsfußballer, die sich der Verein gern in die Mannschaft holen wollte. Die Sensation war perfekt. Gensch wurde für 50000 Mark als Amateur von Bayern München geholt – eigentlich dürfen Amateure nur bis zu 40000 Mark kosten, da Gensch aber Auswahlspieler war, gab's ein paar Mark mehr. Für den Rest kam das Talent Baffoe. Ein Mann ganz nach dem Geschmack der Hosen. Im ZDF-Sportstudio gab er zum Jahresende '89 eine Riesenvorstellung. Befragt, was er denn darüber denken würde, wenn da in den Stadien die Fans «Husch, husch, husch – Neger in den Busch» skandieren würden, antwortete er: «Früher hab ich denen immer eine geklatscht, das können die heute auch noch haben... Und sonst greif ich mir die einzeln und sag: ‹Du bist doch sowieso bald arbeitslos! Dann kannst Du zu mir kommen und auf meiner Plantage als weißer Sklave arbeiten...» Im ZDF-Lachstudio bogen sich die Dielen. Baffoe ist eine sympathische Spielerpersönlichkeit, ein Hosen-Volltreffer. Das Geschäft zwischen der Fortuna und den Toten Hosen wurde per Schenkungsvertrag geregelt. Bedingung der Band war, daß die beiden Spieler nicht verkauft werden dürfen, um den Etat zu decken. Trini über den Fortuna-Vorstand: «Da hat sich doch keiner mal den Arsch aufgerissen, um ein paar zahlungskräftige Sponsoren aufzutreiben. Dabei gibt es in der Gegend jede Menge Industrie, so viele große Firmen. Jetzt haben die das endlich geschafft, mit dem neuen Vorstand mit Henkel ins Geschäft zu kommen – nach dem Motto: Have Fun, have Pattex...»

«Die Erfahrung habe ich gemacht: Die sind alle supergeduscht, gefönt und riechen gut – moderne sexy junge Männer.»

Alte Liebe rostet nicht. Das Herz der Toten Hosen schlägt für Düsseldorf. Bei Trini geht die Liebe sogar noch weiter: «Mein Herz schlägt auch noch ein bißchen für den 1. FC Köln, weil ich da als Kind immer hingegangen bin. Mein Onkel hat mich mitgenommen, da war ich sechs – ab da war ich regelmäßig im Stadion, eine alte Liebe, die man nicht vergißt.» Die kritische Hose: «Spielerpersönlichkeiten mußt du in der Bundesliga heute suchen. Und einige der Präsidenten sind das Allerletzte. Wer da faselt: ‹Die Spieler sollen sich soundso verhalten›, der gehört nicht in die Bundesliga. Ich hoffe, daß die Spieler sich alle in der VdV organisieren und sich dann endlich trauen, mal das Maul aufzumachen, denn letztlich lebt der Verein von den Spielern. Heute haben viele von den Spielern Abitur, können ihren Namen richtig schreiben, denen kann man doch keinen Maulkorb aufsetzen, die werden doch behandelt wie doofe Beamte. Ein Fußballspieler ist ein Künstler, und dieser Aspekt muß beim Fußball mehr gefördert werden.» Trini ist Fan und sinnlicher Beobachter des Fußballs im Wandel: «Nach Schweiß riechen die Trikots heute nicht mehr. Die Erfahrung habe ich gemacht: Die sind alle supergeduscht, geföhnt und riechen gut – moderne sexy junge Männer. Früher war Fußball ja mehr so 'n Prollsport ohne Deodorant, während die Jungs sich heute absolut bewußt sind, daß sie in der Öffentlichkeit stehen, beobachtet und gerochen werden. Neulich hat mir der Uwe Fuchs sein Trikot zugeworfen, das war pitschnaß geschwitzt, das hab ich ins Auto geworfen und dann zu Hause erst mal in die Waschmaschine getan. Dann hab ich's aus der Waschmaschine rausgenommen – und da roch es immer noch nach Parfüm... Wenn man heute die Jungs unter der Dusche sieht, da haben die doch alle ihre Bade- und Prickelwässerchen, da ist kein Stinker mehr dabei, die gibt es höchstens noch in der Kreisklasse, und da fängt das auch schon an zu duften. Ich spiele ja noch bei Alemannia 08 Düsseldorf, natürlich DFB-organisiert, und unser Platz ist wunderschön idyllisch gelegen, zwischen Müllverbrennungsanlage links und Kraftwerk rechts – ein Rasenplatz, der über hundert Jahre alt ist und den genauso alte Pappeln säumen. Das ist die dritte Bezirksklasse – leider komme ich kaum noch zum Spielen, aber wenn, dann am liebsten im defensiven Mittelfeld.» Was reizt die Tote Hose an dem Sport mit den kurzen Hosen? «Die Bewegung der Körper. Fußball ist ein Kampfsport, der richtig schön wird, wenn er in Kniehöhe gespielt wird, nicht im Stehen, sondern mehr im Liegen. Tackling ist das Größte. Ich mag mehr die englische Variante des Spiels, also Kampfsport, aber die Brasilianer gefallen mir auch. Auf dem Rasen muß es abgehen, hart, aber fair. Ein Volleyschuß aus zwanzig Metern gegen die Querlatte ist natürlich auch immer wunderbar, wenn du's da im ganzen Stadion knallen hörst...»

WELTEXKLUSIV!
Der große Tote-Hosen-Fußballtest!

Am Ball: Trini Trimpop

Stichwort: Maradona

Antwort: Tut zu wenig, vielleicht ist er krank: Wenn das stimmt, daß er ständig Rückenschmerzen hat, dann muß man froh sein, daß er noch soviel schafft ohne Krücken. Das hat doch mit Fußball nichts zu tun: Die ganze Zeit herumstehen und gelegentlich mal 'nen genialen Paß spielen...

Franz Beckenbauer

CDU! Ich finde es okay, daß er Bundestrainer war, aber sein Hang zu Recht und Ordnung gefällt mir weniger. Johan Cruyff gefiel mir als Typ immer besser. Der Franz ist mir zu bieder, obwohl, gelegentlich wechselt er ja seine Frauen, da sorgt er schon mal für überraschende Momente, ansonsten gilt für ihn: geldgeil auf 'ne komische Art, nicht so richtig locker...

DFB

Stinkt! Da stinkt es mächtig, müßte mal dringend ausgemistet werden. Ein sehr konservativer Haufen, da paßt der Franz gut hin und Berti auch. Vom Terrier zum Bundestrainer.

FC Bayern München

Genauso wie die Stadt München: Geld vor Phantasie! Guck dir an, was die Leute dort tragen: Klamotten aus der zweiten italienischen Liga für erstklassige Preise. Die Jungs haben dort alle die gleiche Frisur, als ob die alle zum gleichen Friseur gehen. Man versucht dort alles zu kaufen.

Technik

Tackling! Das fangen ja jetzt hier auch Littbarski und Uwe Fuchs an. Da brauchst du als Stürmer viel Kraft, aber das ist super, also in den Ball hineingrätschen und dann aufstehen und du hast den – das ist genial, das ist Fußball, das ist Kampf, das geht zur Sache, da möchte ich am liebsten auf den Rasen springen.

Trini Trimpop

Schalke 04

Klasseverein, jede Woche wieder was los, immer wieder in den Schlagzeilen, da gurken die im Mittelfeld der zweiten Liga herum und es kommen 56000 Zuschauer; einfach toll. Der Trainer sagt: «Wir spielen so schlecht, weil wir zu viele Zuschauer im Stadion haben». Der Verein ist immer wieder für Sprüche und Lacher gut. Ein Klasseverein!

Uwe Seeler

Soll mal versuchen, den HSV zu retten und nicht nur Adidasschuhe zu verkaufen. Kann er doch mal probieren. Wenn er noch ein bißchen Feuer im Arsch hat, dann läßt er die Bolzer sausen und mistet den HSV aus.

FC St. Pauli

Klasse! Die absolute Prollmannschaft in der ersten Liga. So wie wir damals in der Kreisklasse. Wir hatten da am Stadion einen Fluß, und wenn es brenzlig wurde, dann haben wir den Ball da reingeschossen, kurz vor Spielende, um Zeit zu schinden, und St. Pauli schießt den übers Tribünendach. Die Fans machen einen sehr intelligenten Eindruck, es gibt wenig Prügeleien bei St. Pauli, ich hoffe, daß das so bleibt. Deren Fans sind in allen Stadien gern gesehen.

Sportreporter

Deutschland ist eben so: Wenn da mal einer am Mikro ausflippen würde, dann wäre das das letzte Spiel, welches er kommentiert. Muß man sich mit abfinden.

Fußballweltmeisterschaft

Immer dabei. Einmal sollte jeder Fußballfan 'ne WM erlebt haben, der Grund, weshalb die Hosen nach Italien fahren – mit der ganzen Crew. Da gibt es keine Konzerte, keine Plattenaufnahmen, keine Pressetermine – da gibt es nur Fußball satt! Campino auf Sardinien, weil der Englandfan ist, der Rest in Mailand.

Fußball im Jahr 2000

Eine Schreckensvision wäre: Leere Stadien und jedes Tor wird im Fernsehen gezeigt.

Joachim Ringelnatz

Fußball

(nebst Abart und Ausartung)

Der Fußballwahn ist eine Krank-
Heit, aber selten, Gott sei Dank.
Ich kenne wen, der litt akut
An Fußballwahn und Fußballwut.
Sowie er einen Gegenstand
In Kugelform und ähnlich fand.
So trat er zu und stieß mit Kraft
Ihn in die bunte Nachbarschaft.
Ob es ein Schwalbennest, ein Tiegel,
Ein Käse, Globus oder Igel,
Ein Krug, ein Schmuckwerk am Altar,
Ein Kegelball, ein Kissen war,
Und wem der Gegenstand gehörte,
Das war etwas, was ihn nicht störte.
Bald trieb er eine Schweineblase,
Bald steife Hüte durch die Straße.
Dann wieder mit geübtem Schwung
Stieß er den Fuß in Pferdedung.
Mit Schwamm und Seife trieb er Sport.
Die Lampenkuppel brach sofort.
Das Nachtgeschirr flog zielbewußt
Der Tante Berta an die Brust.
Kein Abwehrmittel wollte nützen,
Nicht Stacheldraht in Stiefelspitzen,
Noch Puffer außen angebracht.
Er siegte immer, 0 zu 8.
Und übte weiter frisch, fromm, frei
Mit Totenkopf und Straußenei.
Erschreckt durch seine wilden Stöße,
Gab man ihm nie Kartoffelklöße.

Selbst vor dem Podex und den Brüsten
Der Frau ergriff ihn ein Gelüsten,
Was er jedoch als Mann von Stand
Aus Höflichkeit meist überwand.
Dagegen gab ein Schwartenmagen
Dem Fleischer Anlaß zum Verklagen.
Was beim Gemüsemarkt geschah,
Kommt einer Schlacht bei Leipzig nah.
Da schwirrten Äpfel, Apfelsinen
Durchs Publikum wie wilde Bienen.
Da sah man Blutorangen, Zwetschen
An blassen Wangen sich zerquetschen.
Das Eigelb überzog die Leiber,
Ein Fischkorb platzte zwischen Weiber.
Kartoffeln spritzten und Zitronen,
Man duckte sich vor den Melonen.
Dem Krautkopf folgten Kürbisschüsse.
Dann donnerten die Kokosnüsse.
Genug! Als alles dies getan,
Griff unser Held zum Größenwahn.
Schon schäkernd mit der U-Bootsmine
Besann er sich auf die Lawine.
Doch als pompöser Fußballstößer
Fand er die Erde noch viel größer.
Er rang mit mancherlei Problemen.
Zunächst: Wie soll man Anlauf nehmen?
Dann schiffte er von dem Balkon
Sich ein in einem Luftballon.
Und blieb von da an in der Luft,
Verschollen. Hat sich selbst verpufft. –
Ich warne euch, ihr Brüder Jahns,
Vor dem Gebrauch des Fußballwahns!

(Karl H. Henssel Verlag, Berlin)

Ganz ohne Anstrengung...

... wird man sicher nicht zum Fußballstar mit einer Jahresgage, von der andere nur träumen.

Nichtsportler wählen einen weniger schweißtreibenden Weg, um zu finanzieller Sicherheit zu kommen. Sie sparen. Aber auch das muß man üben.

ANHANG

Anmerkungen und Quellenhinweise

Torwort

1. Das stammt nicht vom bajuwarischen Kaiser, sondern vom HSV-Verteidiger Jürgen Kurbjuhn. Aber es paßt so gut...
2. Peter Handke, Die Welt im Fußball (1965), in: Ich bin ein Bewohner des Elfenbeinturms; Suhrkamp, Frankfurt 1972.

«Kommt der Nurfußballer mit gesenktem Kopf...»

1. Gesundheitsvorschriften für den Fußballsport im Braunschweiger Gymnasium Martino-Katharineum, 1874! Ein englischer Austauschschüler hatte den Bazillus aufs Festland übertragen. Gefunden in: Carl Koppehel: Geschichte des Deutschen Fußballsports; Wilhelm-Limpert-Verlag, Frankfurt 1954.
2. Vor allem zwei Bücher dienten uns als Fundgrube für diesen Beitrag, die wir jedem an der Sozialgeschichte des Arbeitersports Interessierten empfehlen möchten:
   – Hans Joachim Teichler / Gerhard Hauk: Illustrierte Geschichte des Arbeitersports; J. H. W. Dietz Nachf., Bonn 1987. Mehr als zwanzig AutorInnen schlagen einen Bogen vom Turnvater Jahn im demokratischen Vormärz über «Gegenkultur und Anpassung» in der Weimarer Republik bis zu den Anfängen des Nazi-Faschismus. Der Schwerpunkt liegt auf alltags- und regionalgeschichtlichen Darstellungen. Mit über 320, teils farbigen Abbildungen ist dieses Werk auch ein optisches Schmuckstück.
   – Rolf Lindner / Heinrich Th. Breuer: «Sind doch nicht alles Beckenbauers»; Syndikat, Frankfurt 1978; vermutlich nur noch in Antiquariaten und Bibliotheken erhältlich. Das Buch zeichnet die proletarische Fußballwelt des Ruhrgebiets nach: «Abramczik oder: Die Wiese hinter den Zechenhäusern», Mythos Schalke 04,

Fußball in Bottrop und Solingen, Freizeitfußball und Straßenmannschaften. Die Grundlage bilden ausführliche Gespräche mit Zeitzeugen (Eltern, Spieler, Trainer...).

Fußball im Land der tausend Feuer

1. So der preußische Abgeordnete Szmula um 1900. Gefunden in: Bernt Engelmann: Du deutsch? – Geschichte der Ausländer in unserem Land; C. Bertelsmann, München 1984, S. 41/42. Ein gerade angesichts der derzeitigen Deutschtümelei äußerst empfehlenswertes Werk!
2. Ausführliches dazu finden Sie bei: Hajo Bernett: Die Auseinandersetzung mit dem bürgerlichen Sport; in: Illustrierte Geschichte des Arbeitersports, J. H. W. Dietz Nachf., Bonn 1987, S. 57 ff.
3. Doch, so steht es wirklich in der DFB-Satzung, heute noch: siehe § 1 der «Rechts- und Verfahrensordnung».
4. Dr. Günther Riebow im DFB-Jahrbuch 1930 in einem programmatischen Beitrag unter dem Titel «Kampf gegen den Berufssport». Gefunden in: Illustrierte Geschichte des Arbeitersports, S. 159.
5. Gefunden in: Willy B. Wange: Die Profis: Berufssportler – Gladiatoren unserer Zeit; Europäische Verlagsanstalt, Frankfurt 1977, S. 41.
6. *Buersche Zeitung* vom 27. August 1930.
7. Ein Versuch, das Amateurstatut grundsätzlich zu kippen, scheiterte auf dem DFB-Bundestag von 1930 am Widerstand gerade jener Vereine, von denen man wußte, daß sie sich nicht an die Amateurbestimmungen hielten. Der damalige Schiedsrichter und spätere DFB-Präsident Dr. Peco Bauwens forderte schließlich in einem heute wieder hochaktuellen Beitrag im *Kicker* die Trennung von Amateur- und Profisport: «Her mit dem Berufsfußballsport! Der DFB hat mit Schuld daran, daß der Fußballsport einen Geschäftscharakter bekommen hat. Diesen wieder auszumerzen ist nur durch eine scharfe Trennung möglich. Die Geschäftsunkosten werden höher, und um diese tragen zu können und wenigstens äußerlich ehrlich zu erscheinen, werden wieder krumme Wege gesucht. Der DFB kann, jetzt am Scheideweg stehend, nichts anderes tun, als dafür zu sorgen, daß es im deutschen Fußball ehrlich zugeht. Oder kann er es vertreten, daß er sich selbst aus Mitteln finanziert, die aus Spielern und Vereinen herausgeholt wurden, die

schwerstens gegen die Amateurgesetze verstoßen haben?» Wie wir heute wissen, konnte und kann der DFB noch viel mehr vertreten. Doch dazu später mehr.

8. Heinz Berns und Hermann Wiersch zitieren Szepan so in ihrem Werk «Das Buch vom Deutschen Fußballmeister» (Karl-Busch-Verlag, Wattenscheid 1936). Ob das Zitat authentisch ist, läßt sich heute nicht mehr nachprüfen. Die Nazis warben gerne mit erfolgreichen Sportlern als Demonstration der deutschen – sprich: rassischen – Überlegenheit, vor 1939 auch als Ablenkung von den Kriegsplänen. Mit Hilfe eines «Sportgroschen» auf jede Eintrittskarte und zahlreicher anderer Maßnahmen erfuhr der Sport eine finanzielle Förderung von bis dahin unbekannten Ausmaßen. Verbände wie der Deutsche Fußball-Bund machten fröhlich mit, «unpolitisch» sozusagen.
   Schalke 04 eignete sich aufgrund seiner Popularität und sportlichen Erfolge natürlich hervorragend als Promoter für die Machthaber. Nazi-Funktionäre wie der Reichssportführer Hans von Tschammer und Osten zeigten sich gerne auf der Ehrentribüne der Glückauf-Kampfbahn, und als den Schalkern 1942 vor dem Endspiel um die Deutsche Meisterschaft plötzlich ihr Nationaltorwart Hans Klodt fehlte, wurde kurzerhand sein Stellvertreter, der eigentlich beim VfL Osnabrück spielende «Schwarze Panther» Heinz Flotho, von der Front zum Spiel zu Schalke 04 abkommandiert.
9. 1965/66 wiederholte sich das Ritual in der Bundesliga. Deutscher Meister wurde Schalke nur noch ein einziges Mal: 1958. Und... nun ja, wir wollen ja nicht spekulieren.
10. Rolf Lindner/Heinrich Th. Breuer: «Sind doch nicht alles Beckenbauers»; Syndikat, Frankfurt 1978, S. 54.
11. Gefunden in: Rolf Lindner: Der Fußballfan – Ansichten vom Zuschauer; Syndikat, Frankfurt 1980, S. 40. Es ist eines der wenigen Bücher, die sich mit Fans und Zuschauern als «Motor des Fußballspiels» und einmal nicht aus der Randale-Perspektive befassen.
12. Achtelfinale in Birmingham gegen Spanien, 2:1 gewonnen.
13. Ernst Thoman in: Ulrich Homann/Ernst Thoman (Hg.): Als die Ente Amok lief – Geschichten aus den ersten 10 Jahren Fußball-Bundesliga 1963–1973; Klartext Verlag, Essen 1989, S. 9.
14. Natürlich Hermann Neuberger; gefunden im *Kicker* vom 21. August 1989.

15. Rot-Weiß Oberhausen erwischte es – nach regelmäßigen Auf- und Abstiegen – 25 Jahre später. 1988 erhielt der Zweitligist keine Lizenz mehr. Die folgende Saison in der Amateur-Oberliga Nordrhein beendete Rot-Weiß mit 4 : 68 Punkten und 31 : 153 Toren auf dem letzten Platz.
16. Die Strafe wurde später wieder aufgehoben. Schließlich hatte der Neu-Schalker zwischenzeitlich auch einmal (gegen Werder Bremen) das blau-weiße Trikot alibitragen dürfen. Diese Episode erzählt Ernst Thoman in: Als die Ente Amok lief, S. 12.
17. Gefunden in: Rainer Raap (Hg.): Das Fanbuch; Strohhalm Verlag, Frankfurt 1988, S. 202.
18. Bei den Vorarbeiten zu diesem Buch merkten wir immer wieder, wie spannend Fußballgeschichte jenseits der Tabellen sein kann. Vor allem der kleine Essener Klartext Verlag, interessanterweise fast komplett in Frauenhänden, hat in seiner kontinuierlich aufgebauten Fußballreihe einige hervorragende Werke veröffentlicht. Bücher für Fans und Sozialgeschichtler, Fakten und Anekdoten, oft mit kritisch-nostalgischem Blick, Unmengen von Fotos, anspruchsvoll gestaltet und gebunden. Die Herausgeber und Autoren sind Mitarbeiter der alternativen Sportzeitung *Revier Sport*. Bisher erschienen:
    – Hans Dieter Baroth: «Jungens, Euch gehört der Himmel!» – Die Geschichte der Oberliga West 1947–1963;
    – Ulrich Homann/Ernst Thoman (Hg.): Die Geschichte der Regionalliga West 1963–1974;
    – Ulrich Homann: Die Geschichte der Aufstiegsrunden zur Fußball-Bundesliga 1963–1974;
    – Ulrich Homann/Ernst Thoman (Hg.): Als die Ente Amok lief – Geschichten aus den ersten 10 Jahren Fußball-Bundesliga 1963–1974.
    Prospekt: Klartext Verlag, Viehofer Platz 1, 4300 Essen 1.

Das Tor zur Welt

1. Den begnadeten Fallrückzieher entdeckten wir in: Uwe Seeler und seine goldenen Tore, von Robert Becker; Copress, München 1964 (neubearbeitete Auflage). Das staunende Kapitel hieß: Endrunde 1960 – Das Tor der Tore!

2. Gefunden in: Uwe Seeler und seine goldenen Tore, S. 6.
3. Uwe Seeler und seine goldenen Tore, S. 109.
4. Gefunden in: *Hörzu* vom 2. August 1987.
5. Gefunden im *Hamburger Abendblatt* vom 24. März 1989.

Der älteste deutsche Fußballverein

1. Karl Planck, «Professor und Turnlehrer», 1898; gefunden in: Hans-Joachim Wallenhorst / Harald Klingebiel: Neunzig Jahre SV «Werder» 1899–1989; Verlag der Bremer Tageszeitungen AG, Bremen 1988, S. 12.
   Nur Bayern blieb übrigens noch lange Zeit fußballfrei: Noch im Jahre 1913 wurde das Kicken an allen Mittelschulen des Landes per Erlaß ausdrücklich verboten. Begründung: Die fußballverrückten Zöglinge würden nur noch an das eine denken und darüber ihre schulischen Leistungen vernachlässigen.

Rasenspiele und Rebellen

1. Peter Handke: Die Angst des Tormanns beim Elfmeter; Suhrkamp, Frankfurt 1970.
2. Gefunden im Rock Kalender '84; Elefanten Press, Berlin 1983, Herausgeber Thomas Böhm und Jürgen Stark, S. 141. Michael O. Kröher untersuchte in seinem Beitrag «Die Unverbesserlichen» die Verödung des Rock – und gelangte nahezu zwangsläufig zum Fußball.
3. Helmut Schön: Fußball; Ullstein / Bertelsmann, S. 258. Der ehemalige Bundestrainer beschreibt, ansonsten wenig spannend, die Zeit von anno '74.
4. Gefunden in: *Die Zeit* vom 7. Februar 1975.
5. Paolo Sollier, italienischer Metallarbeiter, dann Fußballprofi (Perugia Calcio, Rimini) der 70er Jahre und Aktivist der außerparlamentarischen Linken. Sollier schrieb seine Erfahrungen in einem autobiographischen Bericht nieder: Ein Porträt des Fußballspielers als junger Mann; Rowohlt, Reinbek bei Hamburg 1978. Das Werk wurde in Italien ein Bestseller und trug seinem Autor einen Tadel des Disziplinarausschusses des Fußballverbandes und eine Geldbuße in Höhe von 900 000 Lire ein.

6. *Männer Vogue* brachte im Mai 1989 eine kunterbunte Zitatensammlung, Statements von Jürgen Klinsmann in der Coverstory «Klinsmann – Der Gipfelstürmer». Danke.
7. Herrliche Anekdotensammlung im *Kicker* vom 27. Dezember 1989. Solchen Humor sollten die Redakteure mal häufiger zeigen!

Ein Kicker-Tag

1. Alle Zitate stammen aus dem *Kicker* vom 21. August 1989; die Berichte beziehen sich auf die 1. Hauptrunde im DFB-Pokal.

Von Managern und Märkten

1. Der Beitrag hieß: «Ich komme wieder, auch wenn es gegen Altona 93 geht», und Rainer Trampert war noch Bundesvorsitzender der Grünen. Er sprach, wie eine ganze Reihe von Prominenten an diesem Ort, über sein Verhältnis zum «Eff Zeh». Aus dem Buch: FC St. Pauli 75 Jahre, erschienen im Hausverlag des FC St. Pauli v. 1910 e. V., Clubhaus auf dem Heiligengeistfeld, 2000 Hamburg 4.
2. Gefunden in: *Männer Vogue*, Mai 1989.
3. Uli Hoeneß' Sorgenfalten fanden wir in *Sport-Bild* vom 2. März 1989; die Geschichte hieß: «Nur so halten wir die Stars».
4. Aus: «Ich bin ein Geschenk des Präsidenten», Bericht in: *Der Spiegel* Nr. 44 / 1988.
5. Die Fakten stammen aus: *Bunte* vom 3. August 1989.
6. Aus einer *Kicker*-Satire von Rolf Canal in der Ausgabe vom 2. Januar 1990.
7. Karl Valentin: Gesammelte Werke; R. Piper GmbH & Co. Verlag, München 1961. Der Text steht auch bei: Karl Riha (Hg.): Fußball literarisch oder: Der Ball spielt mit den Menschen – Erzählungen, Texte, Gedichte, Lieder, Bilder; Fischer Taschenbuch, Frankfurt 1982.

Streikposten vor dem Tor?

1. Paolo Sollier: Ein Porträt des Fußballspielers als junger Mann; Rowohlt, Reinbek bei Hamburg 1978; S. 152.
2. In der Gründungsphase hieß der anfangs noch lockere Verbund «Interessengemeinschaft Lizenzspieler».

3. Paolo Sollier: Ein Porträt des Fußballspielers als junger Mann, S. 151.
4. Wer sich einmal einen «Mustervertrag» des DFB anschauen möchte, der kann dieses ‹Horrorwerk› des Arbeitslebens anfordern: Deutscher Fußball-Bund e. V., Otto-Fleck-Schneise 6, 6000 Frankfurt 71. Oder: Vereinigung der Vertragsfußballspieler e. V., Auf der Körnerwiese 8, 6000 Frankfurt 1.
5. *Hamburger Abendblatt* vom 3. März 1987, Autor: C. Harms.
6. Die Zitatensammlung stammt aus dem informativen VdV-Magazin *Profis*. Probeexemplare und sonstige Unterlagen erhalten InteressentInnen über die VdV-Geschäftsstelle in Frankfurt (s. o.).

Anpfiff via Satellit

1. Aus: Monika Zabeck (Hg.): Da kuckste in die Röhre – Was Kinder vom Fernsehen halten; Bastei-Lübbe, Bergisch Gladbach 1989, S. 20f.
2. Ex-Keeper Arne Boecker versuchte sich in *Lui*, Juni 1989. Titel seines Beitrages: «Der schöne Mythos total kaputt».
3. Bertram Job meditierte im *Playboy*. Leider lieferte uns der Presseausschnitt nicht das Datum der Nummer. Sorry.
4. Gefunden in: *Männer Vogue*, Mai 1989.
5. Gefunden in: *Journalist*, Monatsmagazin des Deutschen Journalisten-Verbandes, Ausgabe 4 / 1989.
6. Gefunden in: *Sport in Berlin*, Organ des Landessportbundes Berlin, Dezember 1989.
7. Josef-Otto Freudenreich: Die Sport-Show – Ein Sportjournalist berichtet; Rowohlt, Reinbek bei Hamburg 1983, S. 101. Das in der «rotfuchs»-Reihe erschienene Werk beschreibt in Kapiteln wie «Der DFB oder die Macht der alten Herren», «Die Korruption im Sportjournalismus» oder «Wenn Millionen locken» anschaulich die handfesten wirtschaftlichen, politischen und ideologischen Interessen und Verflechtungen des Sports. Erhältlich in Antiquariaten und jeder gutsortierten (Jugend-)Bücherei.
8. Natürlich: ein Original-*Bild*-Kunstwerk. Gefunden in: Ror Wolf: Das nächste Spiel ist immer das schwerste; Athenäum, Königstein 1982, und als Taschenbuch überarbeitet bei Haffmans, Zürich 1990. Ein tolles, witziges Buch, das vor allem von den unfreiwilligen Absurditäten der Branche lebt.

9. Josef-Otto Freudenreich: Die Sport-Show, S. 108 f.
10. Günter Wallraff erzählt die *Bild*-Erfahrungen von Müller, Maier und Vogts in seinem Buch: Zeugen der Anklage – Die *Bild*beschreibung wird fortgesetzt; Kiepenheuer & Witsch, Köln 1979.
11. Immer noch *Bild*, wieder aus Ror Wolfs Schatzkiste (s. o.).
12. Gefunden in: Ewald Lienen/Justus Nording/Gisela Reinke-Dieker/Hermann-Josef Pölking (Hg.): Oh!Lympia – Sport Politik Lust Frust, Ein BilderLeseBuch; Elefanten Press, Berlin 1983, S. 199, sowie Rowohlt Taschenbuch, Reinbek bei Hamburg 1985.
13. Gefunden im Berliner Jugendmagazin *Blickpunkt*, Ausgabe Juli 1985.
14. *Die Tageszeitung* vom 12. Oktober 1988. Autor: Klaus-Peter Klingelschmidt. Statt des etwas ungelenken Brandzeichens «neonazistische Gruppe» hätte der Autor auch wie üblich kurz «Skinheads» schreiben können. Für Journalisten, die sich den ‹Glatzen› nicht auf hundert Meter Entfernung zu nähern, geschweige denn mal mit ihnen zu sprechen wagen, sind Skins offensichtlich *das* Pseudonym für neonazistische Schläger. Wer einen gründlichen Einblick in das Selbstverständnis dieser Jugendszene gewinnen möchte, sollte lieber zu folgendem Buch greifen: Markus Eberwein/Josef Drexler: Skinheads in Deutschland – Interviews; Selbstverlag Markus Eberwein, Callinstraße 8, 3000 Hannover 1 (1986); 131 S., DM 12,–. Das Buch enthält ausschließlich ungeschminkte Interviews mit Skins, einem Sozialarbeiter, dem Regisseur Bernd Schadewald, mit Vater und Tochter des 1987 ermordeten Gerd-Roger Bornemann und mit der populärsten Skin-Band Böhse Onkelz.
15. *Die Tageszeitung* vom 25. Juni 1989; Autor: Michael Hammerbacher.
16. *Die Tageszeitung* vom 5. Juni 1989, Autor: Nick Hillmann. Gerechterweise muß man allerdings anmerken, daß solche Geschichten fast immer in Lokalteilen der *taz* und nicht auf den Sportseiten erscheinen.

Der Machtwächter

1. Gefunden in: Josef-Otto Freudenreich: Die Sport-Show – Ein Sportjournalist berichtet; Rowohlt, Reinbek bei Hamburg 1983, S. 64.

2. Rolf Lindner: Der Satz «Der Ball ist rund» hat eine gewisse philosophische Tiefe; Transit, Berlin 1983, S. 66.
3. Josef-Otto Freudenreich: Die Sport-Show (s. o.), S. 62.
4. Gefunden in: Ewald Lienen/Justus Nording/Gisela Reinke-Dieker/Hermann-Josef Pölking (Hg.): Oh!Lympia – Sport Politik Lust Frust, Ein BilderLeseBuch; Elefanten Press, Berlin 1983, sowie Rowohlt, Reinbek bei Hamburg 1985, S. 150.
5. *Frankfurter Rundschau* vom 12. Juni 1978.
6. Gefunden in: Josef-Otto Freudenreich: Die Sport-Show (s. o.), S. 64. Guido von Mengden blieb dem Sport auch nach der «Kapitulation» erhalten: Er wurde Geschäftsführer des Deutschen Sportbundes.
7. Josef-Otto Freudenreich: Die Sport-Show (s. o.), S. 65.
8. Paolo Sollier: Ein Porträt des Fußballspielers als junger Mann; Rowohlt, Reinbek bei Hamburg 1978, S. 100 ff.
9. Aus: «König Fußballs goldene Eier – Die Geld-Geschäfte des DFB», ein Bericht von Walter Pellinghausen im *Stern* vom 22. Oktober 1987.
10. Die Sex-Postille aus dem Bauer-Verlag darf ausgerechnet die Aktion «Fußball macht Freude» für Zehn- bis Vierzehnjährige sponsern.
11. Gefunden im *Hamburger Abendblatt* vom 14. Februar 1989.
12. *Frankfurter Rundschau* vom 23. Mai 1975.
13. *Kicker* vom 21. August 1989.
14. Gefunden im *Stern* vom 15. April 1987, ein Kindermann-Porträt unter dem Titel «Der harte Hund des DFB» von Ludger Schulze.
15. Immer noch: *Stern* vom 15. April 1987.
16. DFB-Satzung, Rechts- und Verfahrensordnung, § 4.
17. Bericht des Ligaausschusses in: Deutscher Fußball-Bund, Jahresbericht 1986–89, Frankfurt 1989, S. 64.
18. *Kicker* vom 30. Oktober 1989.

«Unheimlich motiviert»

1. Fred J. J. Buytendijk: Das Fußballspiel – eine psychologische Studie, Würzburg 1953; gefunden in: Deutscher Fußball-Bund (Hg.): Damenfußball – Grundlagen und Entwicklung, Frankfurt 1983. Die seinerzeit von der Referentin für Damenfußball, Hannelore Ratzeburg, und einer Gruppe von Sportärztinnen erarbeitete Do-

kumentation wird derzeit aktualisiert und kann ab 1991 über den DFB, Otto-Fleck-Schneise 6, 6000 Frankfurt 71, bezogen werden.

2. Gefunden im *Kicker* vom 2. Juli 1989, Autor: Bernd Jankowski.
3. Fundierte journalistische oder wissenschaftliche Veröffentlichungen über Frauen im Sport gibt es bisher kaum. Das Standardwerk zu diesem Thema bleibt deshalb der von der Leichtathletin und Frankfurter Sportdezernentin Sylvia Schenk herausgegebene Band: Frauen – Bewegung – Sport; VSA, Hamburg 1986. Die immer noch aktuelle Textsammlung enthält u. a. Medienanalysen, Diskussionsbeiträge zu den Themen Quotierung, Leistungssport, Sportideologie u. a., der Fußball ist u. a. durch einen Beitrag der engagierten DFB-Referentin Hannelore Ratzeburg vertreten.

Jugend ohne Ball?

1. Gerhard Schulz, Sozialreferent des Deutschen Sportbundes.
2. Leserbrief im *Kicker* vom 18. Dezember 1989.
3. Im Interview mit *Frankfurter Rundschau*-Redakteur Harald Stenger, *FR* vom 23. Dezember 1989.
4. Deutscher Fußball-Bund, Jahresbericht 1986–89, S. 39 f.
5. Deutscher Fußball-Bund, Jahresbericht 1986–89, S. 44.
6. Dennoch schafft kaum eines dieser jungen Talente bei seinem neuen Club den Sprung in den Profikader. Von den 363 Lizenzspielern der 1. Bundesliga in der Saison 1989/90 stammten lediglich 48 aus der eigenen Jugend bzw. den Neuzugängen unter achtzehn. Das weist deutlich darauf hin, daß es mit der vielbeschworenen «optimalen Förderung junger Talente bei den Großvereinen» trotz in der Regel sechsstelliger Etats nicht so viel auf sich hat. Zu oft gehen die jungen Nachwuchsspieler im Verein wieder unter.
7. *Kicker* vom 15. Januar 1990, aufgezeichnet von Werner Schilling.

«Okay, der begnadete Fußballer war ich nicht»

1. Mao Tse-tung: Der Platz der kommunistischen Partei Chinas im nationalen Krieg, Oktober 1938. Nachzulesen in: Ausgewählte Werke Mao Tse-tungs, Band II, Verlag für fremdsprachige Literatur, Peking 1972, S. 336 f.

2. *Der Spiegel* vom 28. August 1989; *Millerntor Roar!* vom 16. Dezember 1989.

Von World Cup Willie bis Ciao

1. Obwohl der einen hervorragenden Präsidenten abgab. Nachzuprüfen in: «Willi wird das Kind schon schaukeln» – eine Fußballklamotte mit Heinz Erhardt; Bezug über jede gute Videothek. Er spielt darin den Geschäftsführer eines Provinzclubs, der gegen den Abstieg kämpft. Als Retter erscheint im letzten Bild Uwe Seeler (!).
2. Beckenbauer zitierte die *Frankfurter Rundschau* am 2. Juni 1986. *FR*-Reporter Dieter Hochgesand berichtete aus dem Skandal-DFB-Quartier in Queretano.

Trostwort für deutsche Nationalmannschaften

1. Aus: Die klassische Scheußlichkeit der Sportpreise, in: *Vossische Zeitung* vom 18. Januar 1931. Nachzulesen in: Kurt Tucholsky: Deutsches Tempo. Gesammelte Werke, Ergänzungsband 1, 1911–1932; Rowohlt, Reinbek bei Hamburg 1990, S. 789.

Fans, Gangs, Hooligans

1. Peter Handke: Die Welt im Fußball (1965), in: Ich bin ein Bewohner des Elfenbeinturms; Suhrkamp, Frankfurt 1972, S. 137.
2. Peter Handke, S. 138.
3. Jürgen Nickel (24), Aktivist der Mönchengladbacher Fanszene, über die Tagung «Fußballfans als Herausforderung an die Jugendarbeit» in der Evangelischen Akademie Loccum vom 6. bis 8. November 1989. Gefunden in: *Nordkurve*, Zeitung des Fanprojekts Mönchengladbach e. V., Ausgabe Dezember 1989. Eine ausführliche Dokumentation dieser Tagung, an der etwa 60 Wissenschaftler, Fan-Projektler, Medienvertreter, Fans und Polizeibeamte teilnahmen, kann bei der Evangelischen Akademie Loccum, 3056 Rehburg-Loccum, angefordert werden.
4. Kontakt Strohhalm Verlag und Stiftung: Rainer Raap, Karolingerring 3b, 5000 Köln 1. Spenden: Badische Beamtenbank, BLZ 660 908 00, Sparkonto 227 17 29–01.
5. Ein unregelmäßig erscheinender Rundbrief informiert über aktuelle Angebote und Entwicklungen. Die Redaktion wechselt jedoch

ebenso wie die Koordination der bundesweiten Treffen. Anfragen leitet aber der derzeitige Koordinator an die richtigen Stellen weiter: Peter Bode, Merckenicher Str. 137, 5000 Köln 60.

6. *Fan-Treff* Nr. 27, August 1988.
7. Aus: *Fan-Treff* Nr. 36, August 1989.
8. Aus: Rainer Raap (Hg.): Das Fanbuch; Strohhalm Verlag, Frankfurt 1988, S. 771 ff. Immer noch: *Das* Geschenkbuch über und für Fans.
9. Kontaktadresse für InteressentInnen: Deutscher Fußball-Fanclub-Verband, Eisackstraße 9, 1000 Berlin 62.
10. Gefunden in: *'ran* – Das DGB-Jugendmagazin, Dezember 1983. Nach unseren Recherchen scheint sich die «Borussen-Front» nach längerer Pause – zum Teil wohl dadurch bedingt, daß diverse Mitglieder im Knast saßen – neu zu formieren. Frühere Aktivisten – so auch der «Borussen-Front»-Kopf Siggi Borchardt – tauchen wieder regelmäßig in bundesdeutschen Stadien, aber auch im Ausland (Italien) auf. In der Saison 1988/89 wurde in mindestens drei Stadien ein größerer Schwung «Borussen-Front»-Aufkleber verteilt, und Kleinanzeigen und «Kameradengrüße» im *Fan-Treff* kündigten im Sommer 1989 an: «Wir sind wieder dabei!»
11. «United Faire Fans» hat inzwischen knapp hundert Mitglieder und ein Fanzine *UFF*, das etwa vierteljährlich erscheint und sich auf Grund der neuen Leidenschaft seines Herausgebers auch an Eishockeyfans wendet. Kontakt: Peter Erdmann, Villenstraße 19, 4050 Mönchengladbach 1.
12. Gefunden in: Rainer Raap (Hg.): Das Fanbuch (s. o.), S. 396.
13. Aus: Thomas Gehrmann: Fußballrandale. Hooligans in Deutschland; Klartext, Essen 1990, S. 14 f.
14. So erklärte beispielsweise Hertha-BSC-Manager Horst Wolter in der *Fußball-Woche* vom 19. Juni 1989: «Wir kennen alle Gewalttäter und haben über sie umfangreiche Personalakten angelegt.» Dazu der Berliner Staatssekretär für Sport, Hans-Jürgen Kuhn: «Die vereinseigene Ordnertruppe ist militant. Ihre Akten sind vom Blickwinkel des Datenschutzes strafbar.»
15. Peter Bode hat mehr als 60 Berichte von «Fans *und* Hooligans» (O-Ton P. B.) in einem Buch zusammengetragen: Peter Bode/Rainer Raap (Hg.): Europapokal – Fans berichten; Strohhalm Verlag, Bonn 1989. Wem «Das Fanbuch» zu opulent erscheint, der be-

kommt mit dieser Miniaturausgabe einen repräsentativen Einblick zumindest in die Reiseerlebnisse der Fans. Wie alle Strohhalm-Werke ist auch dieses solide verarbeitet und wohlfeil gestaltet (mit einer exzellenten Coveridee).

16. Dieter Bott, gefunden in: Rainer Raap (Hg.): Das Fanbuch, S. 365.
17. Thomas Gehrmann: Fußballrandale. Hooligans in Deutschland (s. o.) S. 131.
18. Paolo Sollier: Ein Porträt des Fußballspielers als junger Mann; Rowohlt, Reinbek bei Hamburg 1978, S. 117 ff.
19. Gefunden in: Hans-Joachim Wallenhorst / Harald Klingebiel: Neunzig Jahre SV «Werder» 1899–1989; Verlag der Bremer Tageszeitungen AG, S. 270 f.
20. Im Interview mit der *Rhein-Zeitung* vom 28. / 29. Oktober 1989.
21. Auch aus der Arbeit des Frankfurter Fan-Projektes ist ein lesenswertes Buch hervorgegangen: Dieter Bott / Gerold Hartmann: Die Fans aus der Kurve; Brandes & Apsel, Frankfurt 1986. Obwohl sich in dem Werk alles um die Frankfurter Eintracht dreht, ist es auch für Fußballinteressierte aus anderen Regionen spannend zu lesen, da es mit sehr viel «O-Ton» typische (Alp-)Träume und Sehnsüchte von Fußballfans darstellt und einmal beispielhaft belegt, wie durch bauliche Maßnahmen, die Einrichtung von Sperrgittern quer durch den Fanblock, durch uniformierte Überpräsenz und Videoüberwachung eine Eskalation geradezu provoziert wird.
22. Gefunden in: *Fan-Treff* Nr. 37, September 1989; Autor: Steffen Heumann.
23. Aus: Thomas Gehrmann: Fußballrandale. Hooligans in Deutschland (s. o.).
24. Gerhard Mayer-Vorfelder: Bericht des Ligaausschusses, in: Deutscher Fußball-Bund, Jahresbericht 1986–89, S. 64.
25. Gefunden im *Stern* vom 18. April 1985.
26. Gefunden in: Peter Bode / Rainer Raap (Hg.): Europapokal – Fans berichten (s. o.), S. 56.
27. Nein, das stammt nicht aus dem *Kicker* von 1939, sondern aus der vereinseigenen *Werder Revue* vom 23. Dezember 1979. Autor: Horst Vetten.
28. Aus: Thomas Gehrmann: Zwei Jahre mit Presswerk – Abschlußbericht des Fußballfanprojektes Rüsselsheim der Hessischen Sportjugend 1986–88, Frankfurt 1989, 72 S., DM 5,–. Bezug:

Hessische Sportjugend, Otto-Fleck-Schneise 4, 6000 Frankfurt 71. Das Rüsselsheimer Projekt war das einzige, das ausschließlich mit einer «Randalisten»-Gruppe arbeitete. Der Bericht zeichnet sehr deutlich die Probleme eines linken Sozialarbeiters mit genug Distanz zu seinem Job im Umgang mit einer gewalttätigen Gruppe auf, die wenig Berührungsängste zum rechten Spektrum hat. Grundsätzlicher, provozierend zugespitzt (etwa in Zielrichtung «platter Antifaschismus» oder «Männerreligion Fußball») und mit zahlreichen Interviews angereichert, hat Thomas Gehrmann seine Erfahrungen und Einschätzungen in dem bereits erwähnten Buch «Fußballrandale. Hooligans in Deutschland» verarbeitet.

29. Für InteressentInnen die Anschriften:
Verein Jugend und Sport e. V., Stresemannstraße 162, 2000 Hamburg 50; 040/43 1494/95
Fan-Projekt Hannover, Dieckbornstraße 8, 3000 Hannover 91; 0511/44 2296
Fan-Projekt Bremen e. V., Auf dem Peterswerder, 2800 Bremen 1; 0421/49 17 80
Fan-Projekt Gelsenkirchen, Sportjugend, z. Hd. Michael Kessen, Grenzstraße 1, 4650 Gelsenkirchen; 0209/1 69 27 80
Fan-Projekt Dortmund e. V., Postfach 10 38 38, 4600 Dortmund; 0231/13 43 23
Fan-Projekt MSV Duisburg, z. Hd. Hans-Peter Gruner, Westender Straße 36, 4100 Duisburg 12; 0203/42 85 77
Fan-Projekt Leverkusen, c/o Peter Bode (Fan-Beauftragter Bayer 04), Merckenicherstraße 137, 5000 Köln 60; 0221/7 12 28 42
Fan-Projekt Düsseldorf, z. Hd. Dieter Bott, Mühlenstraße 29, 4000 Düsseldorf 1; 0211/8 99 62 07
Fan-Projekt Mannheim, Stadtjugendring, Speckweg 14, 6800 Mannheim 31; 0621/75 47 98
Fan-Projekt Karlsruhe, Moltkestraße 2a, 7500 Karlsruhe 1; 0721/1 33 39 38
Fan-Projekt Frankfurt, Hessische Sportjugend, z. Hd. Thomas Gehrmann, Otto-Fleck-Schneise 4, 6000 Frankfurt 71; 069/6 78 92 70
Fan-Projekt Berlin, Berliner Sportjugend, z. Hd. Manfred Nippe, Jesse-Owens-Allee 1–2, 1000 Berlin 19; 030/30 00 21 66.
Außerdem existiert seit Mai 1989 eine Bundesarbeitsgemeinschaft

der Fan-Projekte, die mit Unterstützung der Deutschen Sportjugend überregionale Aktivitäten koordinieren und gegenüber Bundesinstitutionen, vor allem dem DFB, Lobbyarbeit betreiben soll. Sprecher sind Peter Koch, c/o Verein Jugend und Sport e.V./Hamburg, und Klaus Sengebusch, c/o Fan-Projekt Hannover. Das Zitat stammt aus der von der Bundesarbeitsgemeinschaft erarbeiteten «Rahmenkonzeption der Fan-Projekte».

30. Vgl.: Wilhelm Heitmeyer: Jugendliche Fußballfans. Soziale und politische Orientierungen, Gesellschaftsformen, Gewaltakzeptanz; Juventa, Weinheim/München 1988. Grundlage dieser empirischen Studie waren u. a. Interviews mit 300 Fans aus zehn Bundesligastädten. Eine umfangreiche Auswahl dieser Interviews erscheint im Herbst 1990 als *'ran-Buch* im Bund-Verlag unter dem faszinierenden Titel «Rechtsextremismus: Warum handeln Menschen gegen ihre eigenen Interessen? Ein Handbuch für Jugendliche».
31. Gefunden in: Rainer Raap (Hg.): Das Fanbuch (s. o.), S. 328.
32. Udo Lindenberg/Angelina Maccarone: Vom Opfer zum Täter, aus der LP «Bunte Republik Deutschland», 1990.
33. Aus: *Nordkurve* März/April 1989. Das Fanprojekt Mönchengladbach e. V. ist übrigens kein sozialpädagogisches Projekt, auch wenn es – wohl eher aus symbolischen Gründen – der Bundesarbeitsgemeinschaft der Fan-Projekte angehört, sondern ein von Fans autonom gegründeter Verein. Kontakt und Probehefte der *Nordkurve*: Theo Weiß, Forsterstr. 10, 1000 Berlin 36.
34. Gefunden in: *Millerntor Roar!* Nr. 4 vom 16. Dezember 1989. *Das* Fanzine für linksorientierte Fußballfans. Die Redaktion initiierte 1989 gemeinsam mit der St.-Pauli-Mannschaft die Flugblattaktion gegen Rassismus und sorgte auch für ein Verkaufsverbot von rechtsradikalen Souvenirs im Stadion.
    Neben den üblichen, höchst unterhaltsamen Spiel- und Reiseberichten gibt es in jeder Ausgabe Kiezgeschichten über Spekulanten und Szenekneipen, Porträts der «meistgehaßten Personen der Liga» und selbstbewußte Anmerkungen zur Vereinsführung, mit der man oft im Streit liegt. Dank mehrerer Frauen in der Redaktion finden sich im *Millerntor Roar!* statt Macho-Sprüche auch mal Geschichten über kickende Frauen. Abos für DM 1,10 incl. Porto je Ausgabe (Schein oder kleine Briefmarken). Kontakt: Fan-Laden, Beim grünen Jäger, 2000 Hamburg 4.

Betr.: Polizisten, Randalisten, Neonazis

1. Im Verfassungsschutzbericht Bayern 1988 heißt es dazu: «Die Münchner JN nahmen die ersten Saisonspiele in der Bundes- und Bayernliga zum Anlaß, Kontakte zu Fußballfans zu suchen. Dazu verbreiteten sie vor den Stadien des FC Bayern München und des TSV 1860 einen Terminplan der jeweiligen Vorrundenspiele mit einer Selbstdarstellung der JN. Darin propagierten sie unter der Überschrift ‹Wer wir sind – was wir wollen› Forderungen wie ‹Ausländerstopp› und ‹Deutsche Arbeitsplätze vor allem für deutsche Arbeitnehmer›...» (S. 100) sowie: «Die polizeilichen Ermittlungen wegen des neonazistisch geprägten Auftretens von Skinheads und Fußballfans, die z.B. Hakenkreuze oder SS-Runen an der Kleidung trugen, erbrachten nur in Einzelfällen Hinweise auf eine diesem äußeren Erscheinungsbild entsprechende politische Motivation der Täter. Ein gruppenbezogenes Zusammenwirken von Fußballfans bzw. Skinheads einerseits und Neonazis andererseits war hingegen in Bayern auch 1988 nicht feststellbar.» (S. 122)
2. Wismach / Ratzmann: Formen von Neonazismus in der Fan-Kurve Hannover; die Studie kann über die Uni Hannover oder das Fan-Projekt, Dieckbornstraße 8, 3000 Hannover 91, bezogen werden.
3. Natürlich ließe sich vieles kommentieren – man vergleiche nur die Aussagen von Bayern und Berlin, die teilweise kuriosen Einschätzungen, die Stigmatisierungen. Wir verzichten darauf und lassen die Antworten als Material unkommentiert stehen. Aus Rheinland-Pfalz kam auch nach mehrfacher Rückfrage und Zusage keine Antwort.

Wilde Akkorde im ungeordneten Angriff

1. Nachzulesen in dem Auswahllexikon: Die großen Stars der Popmusik – Porträts, Diskographien, Stile und Epochen, von Thomas Böhm und Jürgen Stark, erschienen bei Econ, Düsseldorf 1989 (neubearbeitete Auflage). Die Zitate wurden den Beiträgen «Rod Stewart – Blondies rauchzarte Freudengesänge» (Autor: Klaus Farin) und «Elton John – Ein tiefer Blick durch tausend Brillen» (Autor: Jürgen Stark) entnommen.
2. Aus: Heinz Rudolf Kunze: Deutsche Wertarbeit, Lieder und Texte; Zweitausendeins. In dem 1984 erschienenen Band gibt es

viel Nachdenkliches in Liedern und Texten des Popsängers; Moderator Kunze führt samt Notenanhang durch die Zeit von 1982 bis 84.

3. Die logische Folge: Heinz Rudolf Kunze: Papierkrieg. Lieder und Texte 1983–1985; Rowohlt, Reinbek bei Hamburg 1986. Der komplette Songtext von «Packt sie und zerhackt sie» steht auf den Seiten 160 und 161.
4. Entnommen aus dem Sammelband: «Nicht nur aus Liebe weinen...» Die schönsten deutschen Schlager von den Anfängen der Schallplatte bis in die Nachkriegszeit. Herausgegeben von Walter Föhringer bei Bastei-Lübbe, Bergisch Gladbach 1989. Nicht nur der Theo gehört ins Fußballtor. Warum nicht auch mal «Liebling, mein Herz läßt dich grüßen» singen, wenn *dein* Mittelfeldstar dem Gegner einen wunderschönen Knaller ins Tor setzt...!?
   Joachim Ringelnatz: Turngedichte. Henssel Verlag, 1964.

Besonderen Dank
für Anregungen, Gespräche, Material u. a. an
Wolfgang Ahr, Jörn Berlau, Jesus Catalan, Karl-Heinz Farin, Kerstin Henschel, Kristina Henss, Hannelore Kloninger, Lothar Mikos, Saki Panagiotidis, Marco Saß, Anja Tuckermann, Dr. Heinrich Väth, Michael Weihrauch, Theo Weiß
und natürlich allen GesprächspartnerInnen, denen Sie im Verlaufe des Buches bereits begegnet sind.

Bildquellennachweis

Ariola (S. 81), Gerd Bauer (S. 99), Presse-Foto Baumann (S. 65), Bergmann-Verlag (S. 27, S. 33, S. 104, S. 125, S. 153, S. 274), Peter Behrens (S. 273), Sabina Classen (S. 153), Cleeves (S. 1, S. 149, S. 302), DFB / Walter Buchholz (S. 197), J. H. W. Dietz Nachf. (S. 133), dpa (S. 8, S. 37, S. 169), Karl-Heinz Farin (S. 45 oben), F. Gadowicz (S. 277), Thomas Gehrmann (S. 249), Fritz-Hüser-Institut für deutsche und ausländische Arbeiterliteratur, Dortmund (S. 14), Gustav Lübbe Verlag (S. 109), Horst Müller (S. 68, S. 223), Bernhard Neubauer (S. 281), Novum (S. 267), Günter Passage (S. 75), Piem (s. 215), Pressedienst Borussia Mönchengladbach (S. 153), Pressedienst Eintracht Frankfurt (S. 58), Pressedienst 1. FC Kaiserslautern (S. 153), Pressedienst 1. FC Köln (S. 153), Pressedienst Hamburger SV (S. 97, S. 153). Ruprecht (Streckov) / Strohhalm Verlag, Sicker-Verlag (S. 11, S. 59, S. 202, S. 210, S. 211), Sven Simon (S. 31, S. 87, S. 91, S. 213 oben), Teldec (S. 153), Ullstein Bilderdienst-dpa (S. 213 unten), Georg Valerius (S. 175 großes Foto), Visum / Gebhard Krewitt (S. 45 unten), Klaus-Peter Volke (S. 53), Voller Ernst (S. 20 / 21, S. 70), Martina Voss (S. 175 kleines Foto), Theo Weiss (S. 221, S. 233), Wilfried Witters (S. 49), Freimut Wössner (S. 239)

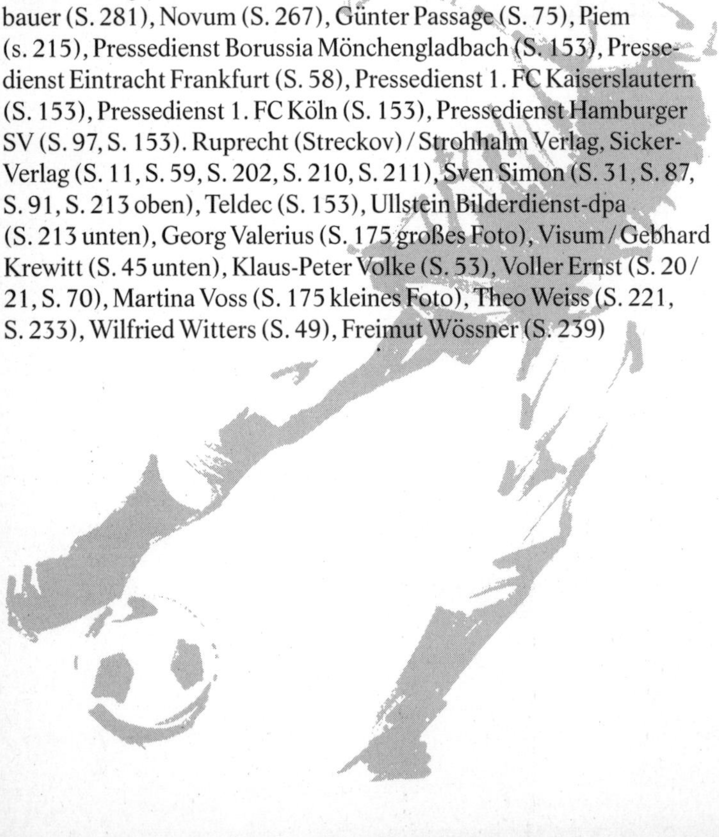